U0906121

创新商业模式与领导力

Business model innovation and leadership

贾君新◎著

中国财富出版社

图书在版编目（CIP）数据

创新商业模式与领导力／贾君新著．—北京：中国财富出版社，2014.8

（华夏智库·金牌培训师书系）

ISBN 978－7－5047－5241－3

Ⅰ.①创…　Ⅱ.①贾…　Ⅲ.①商业模式—研究 ②企业领导学—研究
Ⅳ.①F71 ②F272.91

中国版本图书馆 CIP 数据核字（2014）第 124011 号

策划编辑　丰　虹　　**责任印制**　方朋远
责任编辑　丰　虹　　**责任校对**　杨小静

出版发行　中国财富出版社
社　　址　北京市丰台区南四环西路 188 号 5 区 20 楼　　**邮政编码**　100070
电　　话　010－52227568（发行部）　　010－52227588 转 307（总编室）
　　　　　010－68589540（读者服务部）　　010－52227588 转 305（质检部）
网　　址　http://www.cfpress.com.cn
经　　销　新华书店
印　　刷　北京京都六环印刷厂
书　　号　ISBN 978－7－5047－5241－3/F·2169
开　　本　710mm×1000mm　1/16　　**版　　次**　2014 年 8 月第 1 版
印　　张　16.25　　**印　　次**　2014 年 8 月第 1 次印刷
字　　数　249 千字　　**定　　价**　35.00 元

序　言

在新环境、新技术、新商业模式下，企业之间的竞争更加激烈，如何带领企业在激烈的竞争中脱颖而出，有些领导者显得力不从心。而本书正是为了解决企业领导者的燃眉之急而作。

“公司好不好，关键在领导。”这句话的意思就是公司经营得好不好，在于公司领导者的领导力。那么，什么是领导力呢？美国前国务卿基辛格博士说：“领导就是要让他的人们，从他们现在的地方，带领他们去还没有去过的地方。”通用汽车副总裁马克·赫根（Mark Hogan）曾这样描述领导力：“记住，是人使事情发生，世界上最好的计划，如果没有人去执行，那它就没有任何意义。我努力让最聪明、最有创造性的人们在我周围。我的目标是永远为那些最优秀、最有天才的人们创造他们想要的工作环境。如果你尊敬人们并且永远保持你的诺言，你将会是一个领导者，不管你在公司的位置高低。”由此可见，影响别人行为的行为，谓之领导；影响别人行为的能力，则谓之领导力。领导的实质是影响，领导力的本质则是影响力。也就是说，领导力即获得追随者的能力。

在提倡商业模式创新的时代，领导力被赋予了不同的内涵。不仅企业需要创新，领导力也需要创新。那么，领导者怎样遵循商业模式创新的号召，紧跟时代的步伐，创新自己的领导力呢？

本书从商业模式创新的角度，解读领导力，让领导者紧跟时代的步伐，提升领导力。首先，对“创新商业模式”及其相关概念进行了细致入微的解读，让读者能够“透视”商业模式，充分认识到创新商业模式的重要性。其次，对商业模式创新的方法进行了详尽的介绍，而不是单纯地介绍商业模式的创新方法。在让读者掌握商业模式创新方法的同时，学会怎样“维护利润”，也就是怎样保持持续赢利，真正做到了“授之以渔”。最后，又从领导力创新方面着手，介绍了领导力创新的方法以及原则，让读者对于提升领导力的想法有法可循。

有人认为，提升领导力需要高深的内力，其实不然，只要你认真阅读，领悟本书中的真谛，领导力就能够得到全面的提升。

作　者

2014 年 2 月

目录 Contents

第一部分　透视创新商业模式——模式决定未来

第三部分　商业创新领导力——领导能力决定输赢

第一部分

透视创新商业模式

——模式决定未来

第一章

透视新技术革命与创新商业模式

第三次工业革命——3D 打印技术的应用

“3D 打印技术将与其他数字化生产模式一起，推动第三次工业革命的出现。”这是 2012 年刊登在英国《经济学人》上的文字，简单直接地彰显出 3D 打印技术的革命性划时代意义。

之所以将“3D 打印技术”称为革命性的、划时代的，是因为它在制造技术层面，为工业技术创新出新的突破，推进制造技术实现质的飞跃。传统所用的惯常制造技术，是一种“减”的艺术，实质上就是“减材制造技术”，而 3D 打印技术则是“增材制造技术”。如果说 3D 打印技术的意义仅限于此，那么未免小看了这种“增材制造技术”背后的价值。因为，3D 打印技术的核心价值在于它能有效降低制造业的成本，同时缩短生产周期，凭此，使其当之无愧地成为“第三次工业革命最具标志性的生产工具”。

如果我告诉你，你只需在电脑中绘制一个三维鼠标图，然后按下“确定”键，一个由你亲手设计，上一秒还在电脑绘图板中，下一秒一个实在的鼠标外壳就可被“打印”出来，你会惊喜吗？你会！甚至你会觉得世界在变化，生活在不断地被革新和被创造……

通常按照传统的制造方式，要想制造一个普通的鼠标外壳，首先，我们需要完成最基本的七八道工序，即需要从绘制草图开始，在草图绘制完成后，开始制作泥模，然后雕刻鼠标原型，等原型确定后，再生产出模具，继而用压力将熔融的塑料注进模具，再冷却成型，最后进入批量生产。然而，随着3D打印技术的横空出世，这些烦琐的步骤完全被省略了，你只需等上一会儿，就会拿到你想要的。

也就是说，3D打印技术的普及，可以大大加快和激活我们的制造技术和生活节奏，无论是复杂烦琐的工业零件，还是咖啡杯、小勺子等小部件，只要建立相应的三维数据和配备适合的材料，我们就可以将模具和刀具扔进垃圾桶，直接“打印”出来。

这就是3D打印技术的魅力所在!

或许很多人会问，3D打印技术为什么神乎其神？其实3D打印技术也有自己一套独特的运作原理。

所谓3D打印技术，参照的是打印机技术原理，学会如何分层加工。首先，它会将计算机设计出的物体，细化分解成N层平面数据，根据这些平面数据，它会把金属、陶瓷等粉末材料按平面数据烧结在一起，从而形成一个平面形状，继而，再通过一层一层的累积叠加，生成一个立体物体。这个做法和动画制作的叠加相类似，进而实现平面向三维发展的形态。

运作原理看似不难，但它的作用却非常巨大，一来，3D打印技术和传统的去除材料加工技术不同，3D打印技术会从二维开始，大大降低耗材成本，并且会将多维制造变为简单的由下至上的二维叠加，也降低了设计与制造的复杂程度。二来，3D打印技术和传统制造技术相比，它的前期可塑性比较强，设计空间也大，可以制造出传统加工方式很难加工的“奇形怪状”。从这个层面上讲，3D打印技术可以说是动力装备、航空航天、汽车等高端产品的“福音”。人们再也不用在闷热的机床旁边，操作复杂而且耗材量大的数控机，也能制造出高端精密产品的关键零部件。

当然，无论是哪一种技术，归根结底，都要作用在应用之上方才彰显其魅力，自从3D打印技术诞生以来，不少国家和科研机构、制造业纷纷开始将目光聚焦在这种诱人的新技术上。在我国，华中科技大学快速制造中心是最早研发3D打印技术的科研单位。深圳光韵达激光技术股份有限公司是最早应用3D打印技术的中国企业之一。参与过这个科研项目的人都认为，3D打印技术最大的优势是可以最大限度地拓展设计员的想象空间，不会让人的思维因为现实可操性等限制条件而受到局限。只要能在计算机上设计出该产品的三维图形，那么无论是服装、工艺品，甚至个性化的汽车、轮船，只要后续材料问题解决了，设计人员就能将产品“打印”出来。

我们不妨这样大胆假设一下，如果将来的某一天，我们准备出外旅游，而嫌脚下的鞋子过于平庸或者大众化，追求标新立异的话，可以立即打开电脑，自己设计并“打印”出一双自己喜欢而且与别人不同的鞋子来。在未知年份的未来，我们可以开着自己“打印”好的汽车开往机场，接着登上一辆早已被打印出来，外形独特，内部舒适，个性张扬的飞机上。这样的未来，该会是多么的美好。

当我们还流于想象的时候，华中科技大学、西安交通大学、清华大学等高校和科研机构也相继研发出多种系列的3D打印机，其中，有一部分技术已经达到了世界领先水平。

例如，一些铸造企业，他们选择性地研发了激光烧结3D打印机，这样就可以将原本复杂铸件的交货期从传统工艺制造所需的3个月缩短到10天左右；有的发动机制造商利用原有的设备做研发，成功将大型六缸柴油发动机缸盖砂芯的研制周期，由传统制造所需的5个月缩短至一个星期。

除了各种行业规模应用，目前华中科技大学还专门研究和开发了一台预算市场零售价为一万元左右的3D打印机，准备在未来几年向不同的学校推广。这样，就可以让学生们迅速将自己的创新设计变成实物，有助于提高中小学生的创新、设计和动手能力。

同时，3D打印技术还可以应用于医学项目，比如，利用金属3D打印技术，开辟骨科植入技术的新纪元，从而降低高昂的医学材料成本，提高精密材料的利用率，缩短制作周期等。

总而言之，3D 打印技术的出现，作为一项颠覆性的制造技术，将大大地改变人们的生活，同时为制造业提供不同的机遇，哪个制造行业能最大限度地对 3D 打印技术进行研发、应用，它就最大限度地掌握了制造业乃至工业发展的主动权。

颠覆式的变革——移动互联、大数据时代的来临

移动互联网是移动和互联网融合的产物，既具有移动的随时随地随身的特点，又具有互联网分享、开放、互动的优势，是两者优势的融合与升级。它包括三个方面的内容：移动通信网络接入，包括 2G、3G 甚至 4G 等；公众互联网服务，包括 Web、Wap 方式；移动终端，包括手机、专用移动互联网终端和数据卡方式的便携电脑。

美国纽约国际金融服务公司摩根士丹利认为，技术发展周期一般在 10 年左右，当前技术发展周期已经进入移动互联网时代。

据统计，在中国，PC 互联网用户数从 2000 万增加到 1 亿用了 6 年，而移动互联网用户数从 2000 万增加到 1 亿只用了 2 年。随着智能手机时代的来临，移动互联网行业也在迅速地发展。

随着移动互联网的发展，国内传统的渠道零售商也开始向移动互联转型升级。

例如，2010 年 11 月 16 日，深圳市恒波商业连锁股份有限公司在第十二届中国国际高新技术成果交易会（简称“高交会”）上，正式启动恒波“移动互联体验创行家”战略，并为恒波移动互联体验创行馆“holpe”＋和“holpe 恒波”揭幕。

恒波作为中国领先的移动互联终端综合服务提供商，不仅为消费者打造了满足移动互联体验需求的——“holpe＋”和“holpe 恒波”两大品牌产品，而且还为移动互联用户在生活、工作等各个领域提供丰富多彩的个性化移动

互联服务和体验，包括短信、图铃下载、移动音乐、手机游戏、视频应用、手机支付、位置服务等，真正让顾客享受到了购买的快乐。此举标志着中国移动互联产业服务链的进一步完善，用户体验至上的移动互联时代的到来。

holpe+适合有较高需求的商务人士，是恒波直营门店中的旗舰店，也是恒波移动互联体验至尊店。该店内设有五大功能区：产品展示区、真机体验区、运营商服务区、增值互动区、解决方案区，顾客可以轻松获得全方位的移动互联体验。

而 holpe 恒波是为追求个性与潮流的年轻时尚一族打造的专属平台，专业提供移动互联全套个性化服务及适合客户生活方式的最佳解决方案。holpe 恒波会聚当前新品、最新的移动互联资讯，以及尖端科技和技术设备；提供 TOP 上榜新品展示、特性功能演示、真机体验及运营商优质品牌服务。holpe 恒波 WEB 自助服务系统提供包括图片、音乐、游戏、电影、各类软件等在内的浏览及下载服务；恒波应用商店及 FREE Wap 手机网站 24 小时提供各类增值下载和手机产品的完善，满足客户随时随地的移动互联体验需求。

恒波公司的创新设计、贴心服务以及全方位的移动终端解决方案给消费者提供了最好的移动互联终端体验，为消费者的移动互联时代带来了更多精彩。这标志着国内传统的渠道零售商向移动互联转型升级的成功，移动互联时代来临。

不仅是企业应用互联网，随着互联网特别是移动互联网的发展，信息化已渗透到社会经济、大众生活的各个方面。有资料显示，1998 年全球网民平均每月使用流量是 1MB（兆字节），2000 年是 10MB，2003 年是 100MB，2008 年是 1GB（1GB 等于 1024MB），2014 年将达到 10GB。全网流量累计达到 1EB（即 10 亿 GB 或 1000PB）的时间在 2001 年是一年，在 2004 年是一个月，在 2007 年是一周，而 2013 年仅需一天，即一天产生的信息量可刻满 1.88 亿张 DVD 光盘。我国网民数量居世界之首，每天产生的数据量也位于世界前列。这标志着一个大数据时代已真正来临。

大数据时代来临的观点最早由全球最著名的管理咨询公司——麦肯锡公

司提出，引起了全球广泛的反响。《华尔街日报》将大数据时代、智能化生产和无线网络革命统称为引领未来繁荣的三大技术变革。麦肯锡公司的报告指出：数据是一种生产资料，大数据是下一个创新、竞争、生产力提高的前沿。世界经济论坛的报告认定大数据为新财富，价值堪比石油。因此，发达国家纷纷将开发利用大数据作为夺取新一轮竞争制高点的重要抓手。

我们到底怎样来界定大数据呢？按照专业人士的说法：作为特指的大数据，按 EMC 的界定，其中的“大”是指大型数据集，一般在 10TB 规模左右；用户把多个数据集放在一起，形成 PB 级的数据量；同时这些数据来自多种数据源，以实时、迭代的方式来实现。IBM 把大数据概括成了三个 V，即大量化（Volume）、多样化（Variety）和快速化（Velocity）。大数据通常与 Hadoop、NoSQL、数据分析与挖掘、数据仓库、商业智能以及开源云计算架构等诸多热点话题联系在一起。

作为泛指的大数据，则指向了定制化、差异化、个性化方向的竞争力。例如，美国奥巴马总统委员会的科技顾问 Stephen Brobst 曾说：“过去 3 年里产生的数据量比以往 4 万年的数据量还要多，大数据时代的来临已经毋庸置疑。我们即将面临一场变革，新兴大数据将成为企业发展的当务之急，而常规技术已经难以应对 PB 级的大规模数据量。这一变化所带来的挑战，是成功企业在未来发展过程中必须要面对的。只有那些能够运用这些新数据形态的企业，方能打造可持续的重要的竞争优势。”

哈佛大学社会学教授加里·金认为：“大数据是一场革命，庞大的数据资源使得各个领域开始了量化进程，无论学术界、商界还是政府，所有领域都将开始这种进程。”未来，在商业、经济及其他领域，决策行为将日益基于数据和分析而作出，而并非基于经验和直觉。

如今，各行各业都可以运用大数据技术。宏观经济方面，IBM 日本公司建立经济指标预测系统，从互联网新闻中搜索影响制造业的 480 项经济数据，计算采购经理人指数的预测值。印第安纳大学利用谷歌公司提供的心情分析工具，从近千万条网民留言中归纳出六种心情，进而对道琼斯工业指数的变化进行预测，准确率达到87%。制造业方面，华尔街对冲基金依据购物网站的顾客评论，分析企业产品销售状况；一些企业利用大数据分析实现对采购和合理库存量的管理，通过分析网上数据了解客户需求、掌握市场动向。

在农业领域，硅谷有个气候公司，从美国气象局等数据库中获得近十年的天气数据，将各地降雨、气温、土壤状况与历年农作物产量的相关度做成精密图表，预测农场来年产量，向农户出售个性化保险。

在商业领域，沃尔玛公司通过分析销售数据，了解顾客购物习惯，搭配出在一起出售的商品，还可从中细分顾客群体，提供个性化服务。

在金融领域，华尔街“德温特资本市场”公司分析3.4亿微博账户留言，判断民众情绪，依据人们高兴时买股票、焦虑时抛售股票的规律，决定公司股票的买入或卖出。

在医疗保健领域，“谷歌流感趋势”项目依据网民搜索内容分析全球范围内流感等病疫传播状况，与美国疾病控制和预防中心提供的报告对比，追踪疾病的精确率达到97%。社交网络为许多慢性病患者提供临床症状交流和诊治经验分享平台，医生借此可获得在医院通常得不到的临床效果统计数据。基于对人体基因的大数据分析，可以实现对症下药的个性化治疗。

在社会安全管理领域，通过对手机数据的挖掘，可以分析实时动态的流动人口来源、出行，实时交通客流信息及拥堵情况。利用短信、微博、微信和搜索引擎，可以收集热点事件，挖掘舆情，还可以追踪造谣信息的源头。美国麻省理工学院通过对10万多人手机的通话、短信和空间位置等信息进行处理，提取人们行为的时空规律性，进行犯罪预测。

在科学研究领域，基于密集数据分析的科学发现成为继实验科学、理论科学和计算科学之后的第四个范例，基于大数据分析的材料基因组学和合成生物学等正在兴起。

大数据时代给企业发展带来了机遇，同时也带来了挑战。在2012年百度世界营销分论坛上，百度商业产品与技术执行总监郑子斌介绍了他对大数据时代的见解和看法。他认为：在大数据时代，尽管信息将呈爆炸式增长，但数据价值密度非常低，找到有价值的数据如同大海捞针，我们将通过什么样的产品平台和方式提炼数据价值，值得思考。

郑子斌介绍，过去，消费者的数据价值挖掘较弱，商业产品的视角仅停留在一维阶段。而随着大数据时代的到来，引发了看待营销的新视角，营销不再只是企业满足自己想法的事情，消费者需求越来越占据主导位置。商业蓝图从此由一维变为二维。其中，第一个维度，是根据不同营销阶段和与之对应的企业需求来划分的；第二个维度是根据消费者足迹来划分的，即 React——用户感受到，Resonate——用户的互动与共鸣，Reach——触动用户并产生购买行动，这是一脉相承的轨迹。企业只有有效掌握商业产品的用户数据，才能了解消费者的需求和行为轨迹，从而为营销决策提供依据。

他还说：营销从来都是与时俱进的，大数据时代的到来，要求整个行业都要以新的视角看待营销。百度在商业产品创新方面，将同时兼顾消费者洞察和企业营销阶段对接，满足用户从需求激发到完成购买的同时，帮助广告主实现不断提升营销效能。

总之，大数据是新一代信息技术的集中反映，是一个应用驱动性很强的服务领域，是具有无穷潜力的新兴产业领域。各个企业要从战略上重视大数据的开发利用，将它作为转变经济增长方式的有效抓手。

1. 当金融遇上互联网

互联网具有“开放、平等、协作、分享”的精神。互联网金融是传统金融行业与互联网精神相结合的新兴领域。从狭义上来讲，互联网金融与货币的信用化流通相关，也就是资金融通依托互联网来实现的方式方法都可以称为互联网金融。从广义上讲，具备互联网精神的金融业态统称为互联网金融。理论上任何涉及广义金融的互联网应用，都应该是互联网金融，包括但是不限于为第三方支付、在线理财产品的销售、信用评价审核、金融中介、金融电子商务等模式。

互联网金融与传统金融的区别不仅仅在于金融业务所采用的媒介不同，更重要的在于金融参与者深知互联网“开放、平等、协作、分享”的精髓，通过互联网、移动互联网等工具，使得传统金融业务具备透明度更强、参与度更高、协作性更好、中间成本更低、操作更便捷等一系列特征。

目前互联网金融格局主要由传统金融机构和非金融机构组成。传统金融机构是指传统金融业务的互联网创新以及电商化创新等。非金融机构则主要是指利用互联网技术进行金融运作的电商企业、人人贷（P2P）模式的网络借贷平台，众筹模式的网络投资平台，挖财类的手机理财 APP，以及第三方支付平台等。

自 1995 年 10 月全球第一家网络银行——美国安全第一网络银行诞生以来，以网络银行为代表的网络金融飞速发展。时至今日，网络金融已覆盖了除现金以外的所有零售银行业务和部分投资银行业务。

某商业银行专业人士说："互联网金融其实是在告诉银行，金融服务的未来可以是什么样。"银行应该更加主动地利用互联网技术变革。

据相关报道：2012 年 12 月 22 日上午，主题为"未来银行发展"的 2012 中国金融发展论坛在国宾酒店举行。作为 2012 年中国国际金融展四大发展论坛的收官之作，此次论坛紧扣"融汇科技创新　开启金融未来"的大主题，各大金融机构以及 IT 厂商高层齐聚一堂，深入探讨了未来银行发展模式。

中国银行创新研发部副总经理辛善文，在论坛上做了"基于对互联网发展特点以及给传统银行业带来的挑战"的演讲，探讨了金融行业在互联网时代的发展，并指出了几种金融新形态。辛善文在演讲中说，未来银行的发展方向之一就是通过金融创新来应对互联网时代带来的新挑战。商业银行应借助互联网的发展，积极创新金融形态，主动适应新的发展趋势。他指出，互联网时代，金融有四个新形态：金融新媒介；支付、融资的新形态；客户服务的新形态；经营管理的新形态。

（1）金融新媒介

如今，金融领域的参与者不再仅仅是银行，第三方支付公司、电信运营商、电商等纷至沓来。它们带来了新的理念、新的技术、新的模式，给金融行业注入了活力，银行等金融机构也纷纷借助互联网的力量对传统业务进行迁移和改造，创造出许多金融新形态，这种新的金融生态环境使得原来以银行为中心的金融模式变成以客户为中心的金融模式，即客户成为整个金融生态圈的核心。

（2）支付、融资的新形态

在传统业务领域里，许多支付、融资的新形态开始层出不穷。一方面，移动支付正在深刻地改变着我国的金融支付业务，例如，远程支付、快捷支付、进场支付等，都打破了支付业务在时间、空间方面的限制。另一方面，互联网融资则加速了金融脱媒的现象，将传统的金融标准化。

（3）客户服务的新形态

辛善文认为，银行的服务应该是一种开放的方式，让客户参与产品设计，也可以享用别人设计的产品。商业银行借助互联网技术，可以亲自为客户制订解决方案，还可以通过开放应用程序接口，更好地满足客户个性化的需求。

（4）经营管理的新形态

一是风险管理的新形态。传统的银行风险管理一般采取自上而下的模式。在互联网时代，银行的风险管理可以采取自下而上的方式，在浩如烟海的交易数据中，利用大数据技术，还原出一个活生生的客户，掌握他的行为方式，提早预防风险。二是业务流程的新形态，即商业银行通过利用互联网和云计算等技术，实现前台、中台、后台的有效分离，使前台专注于客户关系的管理，中台直接进行客户挖掘和分析，后台实现运行的集中处理。三是营销的新形态。在互联网时代，基于受众碎片化的特点，商业银行虽然仍利用广告、网点和客户经理进行营销，但未来会有更多新的营销方式。例如，通过产品创新推出更多虚拟化的产品；基于银行卡信息设计虚拟卡，让客户很好地管理账户，避免卡丢失和恶意透支的风险。

面对金融新形态，互联网企业也随之开发了新的金融模式，当前国内主要的互联网金融模式不外乎以下三种：

一是网银模式，也就是传统的金融借助互联网渠道为大家提供服务。互联网在其中发挥的是渠道的作用。

二是类似阿里金融，由于具有电商的平台，为其提供信贷服务的条件优于其他放贷人的条件。互联网在其中发挥的作用是依据大数据收集和分析进而得到信用支持。

三是P2P模式，这种模式更多的提供了中介服务，这种中介把资金出借方与需求方结合在一起。

互联网金融模式下的支付方式最基本的就是移动支付。移动支付是依靠移动通信技术和设备的发展，特别是智能手机和iPad的普及。据Juniper Research估计，2011年全球移动支付总金额为2400亿美元，预计未来五年将增长200%。

随着WiFi、3G等技术的发展，互联网和移动通信网络的融合趋势日益明显，有线电话网络和广播电视网络也进入该领域。移动支付将与银行卡、网上银行等电子支付方式进一步整合，真正做到随时、随地和以任何方式进行支付。随着身份认证技术和数字签名技术等安全防范软件的发展，移动支付不仅能解决日常生活中的小额支付，也能解决企业间的大额支付，替代现金、支票等银行结算支付手段。

互联网金融模式下，支付系统具有以下新特点：

①所有个人和机构都在中央银行的支付中心（超级网银）开账户（存款和证券登记）；

②证券、现金等金融资产的支付和转移通过移动互联网络进行（具体工具是手机和iPad）；

③支付清算完全电子化，社会中无现钞流通；

④二级商业银行账户体系可能不再存在。

由于在互联网金融模式下，支付更加快捷，交易更加方便，许多互联网企业，如阿里巴巴、腾讯、京东商城等纷纷进入金融领域。

国内互联网金融发展最为典型的案例就是阿里巴巴的小额信贷业务，即阿里金融。

和传统的信贷模式不同，阿里金融通过互联网数据化运营模式，为阿里巴巴、淘宝网、天猫网等电子商务平台上的小微企业、个人创业者提供可持续性的、普惠制的电子商务金融服务。其所开发的新型微贷技术的核心是数据和互联网。

阿里金融利用阿里巴巴 B2B、淘宝、支付宝等电子商务平台上客户积累的信用数据及行为数据，引入网络数据模型和在线视频资信调查模式，通过交叉检验技术，辅以第三方验证确认客户信息的真实性，将客户在电子商务网络平台上的行为数据映射为企业和个人的信用评价，向这些通常无法在传统金融渠道获得贷款的弱势群体批量发放“金额小、期限短、随借随还”的小额贷款。

2013 年 3 月 3 日，腾讯公司董事会主席马化腾也表示，目前正在考虑申请小额信贷牌照。此举距腾讯参股的众安在线保险获批仅相隔三天。作为中国用户最多的即时聊天软件供应商，腾讯目前已经涵盖了第三方支付、证券软件等金融领域。

除了阿里巴巴和腾讯外，京东商城、苏宁电器和慧聪网等也纷纷进入小额贷款领域。

网络金融不仅仅是一种金融创新，它的出现和兴起很有可能引发金融机构的经营管理模式、金融市场结构、金融业务运作方式等方面的一系列重大变革，同时，也对金融监管提出了挑战。互联网金融从某种程度上有效扩大了民间金融的边界。但多位业内专家对此也表现出担忧。在他们看来，在目前阶段，互联网金融领域尚存在概念不清、监管规则不明等一系列问题，而最大的风险在于有时候创新会打破既有的利益格局，但是新的利益格局和平衡还没有建立起来。这时才会发现创新比没有创新更糟。因此，创新首要解决的一个重要问题是以最快的方式建立新的利益平衡。

2. 马云与“菜鸟”

创业是一个全新的过程，就像行军打仗，在网络对手围追堵截的新经济时代，“大虾”们的行军布阵方案更是绝妙。“火星人”马云总是以其火星式风格给人意外，也给人奇迹。人们常常喜欢用“打破常规、逆反思维、反教条、出人意料”等词语来形容马云。的确，这是马云的一贯做事风格。

2013 年 5 月，马云又一打破常规的举动，被热议了半年之久的 CSN 项目终于浮出水面，并且，谁也没想到它会以一个让人跌破眼镜的名字横空出世——“菜鸟网络科技有限公司”。

据经济之声《天下公司》报道，2013 年 5 月 28 日，阿里巴巴集团在深圳召开发布会，宣布建立中国智能骨干网。这是一个能够支撑日均 300 亿元的网络零售额，在全国任何地区做到 24 小时内送达的物流网络体系，同时，阿里巴巴与几大民营快递公司和投资财团联合成立了“菜鸟网络科技有限公司”。阿里巴巴董事局主席马云任这家公司的董事长，而首席执行官则由银泰投资董事长沈国军担任。此举标志着阿里巴巴正式进军物流业。

沈国军说：“菜鸟是一个网络用语，这个也是最后马云起的，它代表一个行业的新手，提醒我们自己创新无处不在的互联网时代，要始终保持菜鸟的心态，我们要做的事情这个商业模式在国内还是没有可能全球也是没有，我们今后要服务的大部分客户也是刚刚起步的中小企业、小微企业。取名菜鸟寓意着我们共同选择跟他们一起成长。”

菜鸟，这个名字有点搞笑，但是给人的印象却很深刻，能够让人一下子就记住这家新公司。在当天的发布会上，马云表示社会化物流基础设施建设，阿里巴巴想了 10 年，也做了 10 年，决定傻傻的再做 10 年。“让我们这些老家伙，学习做做菜鸟吧。菜鸟的心态比谁都年轻，都经得起风浪。”

虽然自诩为菜鸟，但马云也表示，“我们永不做笨鸟，笨鸟先飞，为什么，去哪里都不清楚，不解决问题”。据悉，“菜鸟网络”注册资金 50 亿元，注册地在深圳，所有注册程序已经完成，业务也已经推进，将通过自建、共建、合作、改造等多种模式，在全国范围内形成一套开放的社会化仓储设施网络。在股东结构上，阿里巴巴旗下天猫商城出资 21.5 亿元，占股 43%；银泰集团投资 16 亿元，占股 32%；富春集团投资 5 亿元，占股 10%；其他股东分别投资 5000 万元，各占股 1%。未来，“菜鸟”将利用先进的互联网技术，建立开放、透明、共享的数据应用平台，为电子商务企业、物流公司、仓储企业、第三方物流服务商、供应链服务商等各类企业提供优质服务，支持物流行业向高附加值领域发展和升级。最终促使建立社会化资源高效协同机制，提升中国社会化物流服务品质。

其实，早在2010年阿里巴巴就提出过淘宝大物流计划。2011年，阿里的物流信息管理系统“物流宝”正式推出。“物流宝”本质上是一个物流信息调配平台，阿里将第三方快递、仓储的信息接入进来，面向淘宝卖家提供入库、发货、上门揽件等服务。这个系统可以通过数据化分析，追踪各地物流资源的使用情况，减少货物在各地间的流转，以达到降低成本和提高效率的目的。

马云表示，如果完成中国智能骨干网的搭建，全中国2000个城市在任何一个地方只要你上网购物24小时货一定送到你的手里。只是这个理想太大，没有人敢干。在互联网，基于电子商务如何令国家已经投入的基础设施发挥作用，支撑未来再增加一千万名的快递人员，任何一个具有绝大理想主义色彩的公司必须花10年时间才有可能完成，所以我特别高兴得到了这些合作伙伴的信任。

这个能够带来一千万个新岗位的项目投资非常大，第一期就将投入1000亿元，而第二期会再投入2000亿元。马云希望通过这两三千亿元的投资能够撬动几十万亿中国国家已有的基础设施，能够让国家的基础设施充分发挥其效应。他说：“让我们的高速公路、高铁、机场、码头能够充分地运用，也许10年内我们失败，谁都不能保证，但是万一被我们搞成功了，我觉得今生无悔，这是具有划时代意义的，后面加入的企业会越来越多，因为这不是为一家企业做，而是为一个时代做，为我们的孩子做。”

有人认为，近年来电商行业竞争愈演愈烈，不管是阿里巴巴、京东、腾讯，还是苏宁，都准备放手一搏。未来中国电子商务的核心竞争力将体现在三个方面：一是电商平台，二是供应链金融，三是物流。从目前情况来看，阿里巴巴的平台优势和支付宝的金融体系，都远超其他几家公司，唯一的短板就是物流，而菜鸟网络就是它的最后一块拼图。

3. 微信改变世界

紧随微博之后，微信大行其道，从2011年年初推行至今，用户数已达到5亿。

微信是一种通过网络快速发送语音短信、视频、图片和文字，支持多人群聊的手机聊天软件。用户可以通过微信与好友进行形式上更加丰富的类似于短信、彩信等方式的联系。并具备强大的LBS定位和扫描二维码等功能，其强大功能和社交关系链吸引了大批企业入驻。如今，微信营销已经成为一种潮流，且具有其他营销方式难以比拟的优势。

首先，微信的传播功能备受瞩目。微信使得人们的社交网络从原有的“弱关系链接网”向基于手机通讯录的“强关系链接网”转变，从而实现了基于通讯录的全新互动；微信的语音通信或将改变传统的通信方式；微信是记录和表达的平台。微信与腾讯微博通过“微博发图助手”来进行整合，以实现记录与表达的传播功能；微信是一个交友的平台；微信可以成为公共信息的发布源。

其次，微信带来了信息传播方式的变革。移动互联时代，人们不再单纯地、麻木地全盘接收媒体信息，而是从以微博传播为主，主动“拉取信息”，变为以微信为代表的基于“强关系链接网”的虚拟与现实的“无缝对接”。

微信营销方兴未艾，企业与商家纷纷抢滩登陆，一时间，微信成了企业除官方微博外的另一大互联网营销热点，而随着精准营销概念的引入，在移动互联网背景下，微信的“点对点”精准营销优势相比微博更加明显。微信的出现给移动互联网的发展带来了一场营销革命，其营销模式的创新是最值得瞩目的。

（1）互动营销式——微信公众平台

对于大众化媒体、明星以及企业而言，如果微信开放平台与朋友圈的社交分享功能的开放，已经使得微信作为一种移动互联网不可忽视的营销渠道，那么微信公众平台的上线，则使这种营销渠道变得更加细化和直接。

功能模式：通过一对一的关注和推送，公众平台方可以向“粉丝”推送包括新闻资讯、产品消息、最新活动等消息，甚至能够完成包括咨询、客服等功能，成为一个称职的 CRM 系统。可以说，微信公众平台的上线，直指微博的认证账号，提供了一个基于过亿微信用户的移动网站。

营销方式：通过发布公众号二维码，让微信用户随手订阅公众平台账号，然后通过用户分组和地域控制，平台方可以实现精准的消息推送，直指目标用户。接下来则是借助个人关注页和朋友圈，实现品牌的病毒式传播。

（2）品牌活动式——漂流瓶

漂流瓶是移植至 QQ 邮箱的一款应用，该应用在电脑上广受好评，许多用户喜欢这种和陌生人的简单互动方式。移植到微信上后，漂流瓶的功能基本保留了原始、简单、易上手的风格。

功能模式：漂流瓶有两个简单功能：一是“扔一个”，用户可以选择发布语音或者文字然后投入大海中，如果有其他用户“捞”到则可以展开对话；二是“捡一个”，“捞”大海中无数个用户投放的漂流瓶，“捞”到后也可以和对方展开对话，但每个用户每天只有 20 次机会。

营销方式：微信官方可以对漂流瓶的参数进行更改，使得合作商家推广的活动在某一时间段内抛出的“漂流瓶”数量大增，普通用户“捞”到的频率也会增加。加上“漂流瓶”模式本身可以发送不同的文字内容甚至语音小游戏等，如果营销得当，也能产生不错的营销效果。而这种语音模式，也让用户觉得更加真实。但是如果只是纯粹的广告语，是会引起用户反感的。

（3）草根广告式——查看附近的人

签名栏是腾讯产品的一大特色，用户可以随时在签名栏更新自己的状态，自然也可以打入强制性广告，但只有用户的联系人或者好友才能看到。而微信中基于 LBS 的功能插件“查看附近的人”便可以使更多陌生人看到这种强制性广告。

功能模式：用户点击“查看附近的人”后，可以根据自己的地理位置查找到周围的微信用户。在这些附近的微信用户中，除了显示用户姓名等基本信息外，还会显示用户签名栏的内容。所以用户可以利用这个免费的广告位为自己的产品打广告。

营销方式：营销人员在人流最旺盛的地方后台 24 小时运行微信，如果“查看附近的人”使用者足够多，这个广告效果也会不错。随着微信用户数量的上升，这个简单的签名栏也许会变成移动的“黄金广告位”。

（4）社交分享式——开放平台 + 朋友圈

微信开放平台是微信 4.0 版本推出的新功能，应用开发者可通过微信开放接口接入第三方应用。还可以将应用的 LOGO 放入微信附件栏中，让微信用户方便地在会话中调用第三方应用进行内容选择与分享。

功能模式：社交分享在电商中一直是热门的话题。在移动互联网上，以之前腾讯公布的合作伙伴为例，用户通过微信把一件美丽说上面的商品一个接一个传播开来，达到社会化媒体上最直接的口碑营销。

营销方式：微信除了异步通信的功能外，4.0 版本中的新功能“朋友圈”分享功能的开放，为分享式的口碑营销提供了最好的渠道。微信用户可以将手机应用、PC 客户端、网站中的精彩内容快速分享到朋友圈中，并支持网页链接方式打开。

以上几种营销模式，都凸显了微信营销的新优势，可以说是微信营销的创新。而正是这种模式的创新获得了广大商家的青睐。

在移动互联网时代，吃饭可以用微信选餐馆，出门购物可以用微信，订车票可以用微信，交水电费、手机费可以用微信，去医院看病挂号可以用微信……从日常沟通交友的利器，到商家助销的工具，微信的前途是无可限量的。

商业模式与技术创新哪个更重要

企业要想长期保持竞争优势，必须依靠不断地创新。企业的创新模式主要有两种：技术创新和商业模式创新。技术创新是人类财富之源，是经济发展的巨大动力，一个企业竞争力的强弱很大程度上取决于其技术创新能力的强弱。但是，企业要想实现变革性的增长，依靠的往往不是技术创新，而是商业模式创新。

2000 年互联网泡沫破裂时，原时代华纳首席技术官迈克尔·邓恩在接受美国《商业周刊》采访时反思说："一家新兴企业，它必须首次建立一个稳固的商业模式，新技术反倒是次要的。在经营企业的过程中，商业模式比新技术更重要，因为前者是企业能够立足的先决条件。"

一般来说，技术创新是将科学技术研究转化为生产力，从而创造出更有竞争力的产品；商业模式则是如何创造和传递客户价值和公司价值的系统，通过不断地创新，在为他人创造价值的同时自身获取价值。技术决定产品的产出，商业模式决定产品的卖出。那么，到底商业模式与技术创新哪个更重要呢?

目前，在国内，商业模式的创新显然比技术创新更为重要。其根本原因，在于中国存在一个庞大而低端的消费市场，而且这个市场在绝对意义上说，远远没有饱和，无数商品还没有被寻常消费者享受到，商业并没有得到更广泛的普及。而在短期内，国民的收入不会发生大的变化，这也导致中国对高端消费的抑制，这个时候，发现新的需求，并且创造出新的需求模式，显得尤为重要。

有关学者将生产要素的新组合方式归入技术创新和制度创新范畴。认为制度是用于规范人类社会经济行为和相互关系的一系列规则，而商业模式则是一种微观企业制度。技术创新和制度变革都能够推动经济的不断增长，然而经济增长并不仅仅是技术或者制度的"单线决定论"，而是由相对成本收益决定的。由此可知，企业的发展也不仅仅是技术创新或者商业模式创新能够"单线决定"的。

至于技术创新和商业模式之间的关系，Pateli 和 Giaglis（2005）以出版业的商业模式设计与变革为例，用权变理论分析了技术创新引发商业模式变革，提出在技术创新影响下企业可参考的商业模式变革的方法论框架。吴菲菲等（2010）对国内外新技术引发商业模式研究的进展和动向进行了分析，认为商业模式的变革会受到新技术的影响。Chesbrough 和 Rosenbloom（2002）认为商业模式是企业为了从技术中获取价值而构建的合理收益架构，并以施乐公司为例进行研究，发现企业倾向于对适合其商业模式的技术进行投资。刘常勇（2005）认为技术本身就是一种商品，必须寻求适当的商业模式，使技术成果商业化，从而创造出更多价值。

可见，有的学者认为技术创新影响商业模式的变革；有的学者认为商业模式有利于技术在企业价值创造中发挥作用，从而引导技术向适合其商业模式的方向创新。总的来说，企业技术创新对商业模式有一定的影响，但是商业模式是基础，决定着技术创新能否在企业价值创造中发挥作用。从这个意义上来说，商业模式比技术创新重要。

新技术革命与新需求，对各种元素进行融合

市场经济是竞争经济，优胜劣汰、适者生存是无情的竞争规则。随着我国市场经济的进一步发展，越来越多的企业树立起市场竞争观念，并充分认识到企业只要敢于竞争、善于竞争，能够占有市场且获取高额利润，就能够在竞争中取得胜利，使企业得到不断地发展。然而在如何占有市场的问题上，却存在着两种选择，即争夺现有市场还是创造新的市场。

企业经营者往往将提高市场占有率作为发展的重要目标。他们两眼紧紧盯着自己熟悉的且已经成熟的市场，并想尽各种方法力争再获得该市场的一部分，而该市场中的其他企业因抱有同样的想法，故而绝不拱手让出其苦苦争来的“地盘”，于是“战争”便不可避免了。各个企业尽显其能，纷纷采取强力的促销措施，广告战、价格战等此起彼伏，在这个没有硝烟的战场上演绎着一个个悲壮的故事。“弱者”失败了，输得很惨；“强者”胜利了，赢得很苦。在庆贺胜利的时候，才发觉为此付出的代价实在不小。如一段时间我国的“冰箱大战”“彩电大战”“空调大战”等，企业“死伤无数”。至今仍然战事不断、战火“硝烟弥漫”。这种竞争，往往是资源大战，非实力雄厚

之企业不能为。否则，市场份额尚未争到，自己可能就先败下阵来。即使实力雄厚的企业，也要摸清社会需求，不能吊死在一棵树上。如若见到某一行业有利可图，便不加分析地蜂拥而至，只能造成资源浪费、产品积压，最后不得不削价销售，导致厂家无利、商家微利、国家不利的不良后果。我国企业在这方面的教训应该说是不少的。

对于企业而言，无论在何种条件下，市场机会总是存在的。关键是企业要善于捕捉机会，去创造新的市场。不能仅看到现有的、成熟的市场，也不要认为只有高市场份额才能赢利。实际上，企业的市场份额与获利能力之间并没有必然的联系。除非某个企业能够轻易地控制市场，使其他的一些专业性企业只能在市场份额的市场中占有绝对份额，同时，该行业中具有成本优势的企业也站不住脚，而要做到这一点，几乎是不可能的。苹果公司在计算机行业的市场份额不大，仅为10%，但其获利能力却在全美排名第四，靠的就是创新市场。因此，企业应更多地采用创新市场的策略。

实践表明，新技术革命能够带来新需求，并且能够给厂商和相关产品带来利润。例如：伴随石油等原材料的价格一路高涨，各种新技术的出现引发节能时代的到来。未来几年，太阳能、LED、电源管理、节能灯行业等将获得较快的发展，从而带动相关的硅材料、LED 芯片、电子元件、分立器件和电源管理 IC 产业的发展；4G 的推出将给电子产业整个产业链带来机遇，从设计到元器件再到手机终端和运营商。未来三年，每年数千亿元的投资额将给电子元器件提供产业链群体突破的机遇。

正如格力电器董事长兼总裁董明珠认为的：“不是没有市场，而是没有技术，没有创新。如果你保持技术创新，就能保持增长。”

2012 年，格力通过技术创新，开辟了新的市场需求。当年 12 月 22 日，格力双级变频压缩技术开创了双级变频时代。中国工程院院士王浚认为，这项技术重新定义了行业标准，大幅提高了能效水平，推动了变频空调和热泵热水器的普及。

新技术的成长会激发市场更新换代的需求，这也是为什么格力能够凭借创新在家电寒冬中继续保持稳健成长，敢于提出 2012 年实现千亿元、未来 5 年每年 200 亿元的增长的原因。董明珠表示，作为领先的空调企业，无论家电行业的格局如何变化，只要抓住了人们最本质的需求，并能够通过不断的技术升级和技术创新来满足这种需求，就能够在国际竞争中立于不败之地。

由此可见，技术升级是每个行业的主题，它将带动相关厂商和上游元器件厂商的业绩增长。

透视新商业模式的创新思维

管理大师彼得·德鲁克说：“当今企业之间的竞争，不是产品之间的竞争，而是商业模式之间的竞争。”在他看来，商业模式是现代企业竞争的最高形态。

中共十八大报告明确提出了“加强技术集成和商业模式创新”，将商业模式创新作为国家创新驱动战略的重要组成部分。近年来，谷歌、苹果、Facebook 等跨国企业，无一例外都通过技术创新与商业模式创新的有机融合，赢得了不可复制的市场领先优势。商业模式创新发挥着显著的“倍增效应”，成为促进技术创新价值显著提升的战略选择与现实路径。

1. 商业模式创新“倍增效应”日益凸显

商业模式即为企业赢利的途径和方法，是企业发展战略的顶层设计。商业模式创新不仅是企业技术方向和路线的选择，更涉及企业组织、文化、资源配置的全方位、深层次革命，因此，商业模式创新的实质是系统性创新，也是国际产业竞争的新趋势。

(1) 技术创新与商业模式创新日益深度融合

市场需求已日益成为创新的最主要原动力，创新逐渐从强调技术导向为主向注重市场导向为主转变。为了向用户提供更丰富的服务和更人性化的体验，使创新成果转化成实际的商业价值，就需要针对新技术采用新的商业模式。由此，商业模式创新与技术创新呈现日益融合的发展态势。

特别是随着互联网、IT、通信技术等通用技术的快速发展，技术创新逐渐摆脱在原有商业模式中充当工具的从属性角色，而成为了新的商业模式。

（2）“商业模式+技术”融合创新赢得竞争优势

商业模式是企业为用户创造价值的方式方法，而价值的载体则必须是有核心技术支撑的产品和服务。在节能环保领域，诸多公司开发出先进的节能环保技术与设备，但碍于用户对新技术新设备转换成本的压力，难以实现技术创新的价值。通过合同能源管理这种商业模式创新，节能服务公司一方面通过为客户提供节能改造服务推广新技术新设备，另一方面从客户节能改造后获得的效益中收回投资、取得利润。

商业模式创新不仅是技术创新价值的“放大器”与“倍增器”，也为技术创新模仿设置了新的“门槛”。新技术与新商业模式的深度融合构筑起企业核心竞争力，为企业获得可持续竞争优势提供了强大动力。

（3）“商业模式+技术”融合创新改变竞争规则

一直以来，企业之间的竞争主要依靠技术革新和产品性价比提高，随着商业模式创新与技术创新的不断结合，行业的技术竞争与产品竞争模式正在被颠覆，以基于新技术为客户提供更新体验和更优服务为目标的商业模式创新成为新的竞争规则。

传统商业竞争的零和博弈准则也不断受到挑战，无论是产业链上各环节的企业，还是处于产业链同一环节的企业，一方的利润不再是另一方的成本。在新的赢利模式下，产业价值链上的各利益相关者可基于同一个平台最大限度地达到价值共赢。

2. 商业模式创新的主要特点

目前商业模式创新仍属于新生事物，业界还没有形成清晰路径和完整规律的共识，但总体上看，商业模式创新的发展呈现出以下几个主要特点：

（1）技术创新仍是商业模式创新的现实基础

新技术或新产品进入市场的初期，价格较高，为了平衡高价格给消费者带来的风险，商业模式创新应运而生，拥有先进的核心技术是商业模式创新的前提。同时，技术创新也为商业模式创新提供了保障，为竞争者设立了模仿的高门槛。

（2）信息网络成为商业模式创新的支撑平台

随着 IT 技术的发展，特别是互联网的出现，信息网络的开放性和灵活性为企业选择更多更复杂的运作方式提供了平台条件，由于硬件技术的易扩散性和生产的易模仿性，任何基于硬件的商业模式都不会长久，基于信息网络平台的商业模式成为企业商业模式创新的主流。信息网络平台将相互独立的产品或服务提供者和用户联结起来，通过全新的商业模式，使产品和服务价值实现了聚变。比如，东软公司在医疗服务领域有 3000 家医院客户，公司利用云的方式和互联网方式整合现有客户的医疗资源，使家庭和个人通过网络获得在线诊断等医疗服务，同时公司的 B2B 模式逐步转向了 BBC（即 B2B 与 B2C 的结合）模式，创造了新的商业模式和更高的服务价值。

（3）全产业链共赢是商业模式创新的突出表现

商业模式创新的核心是更好地创造价值，好的商业模式不仅为客户创造价值，也为产品价值链各环节的产品、服务提供者创造价值。因此，商业模式创新需要建立一个包括为客户提供不同产品和服务的互补企业在内的产业价值链体系，实现覆盖全产业链各环节的企业价值共赢。

第二章

创新商业模式

——概念、结构和设计

新商业模式与战略定位

商业模式简单地说就是企业或公司以什么样的方式来赢利和赚钱，构成赢利的这些产品和服务的整个体系称为商业模式。换种说法就是，商业模式是企业进行赖以生存的业务活动的方法，决定了一个企业在价值链中的位置。

企业要适应时代的发展，就要在前进中摸索、创新适合自身的商业模式，商业模式创新的动力主要是指由谁提议、投入并推动。商业模式创新需要企业所有者（股东）、经理层、员工、债权人、供应商、用户以及政府等的相应投入。这些综合性的内外因素决定了企业商业模式创新权责利的配置必定涉及以上所有利益相关群体，这些人也是实行创新的主要动力来源。

企业商业模式创新动力主要来源于企业对其可持续发展的追求，而企业的可持续发展取决于企业的内部和外部环境。换句话说就是企业的外部因素和内部因素共同决定了企业商业模式发展的动力及方向。所以，企业在定位自己的新商业模式时要充分考虑自身的内外部因素。

企业的外部因素有很多，需要考虑的主要是市场的竞争因素；市场竞争公平性；政府和社会对商业模式创新的支持；外部市场对产品的需求程度。

1. 市场的竞争因素

企业经营大环境的难易度和市场竞争的激烈程度成正比。因而，企业迫于市场压力要常常主动寻找新的发展机会，增加商业模式创新的动力。

2. 市场竞争公平性

现在，商业模式的创新方法还很难申请专利和保护，因此市场竞争越公平，企业商业模式创新的风险回报就越稳定，企业家越愿意进行商业模式创新，增加创新的动力。

3. 政府和社会对商业模式创新的支持

政府对企业创新支持程度体现在直接经济资助和税收优惠等方面，政府的支持力度越大越强，就越会降低企业的创新风险，增加企业创新的动力和催化剂。另外，社会对创新的支持主要体现在对企业家创新行为的认可、接受和奖励方面，也会增加企业家创新的动力。

4. 外部市场对产品的需求程度

外部市场因素对企业商业模式创新的影响主要体现在两个方面：一方面是外部市场对产品的需求量大，企业利润提高；另一方面会导致企业家满足现状，降低进行商业模式创新的动力。而产品需求量越大，企业的效益会越好，企业才有更多资源进行商业模式的创新，增加商业模式创新的动力，因此外部产品市场的需求对创新的影响既有利也有弊。

企业在定位自己的新商业模式时需要考虑的内部因素主要有：一是企业家和员工的创新意识和创新能力。影响企业发展最关键的因素还是归结到人的身上，企业家和企业员工团队的创新意识和能力越强，对利润和自身成功的越迫切，他们就越具有强大的创新动力；二是企业的文化。一个企业越具有创新的氛围和文化，企业家和企业员工越容易自愿参与到创新当中，企业就越具有创新动力；三是企业的内部激励。企业的内部激励包括物质激励、精神激励、人力物力投入等许多方面，企业建立了支持创新的激励制度，在创新方面投入越多，创新的动力就会越强；四是企业的技术水平。一般来说，企业商业模式创新活动离不开技术的支持，企业技术越发达，创新活动的成功率就越高，风险就越小，就越会增加企业创新的动力。

企业对新商业模式进行战略定位需要充分考虑以上内外因素，把企业商业模式工作重点放在产品质量、科学方法、批量生产、提高管理质量、增加人员调动力度等方面。这样新商业模式不但可以增加公司的业绩，还能实现利润最大化，推进企业走上可持续发展的轨道。

另外，企业在进行新商业模式定位时，最好要结合市场、行业和自身的特质，突出差异性，这样更加有利于保证企业有序发展。许多企业在起步阶段时往往存在资金或者制度上的困惑，结合企业生存最为重要的方面制定符合公司内部发展战略的独特的创新方法，杜绝盲目效仿其他公司。

商业模式就是某种运行系统

自人类社会的不断发展尤其是经济组织诞生以来，也就是古人所认为的“商业”诞生以来，“商业”就在不同的时代按照相应的、特定性的“模式”运行着。最古老的商业模式主要有：农业生产模式、手工业生产模式、商业贸易和零售模式、物流模式、镖局模式、票号模式等。尽管这些模式非常原始和简单，但都是某种具有共性的商业价值创造系统，通过为顾客、社会和组织自身创造特定的价值而获得生存。

现代社会对商业模式的诠释是：它是一个企业满足消费者需求的系统，这个系统组织管理企业的各种资源（如资金、原材料、人力资源、作业方式、销售方式、信息、品牌和知识产权、企业所处的环境、创新力，又称输入变量），形成能够提供给消费者无法自力而必须购买的产品和服务（输出变量），因而具有自己能复制但不被别人复制的特性。

泰莫斯定义的商业模式是指：一个完整的产品、服务和信息流体系，包括每一个参与者和其在其中起到的作用，以及每一个参与者的潜在利益和相应的收益来源和方式。在分析商业模式过程中，主要关注一类企业在市场中与用户、供应商、其他合作办的关系，尤其是彼此间的物流、信息流和资金流关系。

著名的管理大师彼得·德鲁克认为：经济组织存在的原因不在于组织内部，而在于组织外部，即组织创造了顾客和社会所需要的价值。实际上，经济组织如果仅仅创造顾客和社会所需要的价值，还不足以长期生存，它必须在满足特定顾客和社会需求的同时，获得可以扩大再生产的利润，否则难以为继。所以说，商业模式必须创造三种价值，即顾客价值、社会价值和经济价值，方能得以生存和发展。这里，暂时把顾客价值、社会价值和经济价值统称为商业价值。

在商业模式创造的商业价值中，顾客价值是本源，社会价值是保障，经济价值是结果。在一个健康有序的商业模式中，三种价值是有机统一的整体。

如果经济组织只能够创造顾客的价值，不能向社会纳税、不能按时发放雇员工资、不能承担应尽的社会责任，这样的商业模式只能存活于一地、一时，而不可能得到主流社会的认可，更不可能获得发展。即使获得一时的繁荣，也终究会被社会所淘汰。没有经济价值就根本谈不上商业价值。这样的商业模式，不管它有多高的社会价值和顾客价值，也终将会失败。

前《福布斯》富豪陈金义曾经背负亿元巨债“神秘失踪”，这一事件可以认证商业模式仅仅具有社会价值，而没有经济价值是迟早要失败的。同样，商业模式在创造顾客价值的同时，如果不能获得有价值的经济成果，也就是不能获得高于资本成本的税后利润，那么这样的商业模式不会持久地为顾客创造价值，必然也会因入不敷出最终走向倒闭。

因此，商业模式创造的商业价值，必然是顾客价值、社会价值和经济价值三者的有机统一，缺一不可。也就是说，商业模式就是商业价值的创造系统。

以上足以说明商业模式就是一种运行系统。这个系统至少要包括以下 10 个基本元素的前 7 个，才可称为一个健康的系统。

1. 目标市场

目标市场是创业公司打算通过营销来吸引的客户群，并向他们出售产品或服务。这个细分市场应该有具体的人数统计以及购买产品的方式。

2. 价值定位

创业公司所要填补的需求是什么或者说要解决什么样的问题？价值定位必须清楚地定义目标客户、客户的问题和关注点、独特的解决方案以及从客户的角度来看，这种解决方案的净效益。

3. 生产

创业公司是如何做产品或服务的？常规的做法包括家庭制作、外包或直接买现成的部件。这里的关键问题是进入市场的时间和成本。

4. 销售渠道和营销

如何接触到客户？口头演讲和病毒式营销是目前最流行的方式，但是用来启动一项新业务是远远不够的。创业公司在销售渠道和营销提案上要做得具体一些。

5. 分销

创业公司如何销售产品或服务？有些产品和服务可以在网上销售，有些产品需要多层次的分销商、合作伙伴或增值零售商。创业公司要规划好自己的产品是只在当地销售还是在全球范围内销售。

6. 成本结构

创业公司的成本有哪些？初级创业者只关注直接成本，低估了营销和销售成本、日常开支和售后成本。在计算成本时，可以把预估的成本与同类公司发布的报告相对比，以确定自己的成本结构是否合理。

7. 收入模式

你是如何赚钱的？关键要向你自己和投资人解释清楚你如何定价，收入现金流是否会满足所有的花费，包括日常开支和售后支持费用，然后还有很好的回报。

8. 竞争

创业公司面临多少竞争者？没有竞争者很可能意味着没有市场。有 10 个以上的竞争者表明市场已经饱和。此时要扩展开来想一想，就像飞机和火车，客户总有选择的机会。

9. 独特的销售方案

创业公司如何使自己的产品或服务具有差异化竞争优势，投资者要看到创业公司拥有的一种可持续的竞争优势，短期打折或促销不是独特的销售方案，更不是长久的销售方案。

10. 市场大小、增长情况和份额

创业公司产品的市场有多大？是在增长还是在缩小？能获得多少份额？VC 风投寻找的项目所在的市场每年要有两位数的增长率，市场容量在 10 亿美元以上，创业公司要有 10% 以上市场占有率的计划。

几乎所有的投资者都希望能很好、很深刻地理解创业公司的商业模式，他们对聆听创业者的向客户推销式的演讲表现得极不耐烦。这样的演讲通常都回避了创业者最关注的投资回报问题，以及创业者期望确认多少客户的问题。向投资人做那样的演讲只会让创业者和投资人双方都感到很恼火。

一个可行、有投资价值的商业模式是创业者需要在商业计划书中强调的首要内容之一。事实上，没有合适的商业模式，绝大多数的创业就只能是一个梦想。

构成商业模式的关键要素

商业模式的构成要素会因要素的组成及排列方式而对模式是否符合一个企业战略目标有着至关重要的作用。由于商业模式概念的多样性以及社会不同阶层对商业模式认识的侧重点不同，使得商业模式构成要素的划分也不尽相同。国内外学者对商业模式构成要素的分析，主要有如下几种：

Hamel（2000）认为，商业模式由四大要素组成，即核心战略、战略性资

源、顾客界面、价值网络。这四种要素产生了三种不同的链接，即配置方式链接核心战略与战略性资源，顾客利益是核心战略与顾客界面间的媒介，企业疆界链接战略性资源与价值网络，而这些链接的本质就是使企业获得持续性赢利。

东南大学教授李东（2006）认为，任何一种商业模式都是由三类基础要素组成的，即顾客价值定位、总成本结构和利润保护机制。这三大要素相互作用时能够创造价值、传递并保持价值，其中最重要的是创造价值。三大要素中的任何一个要素发生重大变化，都会对其他部分和整体产生影响。

哈佛大学教授克莱顿·克里斯滕森（2008）在《哈佛商业评论》上发表的《如何重塑商业模式》一文认为，商业模式构成要素包含四方面的主要内容，即客户价值主张、赢利模式、关键资源、关键流程。关键资源是指向目标客户群传递价值主张所需要的人员、技术、产品、厂房、设备和品牌等资源；关键流程是指企业都有一系列的运营流程和管理流程，以确保其价值传递方式具备可重复性和扩展性；关键资源是企业在创造价值流程中的基础，关键流程则贯穿于企业利用这些关键资源中，这两个方面相配合旨在为客户提供价值，即满足客户价值主张；客户价值主张是指某种为客户创造价值的方法，这也是企业实现利润增长的直接方式。

著名学者汇丰商学院副院长魏炜与清华大学经济管理学院金融系副主任朱武祥通过多年的研究，将商业模式总结为六大要素，即定位、业务系统、赢利模式、关键资源能力、现金流结构、企业价值。这六要素之间存在内在的逻辑结构，且每一个要素都跟交易价值、交易成本和交易风险有关，各个要素共同组成了有机的高出模式体系，又揭示了整个交易结构（包括焦点企业及其利益相关者）的交易价值、交易成本和交易风险。换言之，商业模式体系是一个全新的交易结构，每一个要素都揭示着整体，影响着整体，包含着整体的全部信息，而整体又指导和牵引着每一个要素。

通过以上众多学者的观点分析、归纳其对商业模式组成要素的不同描述进行汇总，虽然商业模式的构成要素是比较分散的，但它却是由多个分散的要素组成的整体，各要素之间存在有机的联系，互相支持，形成良性的循环。从这些要素中可以简单地勾勒出企业的整个运作流程，特别是在创业期的过程中管理者的能力尤为重要，给企业制定适合的战略，在业务过程中打造企业的核心竞争力，产生核心资源，通过不断协调价值链中的利益分配构建出合理的关系网络，使企业获得可持续性的赢利。

任何一家企业要想正确把握商业模式的脉搏，需要对自身商业模式的诸多因素进行深刻研究。只有掌握究竟是哪些因素对企业进行商业模式创新起到作用，哪些因素是最重要的，企业才能找到健康的商业模式。

创新商业模式的特征和类型

1. 创新商业模式的特征

企业要想创新商业模式，首先要了解创新商业模式的特征。具体主要表现在以下几个方面：

一是商业模式创新不是单一因素的变化，它是一个整合系统。商业模式创新常常涉及多个要素同时进行大的变化和调整，企业组织战略也要随之进行大幅度的调整，是一种集成创新。并且，商业模式创新往往伴随产品、工艺或者组织的创新，否则，就不足以形成商业模式创新。例如，技术创新就是开发出新产品或者新的生产工艺，这是相对于有形实物产品的生产来说的。但如今是服务为主导的时代，早在2009年中新网就报道过服务业占美国经济比重的90%，对传统制造企业来说，服务也远比以前重要。因此，商业模式创新经常体现为服务创新，表现为服务内容、方式及组织形态等多方面的创新变化。

二是商业模式创新要注重从市场需求客户角度出发。“客户价值最大化”是商业模式的主观追求。商业模式创新的出发点，是如何从根本上为客户创造附加值，因此，它最基本的逻辑思维起点就是客户的需求，根据客户需求考虑如何有效满足它，这点明显不同于许多技术创新。对于一种技术可能有多种用途，从技术创新的视角，常从技术特性与功能出发，看它能用来干什么，继而找到关于它的潜在的市场用途。商业模式创新即使涉及技术，也多是和技术的经济方面因素、技术所蕴含的经济价值及经济可行性有关，而不是纯粹的技术特性。

三是不管商业模式创新提供的是全新的产品或服务，还是已有的产品或服务，都可以给企业带来持久的赢利能力和更大的竞争优势。传统的创新形态，能实现企业局部内部效率的提高、成本的降低，而且很容易被其他企业在较短期内模仿。商业模式创新虽然也表现为企业效率提高、成本降低，但由于它相较于其他系统和根本，涉及多个要素的同时变化，因此，很难被竞争对手模仿，常给企业带来战略性的持久竞争优势。

2. 创新商业模式的类型

如果一家欣欣向荣的企业，不能在一种新商业模式出现时及时调整自身的发展模式，那么它就会开始走向衰落或停止增长，所以，企业一定要掌握新商业模式的类型，在必要的时候及时转变商业模式。简单来说，目前国内外商业模式创新的类型主要有以下四种：

（1）给原用户带来低成本的原产品

20 世纪 70 年代，零售业巨头多是百货公司，如沃尔玛从一家小店做起，坚持直接采购、极力控制运营成本、低价销售的策略，不断壮大，逐渐淘汰了其他成本较高的百货公司，使得本超市开遍美国、走向了世界。而与此同时，西尔斯等百货公司由于缺乏成本竞争力，逐渐势微。这种类型的商业模式创新，并没有改变用户群—居民和产品的格局，销售的产品也相差不大，归根结底，是采购、运输、销售、运营等环节的成本优势最终造成了巨大的命运差异。

美国钢铁业在 1973 年产量达到顶峰，后来由于基础设施建设和工业化达到一定水平，钢材的消耗量逐渐减少，美国大量钢铁公司或破产或被兼并，但是纽柯钢铁却从一家名不见经传的小电炉炼钢厂成长为美国第二大钢铁公司。在钢铁业低迷期，美国市场上不少钢铁公司的钢铁业的产品实现差异化，客户群也基本相同，唯独低成本能够形成优势。所以，低成本公司才能够在其他公司亏损时仍然赢利，由此不断占领市场；在其他公司倒闭时才能够以低廉的价格收购，对其进行流程和价值观再造后重新获得赢利能力。与此同时纽柯钢铁另辟蹊径，大量收购废钢，采用低成本、短流程的电炉炼钢，从建筑钢材等不被巨头重视的低端产品起步，后来采用薄板坯连铸连轧（ESP）的短流程热轧新技术，保持在热轧板材上的成本优势。钢铁公司在产能过剩的竞争压力下，通过降低成本及销售价格，最终走向了壮大。

（2）为原用户创造新产品

一个非常具有代表意义的案例是通信行业中从传统手机到智能手机的转换。之前的传统手机主要提供电话、短信等基本通信功能，诺基亚几乎将这种手机的成本和使用性能发挥到了极致，又便宜还耐用，市场占有率一度排名世界第一，但是后来却走到了濒临破产的地步。当大家觉得手机已经做到了极致、再也不会更好的时候，苹果公司开发出了革命性智能手机产品——iPhone，用户使用智能手机后才发现：原来这就是我想要的，而我原先竟然不知道。智能手机整合了触摸控制、高清相机、陀螺仪、电脑科技、互联网等先进技术，结合漂亮的外观设计和人性化的操作系统，颠覆了以诺基亚为代表的传统手机的体验，即使价格比传统手机高得多，依然被世界各地的消费者青睐，也一步步把诺基亚逼向了危境。

（3）给新用户创造低成本的新产品

典型案例是从微型机到个人电脑的转换。微型机的用户主要是公司，因其价格高昂、体积庞大等原因，个人用户难以消费，但也迫切希望能够使用这一革命性设备。随后一批创业型小公司，如苹果公司，开始设计体积小巧、功能简单、价格低廉的个人电脑，打开了巨大的市场，开创了个人电脑和互联网时代。而传统的微型机公司由于流程和价值观的限制，没有能够转型成功，甚至销声匿迹。

（4）为原用户创造低成本的新产品

在传媒高速发展的今天，传统印刷媒体特别是报纸近年来逐渐势微。网络媒体，如新浪网对传统媒体的优势主要表现在两个方面，一方面，网络媒体使得阅读更方便、更丰富，随着电脑和互联网的普及，网络新闻随手可得，且可以进行巨量搜索；另一方面，网络媒体几乎是免费的，这是最关键的撒手锏。

在智能手机未普及之前，手机的主要功能是打电话和发短信，因此电信运营商赚了个盆满钵满；后来在智能手机普及之后，腾讯公司的微信等业务又对电信运营商造成了巨大冲击。微信的功能，如语音短信、文字短信、视频电话等对手机电话和短信有非常明显的替代作用，并且这些功能只消耗数据流量而不消耗通信费，更致命的是它还利用陀螺仪和手机定位功能开发了"摇一摇"，迅速吸引了广大消费者尤其是年轻群体的眼球，市场反应极其强烈。

著名的家电经销商苏宁电器等线下零售店前几年抓住了市场机会高速扩展，但最近两年销售额和利润开始下降，关闭的店面越来越多，而以京东商城为代表的电商平台的销售额则快速增长。在网购没有兴起前，买数码电器不仅不方便，而且价格高，还不透明。而网购则在这两个方面都提供了非常好的消费体验，一方面，只要点击鼠标或手机就能轻松比价，查看别人的购买评价，再一点就购买成功，还能收货后付款，不用大老远跑到实体店里砍价了；另一方面，由于节省了店面费用，电商成本更低，使得销售价格也更有竞争力。

人们通常认为大公司的资金、人力、客户等资源雄厚，在竞争中更容易取胜，但在不少情况下恰好相反。《创新者的窘境》给了我们非常好的解答，不少大公司所具有的优势有时候往往会成为其面对新技术时的劣势。面对新技术时，不是资源而往往是流程和价值观决定了自身是否成功，大公司已经形成的流程和价值观与之前的任务相匹配，但不一定适用于新的任务。对于那些一时看来利润率较低的新需求，大公司往往内部阻力巨大，转型的阻力很大，然而也有部分公司转型成功。这些转型成功的公司皆是建立了独立的公司，匹配相应的资源、流程和价值观，来应对新技术，开发新市场。

创新商业模式的核心原则

商业模式的核心原则是指商业模式的内涵、特性，是对商业模式定义的延展和丰富，是成功商业模式必须具备的属性。企业能否持续赢利是我们判断其商业模式是否成功的唯一的外在标准。持续赢利是对一个企业是否具有可持续发展能力的最有效的考量标准，赢利模式越隐蔽，越有出色的好效果。

一个成功的商业模式不一定非要是在技术上的突破，也可能是对某一个环节的改造，或是对原有模式的重组创新，甚至是对整个游戏规则的颠覆。客户价值最大化原则、资源整合原则、持续赢利原则、组织管理高效率原则、创新原则、融资有效性原则、风险控制原则和合理避税原则共八大原则。

需要我们认识的一点是：企业创新商业模式不能盲目进行。一般来讲，应该遵循一定的原则。具体包括：

1. 客户价值最大化原则

一个商业模式能否持续赢利，与该模式能否使客户价值最大化有必然关系。一个不能满足客户价值的商业模式，即使赢利也一定是暂时的、偶然的，是不具有持续性的。反之，一个能使客户价值最大化的商业模式，即使暂时不赢利，但终究也会走向赢利。所以企业应把对客户价值的实现再实现、满足再满足当作始终追求的主观目标。

2. 资源整合原则

整合就是要优化资源配置，就是要有进有退、有取有舍，就是要获得整体的最优。

在战略思维的层面上，资源整合是系统论的思维方式，是通过组织协调，把企业内部彼此相关但却彼此分离的职能，把企业外部既参与共同的使命。又拥有独立经济利益的合作伙伴整合成一个为客户服务的系统，取得“1 +1 >2”的效果。

在战术选择的层面上，资源整合是优化配置的决策，是根据企业的发展战略和市场需求对有关的资源进行重新配置，以凸显企业的核心竞争力，并寻求资源配置与客户需求的最佳结合点。目的是要通过组织制度安排和管理运作协调来增强企业的竞争优势，提高客户服务水平。

3. 持续赢利原则

企业能否持续赢利是我们判断其商业模式是否成功的唯一的外在标准。因此，在设计商业模式时，赢利和如何赢利也就成为重要的原则。当然，这里指的是在阳光下的持续赢利。持续赢利是指既要“赢利”，又要发展后劲，具有可持续性，而不是一时的偶然赢利。

4. 组织管理高效率原则

高效率，是每个企业管理者都梦寐以求的境界，也是企业管理模式追求的最高目标。用经济学的标准衡量，决定一个国家富裕或贫穷的砝码是效率；决定企业是否有赢利能力的也是效率。

按现代管理学理论来看，一个企业要想高效率地运行，首先，要清楚了解企业的愿景、使命和核心价值观，这是企业生存、成长的动力，也是员工努力方向一致性的理由。其次，要有一套科学的实用的运营和管理系统，用以解决系统协同、计划、组织和约束问题。最后，要有科学的薪酬和激励方案，解决的是如何让员工分享企业的成长果实的问题，也就是向心力的问题。只有把这三个主要问题解决好了，企业的管理效率才能实现提高。如华为、万科、联想、海尔等大公司，在管理模式的建立上都是可圈可点的，也是比较成功的。

5. 创新原则

三星董事长李健熙说：“除了老婆和孩子外，其余什么都要改变！”时代华纳前首席执行官迈克尔·恩说：“在经营企业的过程中，商业模式比高技术更重要，因为前者是企业能够立足的先决条件。”一个成功的商业模式不一定是在技术上的突破，而是对某一环节的改造，或是对原有模式的重组、创新，甚至是对整个游戏规则的颠覆。商业模式的创新形式贯穿于企业经营的整个过程之中，贯穿于企业资源开发研发模式、制造方式、营销体系、市场流通等各个环节。也就是说，在企业经营的每一个环节上的创新都可能变成一种成功的商业模式。

6. 融资有效性原则

融资模式的打造对企业有着特殊的意义，尤其是对中国广大的中小企业来说更是如此。我们知道，企业生存需要资金，企业发展需要资金，企业快速成长更是需要资金。资金已经成为所有企业发展中绕不开的障碍和很难突破的瓶颈。谁能解决资金问题，谁就赢得了企业发展的先机，也就掌握了市场的主动权。

从一些已成功的企业发展过程来看，无论其表面上对外阐述的成功理由是什么，都不能回避和掩盖融资或资本运营能力对其成功的重要作用。许多企业之所以失败就是没有建立有效的融资模式。如巨人集团，仅仅因为近千万元的资金缺口而轰然倒下；曾经与国美不相上下的国通电器，拥有近 30 多亿元的销售额，也仅因为几百万元的资金缺口而销声匿迹。所以说，商业模式的设计很重要的一环就是要考虑融资模式。甚至可以说，能够融到资并能用对地方的商业模式就已经是成功一半的商业模式了。

7. 风险控制原则

设计再好的商业模式，如果抵御风险的能力很差，就会像在沙丘上建立的大厦一样，经不起任何风浪。这个风险指的是系统外的风险，如政策、法律和行业风险，也指系统内的风险，如产品的变化、人员的变更、资金的不继等。

8. 合理避税原则

合理避税，而不是逃税。合理避税是在现行的制度、法律框架内，合理地利用有关政策，设计一套利于利用政策的体系。合理避税做得好，能大大增加企业的赢利能力，千万不可小看。

新环境、新技术革命背景下如何设计企业的商业模式

新时代的发展大潮是新环境、新技术革命不断更新的大背景，在这个

趋势中，无论传统企业还是高新技术企业，都在追求健康可持续的发展，其创新商业模式也是必要的。对于发展成熟的企业来说，引入新的商业模式会让企业保持持续的变革和创新能力，为企业带来活力和新的赢利点。精心设计商业模式是创业成功的良好开端。基于现代信息技术精心设计的商业模式将使企业在低运作成本的情况下健康运行。因此，创新的商业模式设计无论是对于已经具有自己成熟商业模式的企业，还是对于新创企业都具有重大意义。

著名学者 Schweizer Lars（2005）提出的维度概念，认为商业模式是由三个维度构成的：价值链群、商业模式创新者和配套资源所有者的市场势力、价值链条上总的收益潜力。

这三个维度分别决定商业模式的三个关键问题：价值是如何被创造出来的、企业如何才能创造出持久的竞争优势和如何赢利。

创新的商业模式不但可以应用于高技术行业，由于其本身所具有的共存性和兼容性，也可应用于传统行业。

价值创造的来源。以往对价值创造来源的回答大多数是基于完成任务式的回答，注重的是为了完成特定的价值创造需要遵循什么样的步骤。在这里，价值创造成为了一个可系统化的动态的概念，涵盖了以一系列价值链群上的产品为中心的活动和流程。与传统的价值链以企业为单位创造价值不同，这个商业模式的价值创造是以一个比企业更为广阔的视角来看待价值创造，它涵盖了众多不同的公司和不同的行业，打破了价值创造的界限，给商业模式的重要方面——价值创造带来了新的启示，商业模式可设计化的价值创造的观点，也更符合商业模式创新的现实。

企业创造持久竞争优势的关键在于创新者和配套资源所有者的市场势力。所有商业模式的概念都非常重视不同企业之间的关系（特许、战略联盟或者合资等），这被认为是为了完成商业模式设计的非常必要的一环。作为商业模式的创新者，企业还要将这个价值链与实际不同行业的配套资源所有者联结起来，形成一个市场化的链条。在商业模式创新设计中，确立、发展资源和能力对于企业保持长期竞争优势来讲非常重要。

赢利模式与商业模式。一个商业模式不仅仅是一个赢利的模式，创新商业模式的形成总是把价值创造放在首位，而赢利模式则更多地把价值创造放在首位，总的赢利潜力在于每个产业自身价值链的长度。一个公司涉足的产业链条越长，其赢利潜力自然也就越大。在这个维度里，客户导向被认为是商业模式的基础，这将决定客户是谁，它们将如何被满足。

基于 Schweizer Lars 商业模式的三个维度，给出了商业模式设计的立体框架，如下图所示。

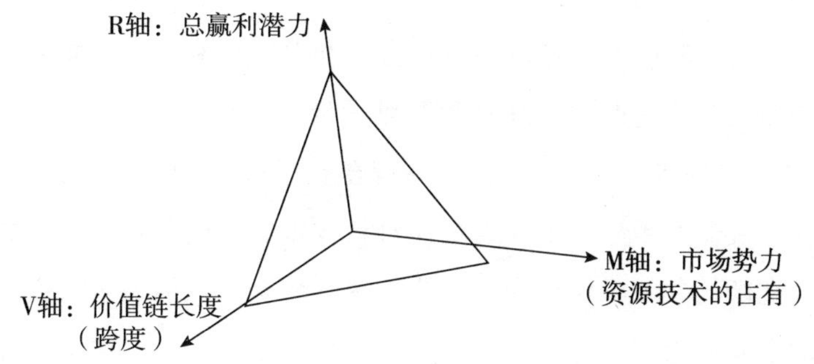

商业模式设计的立体框架

图中，V 轴代表企业想要解构或整合的价值链的长度和跨度，M 轴代表的是创新者或者配套资源所有者的市场势力，R 轴代表的是价值链条上总的赢利潜力。每个企业进行商业模式创新设计所能获得的利益是以商业模式创新后它在三个轴上的能力为点连接起来的四面体的体积。很明显，只要企业能够在轴上延展自己的势力，那么企业就能够获得更多的商业模式设计所带来的利益。

1. 创新商业模式设计在不同行业的不同表现

由于革新的商业模式与现有的商业模式在三个维度上的位置和优势的不同，在创新设计的重点和方向上也会有所不同。

（1）高新技术企业创新商业模式设计

信息技术的发展对大规模生产方式产生了革命性冲击，数字化网络改变了生产者的统治地位。虚拟世界的出现，电子商务的崛起，消费者重新加入到生产之中等都让传统的价值链在信息技术、网络技术的冲击下被不断地解构和重新整合，从而形成了更小层面上的价值链。而高新技术企业对新的技术领域的探索，不但创造了新的市场和行业，还开始整合不同的行业和资源平台，并形成了新的价值链。Google 的关键词购买检索、腾讯 QQ 的 QQ 秀业务等都是高新技术企业价值链创新的代表。高技术行业，尤其是信息技术类行业是新的价值链创新的最有潜力的领域。

毫无疑问，在创造新的价值链方面，高新技术企业是很有优势的。因此，按照上页图的商业模式设计立体框架图，高新技术企业在进行创新商业模式设计时应该把更多的设计重点放在市场势力和总的赢利潜力的拓展上，即把商业模式创新设计的重点放在 M 轴和 R 轴的延伸上。

对 M 轴（市场势力）的延伸主要体现在资源和技术的占有方面。对于高新技术企业来说，市场势力主要表现在对新技术掌握的优势。大多数高新技术企业都处在新的领域，供应商、法律法规、配套资源的完善程度等不能与传统行业的企业相比较。与已经创立多年的传统企业相比，更多的高新技术企业只是处于初创阶段，在品牌忠诚、品牌认知和客户资源方面都不占有优势，在新的价值链条上的市场势力还有待加强。因此，高新技术企业应该在技术优势的基础上，把着眼点放在资源的占有方面。资源的占有可以是关系资源，也可以是客户资源。高新技术企业可以通过战略联盟、技术特许和对客户资源的抢先占有等方式来延展 M 轴的长度，以此获得市场势力。阿里巴巴推出的支付宝和诚信通这两个产品就是在对客户资源的抢先占有的基础上来延展市场势力，并获得商业模式成功的。其中免费的体验式营销成为了高新技术企业抢占客户资源、赢得市场势力的有力武器。

而对 R 轴的延伸，则体现在赢利潜力方面。企业占据的价值链越长，跨越的行业越多，客户基数越大，赢利潜力就越大，也就越容易找到好的赢利模式。因此，高新技术企业在设计商业模式时应该在核心技术可服务的范围内，有选择地整合赢利潜力最大的价值链环节。

（2）传统企业创新商业模式设计

在创新商业模式设计方面，对比高新技术企业，以零售业、银行业、制造业为代表的传统行业的企业，其优势主要体现在其强大的市场势力方面。传统行业的企业所占据的资源主要是比较成熟的市场环境、行业体系以及自身的品牌、供应商、客户等方面的资源。其在M轴上的延伸的方法无论是在理论上还是在实践中都有成熟的理论和方法可以参考。因此，按照图1的商业模式设计立体框架图，应把对传统行业企业的创新商业模式设计重点放在对V轴和R轴的延伸上。

在对V轴的延伸方面，传统行业企业在新的技术领域的创新机会显然是不多的，可是这也不妨碍传统行业进行价值链解构和整合的探索。沃尔玛的零售融资业务、运动类产品在中国沿海地区的ODM制造模式等都是传统行业中的企业进行价值链创新的代表。（沃尔玛在零售的整个价值链上，分解出零售融资这一环节，延长了价值链，增加了赢利潜力。）而中国沿海地区的运动产品尤其是运动鞋的ODM制造模式，则是突破了以往的OEM制造模式，把运动鞋的设计环节，一个有着非常大的赢利潜力的环节也纳入到他们新的价值链体系当中，从而设计出了新的商业模式。按照新的商业模式，国外的销售厂商只需要到ODM厂商那里选择已经生产好的款式的鞋子就可以了，而不必再组织和维护自己的设计队伍，这极大地降低了国外名牌运动产品厂商的运营成本，从而获得了成功。从沃尔玛的价值链简化解构图中我们可以看出，它们在价值链拓展，即对V轴的拓展的共同点是延伸了产业固有价值链的占有长度。其他的传统企业也可以效仿这些企业的做法，在尽可能大的范围内占据更长的价值链。当然，这是在考虑到R轴赢利潜力的基础上进行的。

在商业模式创新设计的第三个维度，即R轴（总的赢利潜力），传统行业的企业和高技术领域的企业是相同的，关键在于价值链的长度和跨度。在以电信、网络、数字化、信息化为竞争平台的冲击下，如果传统企业只是基于自身行业进行价值链的解构和整合，企业的边际利润率会越来越小，赢利潜力也越来越有限，难保其长期竞争优势。因此，解构和整合价值链成为了传统行业企业增加赢利新潜力和创新商业模式的首要任务。在此过程中融合高技术因素，比如网上银行和手机支付，让支付方式变得更简单，使新的市场环境下的商业模式创新设计成为可能。

（3）创新商业模式设计的系统整合

如果说高新技术领域的价值链创新更多的是基于对新的技术领域的探索和对传统价值链的横向的解构整合的话，那么在传统行业里的价值链创新则更多地体现了一种垂直方向上的整合。前者如 Google，后者如沃尔玛。Google 体现的价值链整合是对全世界范围内搜索需求和被浏览需求的整合，创造了搜索这一新的价值链。而沃尔玛的零售融资业务则体现了对零售价值链的延长，体现的是一种垂直方向的整合。

在对很多商业模式创新设计的案例研究中我们发现，高新技术企业和传统行业企业在价值链的延展上是可以相互借鉴的，甚至可以综合使用解构和创新价值链的方式来设计新的商业模式。苹果是综合应用解构和创新两种方式创新商业模式设计的典范：苹果在成立 iTurn 网上音乐商店之前，就收购了一家唱片公司，从而整合了音乐制作环节；所有的消费者都可以在 iTurn 网上音乐商店进行付费下载，从而整合了音乐销售环节；产品 iPod MP3、MP4 成为了全世界音乐爱好者的宠儿，从而占有了音乐播放器的生产及销售链节。苹果在这个过程中占有了三个价值创造的环节：音乐制造、音乐销售和音乐播放器 iPod 的制造和销售环节，跨越了行业和领域的界限，拉长了价值链，并且成功地解决了网上音乐下载与版权的问题，给消费者带来了利益。

而对于传统行业的企业来说，创新设计商业模式时则应该放宽思路，考虑对传统价值链进行跨领域的横向的整合和新的价值链的创造。没有人否认餐饮业是一个传统的行业，互联网餐馆 uwink 则打破了传统与高新技术的界限，科技为 uwink 带来了新的商业模式。在传统的餐饮行业，点餐的速度是衡量服务质量的一个要素，而在 uwink，这只是其次。uwink 所有的菜谱都显示在游戏桌旁的触摸屏幕上，顾客选中菜单直接通过网络传递到后厨，然后只需等待 7～12 分钟，服务员就可以把配餐送到顾客的面前。更加令人激动的是，uwink 提供了一些带有触摸按钮的四方桌，桌面就是一个显示屏。在顾客等待用餐的时候，可以和伙伴们一起享受游戏带来的快乐。uwink 的服务创新让客户有了全新的用餐体验，津津有味地享受计算机网络的便利和电脑游戏的乐趣。对于不同的企业来说，它们在三个轴：V 轴、M 轴和 R 轴上的优势是不同的，即使在同一行业内不同的企业在三个轴上的位置也大不相同。因此，企业在进行商业模式创新设计时应该首先分析自己的优势，然后找到自己可延展的轴，从而设计出适合自己的新的商业模式。

2. 制造业创新商业模式设计思路

制造业是我国国民经济的支柱产业，也是我国经济增长的主导部门和经济转型的基础。作为经济社会发展的重要依托，制造业是我国城镇就业的主要渠道和国际竞争力的集中体现。

从 2008 年工业统计数据中可以看出，经济增长率高的依旧是基础能源部门，如燃气生产和供应业、煤炭开采和洗选业、非金属矿物制品业、农副产品加工业和有色金属冶炼及压延加工业等。而文化科技含量较高的制造业，如文教体育用品制造业、电气机械及器材制造业、通用设备制造业、交通运输设备制造业、高新技术制造业、通信设备、计算机及其他电子设备制造业、化学原料及化学制品制造业、电力热力的生产和供应业等则相对落后。这是因为，我国制造业技术开发与技术创新能力薄弱；国有经济比重过大，企业缺乏活力；管理机制、管理思想落后；市场机制不完善，竞争不完全。造成这一系列问题的根本原因就在于我国制造业商业模式落后。

相比而言，西班牙品牌 Zara 在零售终端以其独特的商业模式制胜。Zara 定位中端，选择最好的地段建旗舰店，规模相当于小型购物商场。顾客在店内可以随意挑选、试衣，该店为消费者，特别是追求个性的年轻人带来了一种独特的购物体验。由 Zara 带来的商业模式引起了业界的深思。

而世界著名代工企业富士康已由传统代工转向一站式服务。

1988 年，鸿海精密在中国大陆成立富士康，如今已有 20 多年，随着富士康日益发展壮大，其代工模式一直没有发生大的变化。2010年上半年，富士康爆发“坠楼门”，13位年轻员工殒命，自己也被推上了舆论的风口浪尖，由此引发了关于中国经济发展模式的深层次大讨论，低附加值的企业代工模式因而受到了严重的挑战和质疑。2011年随着国家经济转型战略的出台，富士康开始了从深圳向中国内地的产业大转移。然而，富士康工厂自沿海内迁，并不代表代工模式的转变，随后爆发了太原工厂工人大规模群殴事件、郑州工厂员工与保安冲突事件、烟台工厂童工事件等，除了自身弊端外，大陆经济环境也发生了很大的变化，人力、原材料等成本上涨，而客户的利润率翻番上涨，富士康的利润率却从6%下降到2%。在企业成本高的压力下，其毛利率被不断压缩，今年一季度，营业利润率跌破1%，仅为0.9%。这迫使富士康这家全球最大的代工企业不得不考虑改变自身的转型升级之路。

在2012年年底召开的“2012智能终端及移动行业应用创新峰会”上，富士康（成都）移动终端事业部总经理龚鹏表示，针对移动互联网市场，富士康会提供一个移动互联网完整的解决方案和一站式服务，包括私有云、行业应用商城、行业应用APP、行业定制终端、运营商资费套餐、资金物流平台等，更多关注行业和企业级的应用而不是消费类的公开市场。由此，富士康终于开始了转型升级之路。

富士康作为中国众多代工企业代表，在内地的庞大规模使其转型升级之举影响深远，代表了中国代工模式的发展方向，但从另一角度也说明了转型升级，转变发展方式成为了中国众多中小型代工企业必然要面临的选择。

我国制造业的危机已经不仅仅是生产危机，更重要的是生存危机。而扭转危机的关键是创新商业模式。我国制造业究竟应该采取什么样的商业模式，其设计思路如何？以下可以了解一下制造业商业模式初探。

（1）技术创新与商业模式创新

制造业的技术创新分为自主创新、模仿创新和合作创新三种。自主创新是指创新主体把自身的研究开发作为基础，克服先进制造技术问题，形成企业自己的研究成果。自主创新可以取得先进的制造技术，在市场中占有较强的竞争地位。自主创新的企业需要拥有综合的技术，同时也承担着较大的风险。模仿创新是指创新主体通过学习，模仿率先创新者的技术，吸收其中对自己有用的技术，将其改变成自己产品的创新点。把资金和技术力量放在先进技术的吸收、消化和应用上，承担的风险相对较小。技术创新是从单纯模仿发展到模仿创新，在这个过程中创新的含量不断增加，直到最后完成技术超越，实现技术的创新。合作创新是指中外企业、研究机构和高校三者通过优势互补的方式，共同研究开发出新技术。经研究后认为，中国制造业的创新之路应采取：模仿创新为主，合作创新为辅，最后完成自主创新。

而在中国商业模式的创新比技术创新更为重要。其根本原因在于，中国存在一个庞大而低端的消费市场，而且这个市场在绝对意义上说，远远没有饱和，无数商品还没有被寻常消费者享受到，商业并没有得到更广泛普及。而在短期内，国民的收入不会发生大的变化，这也导致中国对高端消费的抑制，这个时候，发现新的需求，并且创造出新的需求模式，显得尤其重要。发现新的需求，并且对各种商业元素进行融合，将导致商业模式的普遍改变。

回归现实，中小企业相对大企业而言常常受到许多“不公平”的市场待遇：在资本市场，资本家常常觉得中小企业生存风险大而不愿意轻易投资；在人才市场，人才大多偏好大企业，中小企业常常出现“庙小留不住大和尚”的局面；在技术上，投入同样数目的科研费用，对大企业而言或许是九牛一毛，对小企业而言常常是孤注一掷；在客户面前，大企业的品牌优势可以让他们获得客户的更多信任，甚至支付更高的溢价，而中小企业有时贴着本钱提供高性价比产品，消费者还常常是不屑一顾。因此，中小企业更需要找到适合自己的商业模式。

（2）含有新信息工具的制造业的变化

由于制造业包括产品制造、设计、原料采购、仓储运输、订单处理、批发经营、零售七个部分，因此有效的信息整合非常重要。传统的制造业只把目光集中在产品的制造、设计上，而忽视了其他环节。在新信息时代下有效的信息支撑能使源头制造业获益，通过新信息工具，如互联网等通信手段，整合整个制造业流程，打通上下游关系，使消费者与生产者的关系更加紧密，使更加个性化的产品能够实时反馈到制造商一方，实现更加有效的资源配置，而不致使生产商陷入恶性的价格战。作为消费者则可从中享受到价格优惠。因此有效的资源整合，透明化的上下游制造业的关系，能够实质性地缓解源头制造业的压力且能够实现利润均衡，有效促进制造业的可持续发展。信息共享会使制造业的结构更加稳固。处于制造业的各个角色能在发挥自身特点的同时更有全局观，而不是孤立地、被动地等待市场的反应，从而错失商机。

（3）我国制造业一般商业模型

由下图可知，在加入信息工具后，打破了原有单元的上下游模型，使环状结构的上下游关系变得更加稳固。

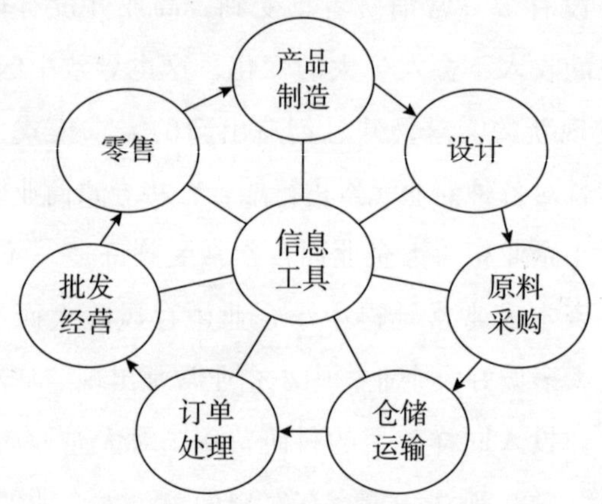

新信息工具下的制造业商业模型

此结构能灵活处理和调整来自各个部分出现的问题，使得问题的解决速度比原有的按环返回速度快。同时，各个部门可以兼顾来自原有角色的生产关系，充分集成信息流、物流和资金流关系，使得各个角色更加紧密地联系在一起，有效地提高了生产效率，极大地提高了生产力。

我国制造业可以根据以上制造业商业模型的探索来设计适合自己的新的商业模式。

3. 连锁企业创新商业模式设计思路

我国连锁企业有很多快速做大做强的例子，例如，汽车租赁行业的神州租车；酒店业的如家、汉庭；家电零售行业的苏宁电器等，他们在各自的领域中都取得了成功，成为了行业领袖。在他们成功的背后，有着一个共同点，那就是商业模式的创新。

具体来说，他们做了以下几个方面的努力：

（1）客户价值的准确定位

要实现客户价值，首先要弄清楚以下问题：

谁是我的客户？

谁应该是我的客户？

客户的偏好如何变化？

怎样才能为客户增加价值？

如何让客户首先选择我？

也就是说，选择合适的顾客，并设定即将为他们提供的价值是什么。凡是成功的公司都是帮助客户解决了某些问题，使客户获得了某种利益。

比如海底捞，每天顾客都趋之若鹜，究其原因：顾客在海底捞能真正找到“上帝的感觉”。

等待，原本是一个痛苦的过程，但海底捞却把它变成了一种愉悦：手持号码等待就餐的顾客一边观望屏幕上打出的座位信息，一边接过免费的水果、饮料、零食；如果是一大帮朋友在等待，服务员还会主动送上扑克牌、跳棋之类的桌面游戏供大家打发时间；或者趁等位的时间到餐厅上网区浏览网页；还可以来个免费的美甲、擦皮鞋。待客人坐定点餐的时候，围裙、热毛巾已经一一奉送到眼前了。服务员还会细心地为长发的女士递上皮筋和发夹，以免头发掉落到食物里；戴眼镜的客人则会得到擦镜布，以免热气模糊镜片；服务员看到你把手机放在台面上，会不声不响地拿来小塑料袋装好，以防油腻……

这就是海底捞的粉丝们所享受的“花便宜的钱买到星级服务”的全过程。

毫无疑问，这样贴身又贴心的“超级服务”，经常会让人流连忘返，一次又一次不自觉地走向这家餐厅。

（2）商业模式的赢利模式设定

如何获得利润，其实就是赢利模式的设计问题。利润可以通过不同的途径实现，只有实现高额利润的途径才能被称为赢利模式。

在许多情形下，一家企业可以采用两种或三种赢利模式。例如，迪士尼同时采取了“卖座大片模式+利润乘数模式”，可口可乐采取了“多种成分系统模式+品牌模式+相对市场份额模式”。

好的优秀的赢利模式，就是尽可能地吸引更多的未来的现金流入。比如，众多连锁企业推出的储值消费卡，就具有“提前拿到客户消费资金”的作用；而一些零售连锁企业也通过“月结”“批结”“铺底”等结款方式和付款账期的设定，成功推后了资金付出时间，打造出了良好的现金流。

所以，在设计商业模式时，要综合考虑怎样才能使投入最少，以及如何获得更多的利润，甚至是未来的现金流；而且，要控制现金流的结构。

（3）企业对核心资源的掌控能力

为了保证利润增长，企业在进行商业模式设计的时候，必须同时寻求和建立自己的战略控制手段，即掌控关键资源和能力。

例如，美特斯邦威“空手道”之道。

美特斯邦威在几年前也就是个小企业，有自己的生产车间，也有自己的终端店，典型的前店后厂模式，看到哪个产品好销就跟进生产。拥有该模式的企业在中国有上万家，大家都在同质化竞争着，谁也难以做大。

休闲服的销售对象主要是时髦的青年男女，他们的消费偏好是流行、时尚。美特斯邦威发现在原有的产业链中针对这样的消费偏好，对应的关键环节不是原料、生产、分销、终端，而是设计。也就是说，能不能把握流行趋势，提前设计出流行的服装，以引导流行，制造时尚，让消费者趋之若鹜购买，设计环节是重中之重。而阻隔模仿者，让产品卖得好、卖得快的关键又是品牌。

经过分析以后，美特斯邦威砍掉了生产车间，卖掉了终端店，利用有限的资金，花重金从法国、意大利、中国香港请来设计师，同时专注于品牌建设。

美特斯邦威不生产一件成衣，产品全部由全国的200多家OEM服装厂代工生产，销售则通过分散在全国的2000多家加盟店来完成。2006年，美特斯邦威的销售额突破30亿元，2007年达到40亿元，2008年8月28日成功在深圳交易所上市。现在，美特斯邦威位居中国市场本土和国际休闲服装品牌之首，并且创办了目前规模最大的民资服饰博物馆。

美特斯邦威的成功，对上游利用社会闲散资源进行虚拟化的生产，这样不但降低了资金占用成本，而且也实现了社会资源的有效利用；对下游终端，通过特许加盟形式，降低了自建终端成本和风险，实现持续不断的赢利。

美特斯邦威的赢利模式是通过把握关键环节、重新组织产业价值链来实现的。

（4）构建标准化、可复制的营运模式

只有标准化的、可复制的营运模式，才能支撑连锁企业的发展。连锁企业营运模式的构建应遵循“三化”的基本原则：标准化、简单化、专业化。缺少哪一个，连锁营运系统都难以成形。

连锁企业的营运模式的设定要紧紧围绕价值定位而展开，不同的目标人群，不同的价值定位，会导致企业资源的不同配置和企业营运模式的不同。

比如，屈臣氏个人用品店的目标市场是“18～45岁的都市时尚一族”，于是其货品配置就围绕着都市时尚一族的需求进行，包括化妆品和护肤品、时尚饰物、保健品和药品、休闲食品及礼品四大类40多个细分品种，均为一些独特、具创意、有趣的、高品质的产品，这些产品在其他超市和商场难以寻到；屈臣氏的货品陈列也以“发现式陈列”为主，营造出了一个有趣的、令人兴奋的时尚购物环境，迎合了其目标消费者的心理需求。目前，屈臣氏已在中国100多个城市拥有店面。

连锁经营标准化，主要表现在商品服务的标准化和企业整体形象的标准化，而它的前提是单店标准化、可复制。比如，中式餐饮连锁最大的障碍就是难以标准化复制，因为任何一个厨师的心情都会导致其菜品质量的不一致。

但“小肥羊”就基本上做到了标准化：

小肥羊的成功缘于其开辟了我国“中餐标准化”的道路。这体现在以下三方面的管理：

店面形象的管理：小肥羊所有的店面都是简单休闲统一的装修风格，营造出温馨的家的感觉。

商品供应链的管理：厨师不同，做出来的菜品味道就不同；即使同一位厨师做同一道菜品，做出来的口味也是不一样的。小肥羊的做法就是把所需的主要原料由总部统一配给，尽量争取所有的配菜工作在中央厨房完成，“小肥羊要保证做到在全国各地吃到的都是一个口味”。

营运系统管理：在上游围绕农户，从羊的饲养、蔬菜的种植等建立更为精准的监控体系、服务体系；在中游的火锅核心产业，小肥羊在产品创新上做足文章，丰富火锅的涮品、底料等；在下游，小肥羊通过餐馆终端，不断延伸到二、三线城市，把底料、酱菜以及一些礼品装产品提供给消费者，保证每个店提供的产品和服务都是优质的。

标准化、可复制的营运系统是商业模式的“落地”，也是商业模式的实现之道！

好的商业模式可以帮助企业快速做大做强。我国连锁企业的发展，不能再走过去那种低层级竞争的道路了，只有依靠商业模式的创新和转型，对企业战略进行创造性设计，才可能在这个激烈竞争、高度同质化的时代占据一席之地，实现生存和发展！

4. 房地产行业创新商业模式设计思路

为了寻求长期的生存和发展，房地产企业需要不断地探索适合自身发展的稳定增长获利途径，并据此构建完善的系统以增强核心竞争力。行业内的领先者已经开始了商业模式的探索和研究，并且在事实的经验积累基础上逐步进行战略调整和业务转型。在这个过程中，商业模式得以不断地创新，万达地产就是其中的典型案例。

几年前说到万达，人们想到的是万达足球，但随着万达广场从大城市向三、四线城市迅速布局，它已经成为中国最大商用物业持有者，万达广场也晋升为中国商业地产第一品牌。

万达模式是如何打造的？这就需要了解万达三代产品的进化史。

（1）第一代产品——单店模式

万达的第一代店是在2002—2004年建造在繁华商圈内的，它们包括济南、长沙、南昌、长春、南京、青岛、沈阳等店。万达当时奉行“唯地段”的选址标准。一代店的特点就是：单店建筑面积在5万~6万平方米；一层散售；二三层主力店是沃尔玛，顶层主力店一般考虑红星美凯龙。由于这些一代店一层都销售了，带来的后果就是直到今天，一楼的经营水平也是良莠不齐。当时是为填满而招商，业态互补性不强，进驻的红星美凯龙经营一般，而且对商业人流贡献不大。

（2）第二代产品——纯商业组合店模式

万达管理层在总结了一代店的开发经验（一代店商业体量太小、太单一；公司运作一个万达广场，1~2年下来，只有很少的资产留在手上，大部分资金都集中在土地和建安成本里）之后，二代店组合店由多个单体店组成，面积在10万~15万平方米。红星美凯龙货运物流对人流冲击大，摈弃红星，引入华纳院线。同时多店引进百货，如武汉大洋百货，南宁、大连、沈阳的百盛百货。通过百货和院线的组合，吸引人流。

（3）第三代产品——城市综合体

当第二代万达产品暴露出市场的不适应性之后，万达开始开发第三代产品。第三代产品总面积在30万平方米以上，其中包括购物中心、影城、酒店、写字楼、公寓等业态。例如上海万达广场、宁波万达广场、成都万达广场等。

第三代产品设置了室内步行街，各大主力店围绕这条室内步行街布局，步行街的每一层都通往主力店，在任何一个平面或立体上，消费者都可以到达任何店内。在万达广场的整体布局上，这条步行街实现了建筑体平面与立体的互动。

第三代产品在原有商业项目上叠加了写字楼和公寓，在商业项目旁边开发了大量住宅，这些产品解决了商业地产开发所需要的现金平衡，商业物业通过经营性抵押贷款取得后续开发资金，这就是万达商业快速发展之道。

万达第三代经营模式与前两代相比，具备了非常鲜明的特色与战略性优势：第一，商业部分开始全部持有，只租不售。预计到2012年年底，将开业80个万达广场，年租金总收入超过80亿元，规模排名全球前四；第二，业态配比是经过市场检验出来的科学，第三代升级产品——万达城市综合体，集购物、娱乐、休闲一体化，尤其是办公物业的加入，成为区域快速升级的发动机；第三，也是万达的独门绝技，即“订单”地产。就是这门绝技使得万达实现了先租后建，完全避免了其他商业地产会遇到的招商问题，同时形成满场开业，场场旺铺。

2010年，万达集团已成立22余年，在中国的版图上，万达已进入50余座城市并缔造了27座新城市中心。

事实上，正如万达集团所传达的“一座万达广场，一个城市中心”那样，其在全国的商业市场上已形成一个特有的经营模式。其中订单式的经营，使其在每个城市的生长茁壮有力，且良性循环。

回顾中国房地产企业的发展之路，大都是从20世纪80年代起步，经历了初期的资本积累和快速的扩张，再通过激烈的竞争和淘汰，逐渐走向市场化、规范化和专业化的发展之路，商业模式创新层出不穷。综合来看，大体的发展方向如下：

第一，企业开发产品应市场定位鲜明，区域选择紧跟经济发展形势，并具有一定的产品特色，形成品牌口碑。

目前来看，成熟的房地产企业所开发的产品，都已逐渐形成完整的产品系列，并形成鲜明的产品特色和品牌。中国国土辽阔、省市众多，万科开发的住宅把握了中产阶级的灵魂，绿地住宅项目的海派建筑风格也很符合江浙沪一带人们的文化审美内涵，其超高层产品更是具有很强的竞争力。万通的新新系列针对高端市场，并首开住宅定制业务。曾经也有一些房地产企业开发出比较成功的项目，但这些项目很多都如昙花一现。如何把企业不断积累的项目资源固化成企业可以延续的清晰的商业模式，进而引导企业的发展是很多成长中的房地产企业需要思考的问题。此外，房地产产品开发的区域选择要符合城市化进程的推进，符合经济发展形势的要求，符合国家战略布局和政策导向。万科从深圳崛起，绿地从上海起家，万通以大北京区域为重点，它们的成功很大程度上受益于区域经济的发展。目前万科重点围绕长江三角洲、环渤海地区、珠江三角洲三个区域发展，兼顾腹地重点城市；绿地的全国化进程推进迅速，但是也因为市场调研不充分出现了一些城市选择错误，占用了资源。而万通在向其他城市发展的时候非常谨慎，在与泰达合作之后才进入了天津市场。行业巨头合生创展进驻宝坻的造城项目京津新城陷入了尴尬。企业跨区域进行规模扩张的时候，成功的商业模式大多紧紧跟随了区域经济发展形势，做到审时度势，因地制宜。

第二，企业的商业模式应与其核心竞争力结合在一起，并可以实现跨区域的复制和扩张。

无论是围绕产品整合核心竞争力，还是依据企业的某些资源优势创新商业模式，企业都要有核心竞争力做支撑，并且很多成功的商业模式正是核心竞争力赢利途径的再创造。比如，万科的单一产品开发、加速周转、区域快速推进模式是构建在优秀企业管理体制和成本控制系统、产品设计和生产流程标准化、出色的品牌运作和客户沟通、多样化融资渠道等方面的基础上的。而绿地是依据其和谐的政商关系，资源整合能力探索出了一整套独特的商业模式。房地产业还有一类以建筑施工起家的公司，它们利用长期积累起来的人脉和在工程建设方面的技术能力，开创了“建筑＋开发”的一体化模式。

房地产企业的发展壮大要实现跨区域开发，其针对的必须是某种普适性的需求，其资源优势和开发的产品要具有可复制性，可以跨区域操作，从开发能力来说即是生产的标准化、系统的控制力和信息的充分共享，从土地获得方面除了有选择性的市场竞拍，与具有区域竞争优势的企业合作也是一种很好的途径，如万通与泰达的联姻。

第三，企业的商业模式趋向业务多样化的配置，保持财务稳健性，实现开发周期逆转和克服经济周期波动。

中国的房地产开发由于演绎了内地学沿海、沿海学深圳、深圳学香港的推进路线，因而大体上延续了香港的开发模式，逐渐形成了我国房地产企业高负债经营、高收益回报、投资回报时间长、抵抗经济周期波动能力弱等特点。而这些问题并不是香港模式本身的问题，而是这种模式引进过程中水土不服产生的。比如，我国房地产行业还远没有达到香港的发达和集中程度，很多房地产企业没有实力实现跨行业业务配置，而曾经一些行业关联度很低的企业则被房地产行业的高收益所吸引纷纷加入进来，更造成了行业的混乱和不规范；人均 GDP 虽然在高速增长，商业地产还在起步阶段，金融市场不完善；省市众多，区域差异大，市场空间无限等。2008 年的经济危机，很多房地产企业由于资金链断裂而遭遇竞争淘汰，如何平衡现金流，减少资产负债率和控制财务风险成为房地产企业深刻反思的问题。实现产业链横向、纵向业务多样化配置，包括跨行业经营成为商业模式演绎的新导向，一些快速发展壮大的国有企业给予了我们一些启示，比如中粮、五矿。

万通开展的住宅定制业务，一定程度上实现了土地与开发的剥离，产业链上移，企业所提供的就不只是生产而是一种全方位的服务，绿地集团也曾经尝试过代建模式，并且拥有自己的建设公司。按照国外房地产业的发展规律，城市化进程达到 70% 时人口对住房的需求将处于停滞状态，只有持有商业地产才能够获得超额收益。由于核心城市，如北京、上海等土地资源的日益稀缺，商业物业尽管投资回报期长，但是现金流稳定，也越来越被房地产公司所侧重，其中比较有代表性的企业是金融街和世贸股份。案例中的绿地集团和万通集团都将商业物业持有纳入自己的重点业务领域。中海地产和中建地产隶属于中国建筑股份有限公司，它们都是建工起家的中国建筑注入房地产业而成立的公司，很多做建筑施工的企业参与到房地产开发业务中来形成了独特的“建筑＋地产”模式，比纯粹的建筑行业赢利能力更强，比纯粹的房地产公司稳定性更好。还有案例中的绿地集团实现了跨行业配置，能源业和房地产业现金流和业务的互补等，都是为了增强企业的稳定性和克服经济周期波动的影响。

第四，企业应增强融资能力，实现融资渠道多样化，产融结合是创新的一个方向。

在西方，房地产实际上是准金融行业，这才有“两房危机”导致的金融危机和经济危机，房地产开发是资本驱动并与资本深度结合的产业，企业的业务拓展需要强大的资金支持。长期以来中国的房地产开发企业过多地依赖银行贷款，融资模式比较单一，当资产负债率较高、银根收紧的情况下，企业就会面临发展的瓶颈甚至是经营风险。目前，走在行业前列的房地产公司有些已经运作上市，除了资本市场，境外融资和信托也是补充融资的方式。在进入一个新的城市之前，也会采取参股当地商业银行为后续资本需求谋求一定的操作空间。更进一步的，如果房地产企业拥有独立的金融机构，也可以使双方的业务互相支持。目前很多房地产企业都已经建立了自己的金融平台或进行了相关的金融投资，比如，中国房地产百强企业，南方系最著名的房地产开发商深圳星河集团。星河目前是阳光保险、深创投、福田村镇银行的第二大股东，包括其他金融机构的投资，目的是建立从战略层面互相支持的业务平台。笔者所主导战略规划的重庆晋愉地产集团亦进入了深圳前海和北京，建立了以房地产基金、REITs 等多元化的金融平台。产融结合是未来的发展方向，很多企业已经开始了这方面的有益探索。

中国房地产企业的数量已达数万个，类型和特色也不尽相同，尽管在一些重点发达城市，房地产市场存在一定的集中度，但总的来说竞争是比较充分的。由于所选择的案例分析企业资料不足及企业数量的有限性，以上的结论还不能涵盖目前我国房地产企业商业模式演绎和创新的所有特点，而只是给予读者一个分析问题和预见发展方向的思路，应用到具体的其他企业还应该区别对待、因地制宜。

5. 物流与供应链行业创新商业模式设计思路

近几十年来，全球范围内兴起了一批以高科技和消费者市场为导向的新型物流快递公司，他们利用互联网平台创造出一种新模式，可以把供应链成员紧密地连接起来，构成一个通信、功能网络，并借此产生更大的竞争优势。这种新型的物流和供应链商业模式，正在一点点地占据市场主导地位。

我们来看一下这类模式的典型代表——全球最大的快递和专业物流公司DHL公司。

（1）效率和效果并重

20世纪最后的几十年里，主流的商业模式是基于对供应链效率更高层次的追求。经验表明，许多行业都能通过减少库存来大幅降低成本。因此，这种零库存概念受到众多企业的青睐，但这种模式带来的严重后果是企业越来越依赖于供应商。毋庸置疑，这种零库存状态在稳定的市场条件下具有明显的优势，但是，随着需求波动、市场的变化，这种追求零库存的商业模式存在很大的风险性。

随着经济、社会的发展，形势的变化，促使企业不得不重新审视过去的追求“效率”的解决方案。快速反应和弹性灵活的结合、效率和效果的结合才是现在供应链设计和管理迫切需要的。由于投资的边际效益决定了效益边界，任何物流公司都不可能对“硬件”无限制的投资，而DHL发现，这些基础设施所构成的系统，除了他们的核心业务——送货以外，还能够为他们处于不同产业里的顾客提供更多的价值。送什么“货”？如何“送”？这些都成为了物流速递公司重新考虑自己定位涉及的问题，也由此引发了各大物流速递公司纷纷进行创新战略的制定。而DHL关注的一大领域是创造新产品和创新商业模式，也就是能够将DHL与竞争对手区分开来的产品。

（2）使用IT技术使供应链全球化

IT技术支持了DHL公司整个系统的运营，发挥着公司“生命线”的作用。他们的创新很大部分来自系统的调整和完善。在DHL公司看来，业绩表现、未来产品发展、顾客满意指数等衡量指标都和创新有关系。通过IT系统，公司可以从数据库中提炼出最有用的知识，这将帮助公司建立起一个成功的业务模型，而这个成功的业务模型成为创新系统的回报。

从一定程度上来说，有的物流速递公司其实更像一个 IT 公司，只不过比一般 IT 公司多拥有飞机、货车和其他基础设施。DHL 拥有世界上最好的 IT 技术，和 Google、甲骨文、微软保持着紧密的联系，可以在第一时间使用这些顶尖 IT 公司的最新技术。比如公司在包裹跟踪服务就使用了射频技术，目前在这方面该公司是世界范围内的领导者。

随着供应链的延伸和愈加复杂化的市场趋势，物流方案的供应商和他们的顾客之间的关系也越趋紧密，物流公司参与到顾客的前期采购和后期销售之中。及时了解顾客的新需求，成为物流公司创新的出发点。

（3）建立有弹性的供应链

在多变的市场经济大环境下，即使管理再好的供应链，也难免会出现意想不到的问题，所以，在供应链中建立灵活的弹性机制至关重要。所谓弹性，就是系统在遭到干扰后有能力恢复到它原先或者理想的状态。供应链有了弹性，就变得灵活敏捷并能即时做出迅速调整。

要建立弹性的供应链，就必须随时掌握与市场局势变化有关的信息。通过与商业伙伴的通力合作，这些信息可转化为供应链的职能。由于供应链网络变得越来越复杂，如果不能通过信息和知识供应链共享，将它们连接起来，混乱之势便会迅速蔓延。因此，企业的目标是通过创新市场营销战略建立一个供应链共同体，在这个共同体内，上行和下行的风险都更加一目了然，而且整个集体共同致力于降低和管理这些风险。说到底，企业必须重新设计它的供应链，不过和过去不同的是，重新设计的目的不是尽量减小成本，而是尽量提高灵活性和敏捷性。

（4）创新人力资源开发

人是任何企业极其珍贵的资源，物流快递公司的最后运作环节是由个人来完成，辅以系统的支持。

尽管大型物流公司拥有强大的技术力量，但成功的供应链案例却都显示出一个共同的特征，那就是这些公司对他们的员工投入了极大的关注。将合适的人安排在合适的岗位上，再加上合适的管理队伍，就意味着公司的业务将会成长。如果没有合适的人，员工总是持有不同的看法，那么公司将失去成功的机会。成为员工“愿意选择的雇主”，是21世纪的商业公司在开发人力资源方面的目标，也是提高供应链管理水平的主要方法之一。

DHL仅在亚太地区就有近4万名员工，在中国的员工超过8000名。让众多员工认同公司的价值和文化，从而提供一流的服务，是公司的核心工作。DHL的精髓是“沟通”。在DHL，“沟通”的方式多种多样，如面对经理层的大型会议、定期及特别培训内部刊物等，来告诉员工公司的现状、未来的发展方向及应该采取的措施。正式的和非正式的、内部的和外部的沟通在持续进行中，这样能够让员工了解自己所服务的公司，并为之感到振奋。

领导供应链潮流的公司正在努力突破竞争性网络的限制，形成真正意义上的价值链集合体。这种集合体是以核心公司为中心组成的发达的网络，核心公司决定网络的结构和发展方向。其下一步的工作重点是为特定市场群体服务，建立新的利润通道。集合体将集中现有资源，最大限度地发挥网络的作用，满足特定顾客群体的需求，从而使该供应链网络成为该群体的首选服务渠道。这种集合体就是电子商务供应链系统，它能够在数据、通信和网络效率之间建立必要的联系，DHL就是引领电子商务供应链潮流的佼佼者。

进入21世纪后，企业将目光从追求内部的绝对优势转移到供应链网络建设上来，是部分行业的佼佼者，如DHL公司商业变化的标志。他们发现将独立的各个公司组织起来形成价值链集合体能够更有效地将产品和服务推向市场。竞争中的压力能够对各公司利润产生负面影响，而共享供应链中的资源将缓解这种压力。对此，供应链系统成员必须想办法进一步统一各公司行为，而依靠电子商务供应链能够通过全方位网络集合体将各公司集中起来获得共同的市场优势。总之，DHL利用电子商务供应链来实现成员之间连接、价值链集合体与目标终端用户之间连接的手段，是未来商业的成功模式之一，值得众多公司思考、借鉴。

在供应链行业，创新商业模式的佳作要算深圳怡亚通供应链股份有限公司了。该企业是国内领先的供应链服务商，承接企业非核心业务外包，包括物流外包、商务外包、结算外包、信息系统及数据外包。也就是说，除了研发和市场之外，怡亚通几乎可以为企业代理一切业务。

公司董事长周国辉曾说过：世界上有三种企业，第一种是墨守成规者，他们认为自己不会变也不需要变，这种企业可能死得很快；第二种是跟随者，他们每一步都模仿领导者，但每一步都可能是陷阱；第三种是创新者，怡亚通就不会墨守成规，也不会跟在别人后面，“我们就是创新者”。

诚然，怡亚通打造的“一站式供应链物流”的业务模式不得不说是供应链行业商业模式创新的代表。该模式集商流、物流、资金流、信息流于一体，较传统的物流服务更为先进，效率更高。这种服务模式对客户有很多好处，可以优化管理、提升效率、节约成本。这种独特的定位，首创的商业模式，覆盖全国、辐射全球的供应链服务网络成为了该公司独特的综合优势。

从 2010 年以来，该公司的广度供应链向深度供应链和产品整合方向进行转变。把打造 B to X 深度供应链平台作为公司的一项重点发展业务，该业务通过建立全国性连锁加盟平台，整合供应链中下游的各种优势资源，利用强大的渠道整合能力为上游企业提供面向终端及消费者的全方位服务。该公司不但建立了粮油、快速消费品、汽车后市场、IT、家电等深度供应链服务平台体系，还进一步拓宽了服务领域，建设了 380 个 B to X 平台，将深度分销业务量做到 300 亿元以上，实现了至少增长 50% 的目标。

怡亚通通过建立对客户需求的快速响应机制，灵活的服务产品组合和强大的服务执行能力，帮助全球整合企业提高供应链效益，推动供应链创新。

6. 服务业创新商业模式设计思路

在全球市场经济的大潮下，服务业已经成为发达国家和许多发展中国家经济发展的重要支柱产业。全球服务业占 GDP 的比重平均达到 60% 以上，而发达国家则达 70% 以上，美国更是高达 90% 。但到目前为止，中国服务业占 GDP 的比例还不足 50% 。这一方面说明了中国服务业发展存在着巨大的潜力，另一方面也说明中国服务业发展中还有一系列的问题需要解决。

随着信息技术的进步、人们消费观念的改变、不同产业的融合、文化经济等因素的影响，服务业将越发显示出自身独特的运营规律。“十二五”期间，我国的服务业发展趋势已明晰，服务经济时代即将来临，制造业和服务业的相关性增强，并且呈现“微笑曲线”变化。现代服务业成为促进其他部门增长的过程产业，也成为克服经济危机的重要一环。

如何发展现代服务业？创新商业模式是关键。服务业进行商业模式创新，首先要创新产品。因为从一个产品或服务，从新概念的产生，到产品或服务的设计、开发、制造、销售，乃至最终在终端消费者手中完成消费过程的所有价值环节上都需要创新商业模式。其次，服务业商业模式创新要以市场化需求为导向，以用户需求为驱动，贴近企业的创新活动，以市场机制来协调并实现有限资源的有效配置。

服务业商业模式创新的案例随处可见。例如，成立于 2006 年的易到用车，与其他所有租车公司的差别，从消费者层面来体验，可能仅仅体现在价格与服务的不同上，而事实上，易到用车与大家所熟悉的一嗨、神州等租车公司有着完全迥异的商业模式。

提到易到用车，我们都认为它是租车公司，其实它却没有一辆属于自己的汽车，也没有一名属于自己的司机，它只是提供智能商务用车的网上平台。

当消费者需要订车时，可以通过网络、电话以及智能手机终端直接联系易到用车。易到在接收到消费者信息并接收付款之后，则通过自主开发的一套系统将信息派发给其他租车公司的闲置车辆和司机，之后再由这些车辆为消费者完成服务，并且保证 1 小时内准时出现在消费者的上车地点。这就是易到用车的流程。易到用车将线下商务的机会与互联网结合在一起，让互联网成为线下交易的前台。这是汽车租赁行业创新商业模式的典型代表。

现代人喜欢追求高节奏、高效率的生活，如今，却有一家公司反其道而行之，以“慢递”的情感价值诉求取代了传统邮递服务中的效率价值，它就是“熊猫慢递”。

相信很多人都有这样的遭遇，由于每天要处理的信息太多，当想起爱人、朋友的生日或是其他重要日子时，时光已经逝去。“熊猫慢递”正是看准这一诉求，主要为人们寄送那些对邮件时效性不敏感的邮件。也就是说，可以根据寄信人的意愿，保证递送者在未来某个特定日子收到信件。尽管慢递对于大众来讲还是一个全新的理念，但很多人都能够在短时间内接受并且愿意为这项服务埋单。这不得不说又是一个伟大的商业模式创新。

创新商业模式是发展现代服务业的现实选择和出路，不同规模、状态、行业、类型的企业有着不一样的商业模式，但在众行纷纭中又遵守着许多共同的商业规律。在选择和设计商业模式的问题上，中小企业比较注重战术上的商业模式，大型企业则多着眼于战略上的商业模式，像微软、沃尔玛这样既在战术上非常成功，又在战略上非常成功的企业几乎就是难以挑剔的伟大企业。目前相关的研究多为结合特定领域或企业的实证研究，尚未提出系统化的方法体系，同时，不同的方法又各有各的特点，不利于企业选择适合自身的实用方法。因此，对商业模式的构建方法进行系统研究对于企业的现实需求具有重要的意义。

对于服务业来说，关于商业模式构建的方法主要有四类：Free. band 商务蓝图法（The Freeband Business Blueprint Method，FBBM）、E3value 本体方法、商业模式本体（Business Mod. el Ontology，BMO）方法和组件商业模式（Component Business Model，CBM）。

下面对四种构建商业模式的方法进行比较：

（1）FBBM 的理论基础和构建方法

FBBM 所依据的 SOFT 商业模式包括多种要素，可以将这些要素分为四个维度，即服务维（Service），表明组织要提供的服务的概念和价值定位；技术维（Technology），体现了实现技术定位的技术功能和结构；组织维（Organization），表达了组织间传递价值定位的合作协议；财务维（Finance），说明了在组织间如何分配成本、投资、收入和风险的协议。

FBBM 是一个帮助多个组织在一起协调工作的开发工具，主要用于开发和创新移动 ICT 服务。它将营销、技术、财务和组织四个核心的学科组织到一起，推动了商业模式中各种组织的合作；清晰地定义了为供应者和消费者创造价值的关键成功要素和重要设计要素，尤其适用于创新的早期阶段，用于探索和经营各种思想和观念。

（2）E3value 本体方法

E3value 是荷兰学者 Gordin 等提出的从价值观点出发来描述分析商业模式体系结构的方法。它通过基于价值网建模的可视化工具创建参考模型，可清晰地描述企业价值创造和转移的过程。模型的主要目标是回答谁向谁提供什么，并期望得到怎样的回报。在构建价值模型、明确价值条件和数量关系的基础上，通过 E3value 工具能够按设定的条件和变量对结构化模型进行仿真运算，获得相应的收益计算表，从而在数值上说明一定商业模式的赢利性和生存性，并有助于寻找更优的商业模式。

（3）BMO 理论和方法

BMO 起源于管理科学与信息系统的研究，它的四个组成部分的概念均起源于管理理论，即组织、服务、消费者和财务。通过对价值定位、分销渠道、消费者、消费者关系、价值定位、核心能力、合作者关系、成本结构、收入模型九个商业模块及其相互之间关系的表达，描述了企业赢利的逻辑，公司向谁提供了哪些价值，公司的结构和它与合作者之间的网络，如何创建、营销、分发价值和关系资金，如何创造利益和可持续的收入流？

虽然 BMO 包括了企业网络合作者和企业周围的网络价值系统，但它仅关注于企业层次，概念化地来表达特定企业的商业和赢利的逻辑。BMO 将 Prot6g6 与网络本体语言（Web Ontology Language，WOL）结合起来描述商业模式原型；基于 XML 描述语言，用于获取、描述和存储商业模式，包括渠道战略可视器；并提供了一个商业模式导航器，用于从不同的角度观察特定企业的商业模式。

（4）CBM

CBM 是 IBM 商业价值研究所开发的商业模式研究工具，主要基于以下理论研究：企业外部专业化影响了企业协作、交流和交互的网络和渠道，从根本上改变了整个产业的生态环境，从而竞争者之间开始合作，通过提供服务和解决方案与消费者的关系进一步加深。内部专业化是企业发展的最终阶段，其理想状态是用网络化的商务模块来组织企业，企业的运行就像一系列离散的、模型化的模块在公司内部交互，并与其他公司交互。

CBM 从竞争的角度提出了一个组织组件的框架。通过使用这一框架，执行者可以审视当前的商业活动。IBM 已经开始系统化地推进 CBM 在服务行业中的应用。

选择何种商业模式已经成为企业，尤其是服务型企业发展的关键，有不少企业在构建商业模式的过程中无从下手。我们试图从面向服务业构建商业模式的方法进行了系统研究，主要从构建的理论基础、支持的工具、构建的步骤等几个方面进行了详细分析，以求找出不同商业模式构建方法适用的层次和领域。据此，服务型企业在构建商业模式的过程中一方面可以根据自身的特点确定构建商业模式的指导思想和基础理念，另一方面还要根据企业的实际情况和需求选择合适的开发方法，从而提高商业模式设计的效率和成功的概率。

第三章

创新商业模式与管理模式的区别

商业模式是框架，管理模式是模块

在企业经营管理实践基础上出现了许多模式，但商业模式具有整合性的特点，使得这些模式能够共同为商业模式服务，相互适应与协调，保持企业的持续竞争能力。所以，商业模式是整体框架，其他模式是模块。

管理模式包括企业发展战略、组织结构、管理控制、企业文化、人力资源管理和业绩管理。管理模式反映了企业的执行机制，是企业为实现其经营目标而组织其资源、经营生产活动的基本框架和方式，而商业模式则描述了企业所能为客户提供的价值以及内部结构、合作伙伴网络和关系资本等用以实现这一价值并产生可持续赢利收入的要素过程。企业要在争取自身最大利润的基础上协调各方面的利益，此时就要求企业管理层能恰当地平衡各种利益相关方，以维持价值链体系的稳定，在协调各方面的关系中形成了适合自身的管理模式，所以商业模式与管理模式有着不可分割的关联度。

虽然商业模式是形成管理模式的基础，但是管理模式与商业模式却有许多不同点，具体如下：第一，管理模式和商业模式分别从两个互异但却互补的层面，完整地描述了企业的经营管理，且从两个不同的角度，保证了企业战略的最终实现。第二，管理模式看重的是企业发展目标的确定和业绩的达成，商业模式则是在满足顾客需求、为顾客创造价值和实现企业价值最大化之间构造一座桥梁。第三，成功的商业模式具有企业内部可复制性，这里所指的可复制性不是与商业模式的独特性相违背的，而是指某一企业的商业模式可以在企业拓展市场领域时，如连锁门店使用同样的商业模式，即企业内部可复制性。这就在一定程度上降低了管理层的重要性，理想的商业模式是能够达到企业不管谁在操作，只要按照商业模式的设计来实施均可快速复制成功。

企业组织结构与管理模式是否有效，对商业模式的实施有着极大的影响。企业组织结构是形成企业架构的基本组成部分，包括股东及其权力机构、决策机构、监督机构、执行机构等主体，以及各主体之间关系的制度安排。管理模式则是这些制度安排的关系类型，是保障企业有效运作的基本制度安排模式。任何公司的商业模式都需要直接依托于一定的组织机构、人员，以及约束机制，才能进入到实施阶段。如果没有合理的企业组织结构与高效率的管理模式支持，即使商业模式设计得再完美，也不可能获得持续的成功。所以企业的商业模式框架，需要管理模式模块的大力支持。

管理模式反映的是企业的执行机制

管理模式是在管理人性假设的基础上设计出的一整套具体的管理理念、管理内容、管理工具、管理程序、管理制度和管理方法论体系，并将其反复运用于企业，使企业在运行过程中自觉加以遵守的管理规则。

管理模式的形成过程，是以一定的管理理论或者管理思想为指导思想，结合管理环境的具体情况，采用一定的基本思想和方式，形成一套成型的、能供人们直接参考运用的完整的管理体系，通过这套体系来发现和解决管理过程中的问题，规范管理手段，完善管理机制，实现既定目标。因此，可以将管理模式理解为在管理过程中固化下来的一套操作制度系统。

管理模式包括企业发展战略、组织结构、管理控制、企业文化、人力资源管理和业绩管理。管理模式反映了企业的执行机制，是企业为实现其经营目标而组织其资源、经营生产活动的基本框架和方式。

现代管理思想系统形成于20世纪70年代，其思想特征主要表现在五个方面：一是人本观念突出，注重对人的积极性、创造性激励的管理思想。二是系统观念突出，即注意组织内管理层次、环节、部门、人员之间的相互联系和制约，旨在优化整体功能的管理思想。三是择优决策观念突出，即决策必须是多角度、多因素分析之后的多方案比较。四是战略观念突出，它强调管理行为要高瞻远瞩，管理者要具有超前思维。五是权变观念突出，即管理行为没有放之四海皆准的模式，必须是随机应变，灵活调整。20世纪90年代以来，企业管理模式的变迁突出表现为三种具体理念的兴起：

第一，企业再造。一是从传统的自上而下的管理模式变成信息过程的增值管理模式；二是企业再造不是在传统的管理模式基础上的渐进式改造，而是强调从根本上着手。

第二，建立学习型组织。学习型组织是未来企业的模式。

第三，组织结构的倒置，即未来企业组织中将产生权力的大规模转移。传统的组织结构呈金字塔式，最上面的是企业的总裁—中间层—基层。随着经济的快速发展，顾客的个性化日益突出，这就要求将上述金字塔式结构倒置，变为：顾客——线工作人员—管理人员。现场决策由一线工作人员决定，而上层领导则变为支持服务。

以上三个方面充分体现了企业“人本思想”导向的管理模式的特征。

企业管理模式的核心，即在于如何树立管理模式构建的理念与类型选择。作为商业性企业的市场需求要求企业贴近市场，贴近多元化的客户需求。因此，商业性企业管理模式构建的理念首先应该是“以人为本”，以客户需求为导向，以员工激励为条件，以此塑造企业文化，在此基础上构建企业的管理体系。那么，对于传统企业来说，面临的企业再造及流程优化任务，必须以围绕客户需求的发掘与满足，加强市场反馈信息的传递与沟通能力，进行组织结构调整，重点是“倒置型”结构的建立，保障资源投入以基层为重，以一线为先，实现对企业高、中、基层员工的全面激励，只有这样，企业员工才具有执行力。所以，从根本上来说管理模式反映的是企业的执行机制。

另外，企业要想建立有效的管理模式，还必须注意其决定因素。现代企业管理模式的决定因素如下：

第一，国内企业管理模式的主要决定因素——企业内部的治理因素。企业治理结构决定了公司决策与监督力量之间的权力分布和制约关系，也就决定了决策层与执行层之间的关系。这重关系是构建管理模式最重要的决定力量。国内企业基本上都是股份制，通过股份制企业规范的企业治理结构，进而约束企业管理模式的构建，这是国内企业管理模式的主要决定因素。

第二，企业决策层的管理理念与企业的企业文化。如前分析，企业决策机构的管理理念决定了管理模式建立的导向。企业文化是这种理念的外现，会直接反映出管理模式的内质。

第三，来自外部的法律规定与企业文化传统因素。一个国家（地区）对公司的法律性规定，以及整个外部社会环境中的企业文化氛围，都会影响企业的管理模式设计原则。

商业模式反映的是赢利点和方式

商业模式的宗旨就是实现企业赢利。首先细分市场，然后对目标客户群的消费主张进行深入分析，其要素包含了客户关系和客户价值主张，体现商业模式对于客户的关注和重视。客户价值主张的实现和自身目标的实现具有同时性，即在满足客户需求的同时，商业模式的目的也得以实现。

商业模式从商业环境出发，不但积极保持与客户紧密关系，并增加了对合作伙伴价值网络的构建，促使各相关利益方恰当处理各自之间的关系。

另外，商业模式从战略出发，先定位（市场、消费者与业务），后设计合理的运作流程和完善的员工管理制度，最终通过赢利模式来实现企业价值。

商业模式把价值链整个纳入其中，使得企业的每个业务都要按照商业模式的规划来安排，这就体现了商业模式对企业具有指引、监督、推广等职能。商业模式的设计中不把竞争力考虑其内，这是因为商业模式本身是基于自身企业的发展所建立的，通过不断满足顾客的新需求来扩大市场，从而作为获利的主要途径。

企业商业模式包括赢利模式，它的最终目的是为了赢利。商业模式是一个复合的模式，还包括企业做什么产品、定位什么样的客户、用什么市场营销手法。也就是说，商业模式是企业通过什么途径或方式来赚钱。

商业模式主要考虑整个企业持续发展，决定于企业处于何种利润区。任何企业都有自己的商务结构及其相应的业务结构，但并不是所有企业都赢利，所以，企业要长久并持续的经营就要从模式上创新。

企业运营模式是商业模式与管理模式之和

运营模式就是对整个企业经营过程中，有计划、组织、实施和控制等一系列既定模式（是企业配置资源并借此持续不断地获取利润的方法集合，）一般表现为企业提供产品或服务等的方式与途径。企业经营模式是指（企业配置各种资源并借此持续不断地获取利润的方法集合）企业根据企业的经营宗旨，为实现企业所确认的价值定位所采取的某一类方式方法的总称，一般表现为提供产品或服务、营运销售、盈亏衡量、风险管理等诸多经营行为与管理活动。

企业的战略因素决定了管理模式的长期生存能力，而战略的决策方向与实施则取决于商业模式的设计。一定的商业模式决策决定了相应的战略取向与实施路径。如果企业的管理模式与该战略不相匹配，那么，长时期以后，客观形势必将逼迫企业管理模式做出相应的调整与改进。所以，企业的商业模式对其管理模式的运行会起到不可忽视的影响作用。同时，为实现战略而开展的各种商业模式活动，如营销活动等，均需要一定的管理模式与其适应，如此才能顺利推动这些执行活动的顺利实施。

因此，运营模式包括了商业模式与管理模式，是二者之和。企业的商业模式与管理模式之间是辩证统一的关系，二者相互影响，互为支持。其中，商业模式决定了企业的发展方向，是企业发展的“灵魂”；而管理模式则构成企业运营的基础框架，是企业的“骨骼”，对商业模式的贯彻实施起着基础性的支撑作用。也就是说，如果没有商业模式的创新及有效发展，管理模式不可能长期持久成功；反之，如果缺乏管理模式的支持，商业模式的实施效率将会大打折扣，以至于失败。因此，中国企业的改革与发展，一定需要商业模式与管理模式的齐头并进，以商业模式的创新改进为导向，以管理模式的变革与提高为支持，共同促进企业经营模式的转型与推进，二者不可偏废。总之，中国企业经营模式的创新与发展，必须由商业模式与管理模式的改进与变迁共同组成。

商业模式是企业的基础结构

商业模式是一个比较新的名词。尽管它第一次出现在 20 世纪 50 年代，但直到 90 年代才开始被广泛使用和传播。泰莫斯定义的商业模式是指一个完整的产品、服务和信息流体系，包括每一个参与者和其在其中起到的作用，以及每一个参与者的潜在利益和相应的收益来源和方式。在分析商业模式过程中，主要关注一类企业在市场中与用户、供应商、其他合作方的关系，尤其是彼此间的物流、信息流和资金流。

商业模式包含了一系列要素及其关系的概念性工具，用以阐明某个特定实体的商业逻辑。它描述了公司所能为客户提供的价值以及公司的内部结构、合作伙伴网络和关系资本等用以实现（创造、推销和交付）这一价值并产生可持续赢利收入的要素。

商业模式是一个企业满足消费者需求的系统，这个系统组织管理企业的各种资源（如资金、原材料、人力资源、作业方式、销售方式、信息、品牌和知识产权、企业所处的环境、创新力，又称输入变量），形成能够提供消费者无法自力而必须购买的产品和服务（输出变量），因而具有自己能复制但不被别人复制的特性。

商业模式在学术上为多数人公认的定义是："为了实现客户价值最大化，把能使企业运行的内外各要素整合起来，形成高效率的具有独特核心竞争力的运行系统，并通过提供产品和服务，达成持续赢利目标的组织设计的整体解决方案。"其中，"整合""高效率""系统"是基础或先决条件，"核心竞争力"是手段，"客户价值最大化"是主观目的，"持续赢利"是客观结果，也是检验一个商业模式是否成功的唯一的外在标准。

商业模式有两个比较明显的特征：

一是商业模式是一个整体的、系统的概念，而不仅仅是一个单一的组成因素。如收入模式（广告收入、注册费、服务费），向客户提供的价值（在价格上竞争、在质量上竞争），组织架构（自成体系的业务单元、整合的网络能力）等，这些都是商业模式的重要组成部分，但并非全部。

二是商业模式的组成部分之间必须有内在联系，这个内在联系把各组成部分有机地关联起来，使它们互相支持，共同作用，形成一个良性的循环。

通过以上对商业模式内涵的介绍，我们可以看出商业模式是企业的基础结构，是企业得以运行的框架，如果没有商业模式的存在，企业发展也就无从谈起了。

管理模式的关注点是战略目标和业绩

管理模式是指管理所采用的基本思想和方式，是指一种成型的、能供人们直接参考运用的完整的管理体系，通过这套体系来发现和解决管理过程中的问题，规范管理手段，完善管理机制，实现既定目标。

企业管理模式由最初的管理演进为治理，可以体现出企业管理模式的关注点是战略目标和业绩。

最初的管理是一种狭义的直接指挥、协调、检查的职能。如在一些公司内部，总裁与部门之间就可以是管理。管理也是最原始、最直接和最简单的一种形式。

治理是指一家公司的法定的三会四权的法人治理结构。现在每家公司成立时都会设立股东会、董事会、监事会、管理层。这种运作机制具体到董事会、监事会如何配置，以及怎样让他们发挥价值，履行他们的职责；还包括股东层、董事会如何通过科学合理的激励与约束策略来促使管理层的利益与公司利益、股东利益实现有效的捆绑，最大限度地发挥经营管理者的积极性和创造性，使企业的即期业绩和可持续发展能力都得到提升。这是大集团面对众多的子公司、孙公司实现有效管理的最重要的方法和机制，也是最需要思考的课题。

另外，从现代企业管理模式的重要性表现上来看，企业管理模式的关注点也在战略目标和业绩上。其原因如下：

①企业管理模式有利于把社会上闲散的货币和分散的资本集中起来投资于经济实体。通过建立股份公司完成资本联合，实现集资的功能。

②企业管理模式有利于资本在社会范围内得到优化配置。通过市场交易，使资源向经济效益好的企业流动，达到资本的优化配置。

③企业管理模式有利于形成权责明确，管理科学的新型的企业内部管理体制，并有利于促进企业家阶层的形成。两权分立和公司内部法人治理结构将促进企业明确职责分工，形成科学有效的内部管理机制，也有利于经营者施展自己的才能，促进企业家阶层的形成。

④企业管理模式有利于促进投资主体多元化和投资主题明确，有利于吸引和利用社会资金。投资主体将由国家单一投资向国家、企业、社会团体和个人联合投资发展，谁投资，谁受益。

以上内容表明，管理模式的关注点是战略目标和业绩。

第二部分

商业模式创新

——创新决定模式活力

第四章

赢利之源

——细分市场与识别客户需求

市场导向：如何在复杂的环境中细分市场

美国市场学家温德尔·史密斯在20世纪50年代中期提出了市场细分的概念，现已被理论界和企业接受并广泛应用。市场细分是指营销者通过市场调研，依据消费者的需要和欲望、购买行为和购买习惯等方面的差异，把某一产品的市场整体划分为若干消费者群的市场分类过程。

什么是细分市场？是指在一个整体的市场范围内，设定一些考察变量（如规模、需求等），并对这些变量进行分析、聚合，找出那些变量聚合度最高（或最具相似性）的市场细片过程。这些市场细片形象地说就是有一个大致相近轮廓的购买者群体。生产企业将根据本身的资源及战略目标决定选择哪一类或哪些类细片作为目标客户，并采取针对性营销策略加以开发。市场细分的程度通常用层次描述，一般分为细分、补缺、本地性、个别层四个层次，逐层细分，每一层对应一种微观营销模式。

相关营销学家认为，市场包含着无数的购买者，每个购买者的需求和欲望千差万别，他们的购买着眼点各不相同，这就是消费需求的“异质性”理论，它是市场细分的基础和依据。市场细分是为了更好地满足顾客需求，按照某种标准将一个市场分成若干个子市场的过程。企业从满足消费者的不同需求出发，把整个市场划分为若干个需求大致相同的消费者群，一个消费者群称作一个子市场（细分市场），作为本企业特定的目标市场，有针对性地开发适销对路的产品，制定相应的营销战略，以满足目标市场的需求。这就是当前被企业广泛应用的“目标营销”战略。由于这种战略是以市场细分为基础的，通常也叫市场细分战略。

一个市场是否有效的细分了，通过检查它的过程就能知道：①调查阶段（设置可用变量，并收集反馈）；②分析阶段（人工或计算机分析）；③细分阶段（确定市场细分片）。

在营销实践当中，这个过程必须定期反复进行。无论你是生产厂家或是渠道成员，只有遵循这三个步骤得出的市场细分片才是有意义的。只是存在规模、复杂和精准性的程度差别而已。比如，渠道成员可能仅对某一个小小区域市场，依据已有的信息决定，辅以简单的变量调查，经过成员本人大脑判断就能得到一个很有意义的市场细分，而对厂家而言这个过程要复杂困难得多。

在一个完全竞争的市场环境里，市场细分是与市场定位密不可分的。就像鸡和蛋的关系。我们说市场细分，是从市场导向的视角出发，研究市场客户特征，它确定了公司在一个较小的范围里，会更高效率和有价值地提供产品或服务，并得以发展壮大。反过来，市场细分片也一定需要厂家提供的产品和服务更加具有特点和特色，更加接近满足细分市场的差异化需求。这就是通常我们所说的市场定位问题。广义的市场定位是指使产品或综合形象在顾客脑海里形成的独一无二的形象，使他们能够将自己与同类企业和产品明显区别开来，并在需要购买产品或服务时第一个选择自己。狭义的市场定位是指使产品或服务在市场细分片的顾客的心目中确立一个优先的购买顺序。

从上述定义可以很容易看出，广义的市场定位是品牌价值的重要组成部分，而狭义的市场定位是因应市场细分而产生。成功实施市场定位的核心在于针对细分市场采取差异化策略。而差异化就是对细分市场评估后进入哪些市场和为多少个细分市场服务作出决策。也就是哪些关系目标市场？多少个差异开发策略或差异化策略？选择目标市场的五种模式：集单一市场；有选择的专门化；市场专门化；产品专门化；完全覆盖市场。

那么，究竟如何进行市场细分？

1．市场细分之前，需要先区隔市场

市场针对的是人的一种需求，因为人有很多种类，所以，市场可以细分。每个人都有需求，但是同一种产品不可能满足所有的人。一个产品只适合一个年龄段的人群，这个年龄段的人群就叫整体人群的区隔人群。群体大就是大的区隔人群，小的就是小的区隔人群。从年龄上进行区隔，人群可划分为婴儿、幼儿、少儿、少年、青年、壮年、中年、老年。当然还可以从性别上、经济能力上进行区隔。如有些产品适合从年龄上区隔，有些产品适合从性别上区隔，有些产品适合从产品特性上区隔，还有些适合从经济能力上区隔。这就需要企业结合产品的实际情况进行有效区隔。

区隔市场与市场细分不同，区隔是区隔出一个大的市场人群。它可以用一个产品类别去对应，除了对应不同年龄，还可以对应男性、女性。在男性和女性当中，还可以从年龄上对应青年女性、青年男性，或者是中年女性、中年男性，反正这些都叫区隔，用一个大产品类别对应市场的一类人群的市场就叫区隔市场。

细分市场要在区隔市场的基础上进行，把那些已经区隔的人群进行再细分。比如，一个产品面对25~35岁的女性群体，这是它的消费人群。如果它是女性化妆品，其市场已经非常成熟了，这个年龄段的消费者已经不满足这个产品给她们带来的产品的共性利益了，所以要进行细分。如何细分呢？就是在产品的共性利益基础上加上个性利益，然后针对这个年龄段不同个性特点的人所要求的个性利益点，这就是细分。什么叫对应利益点呢？比如，生产一块香皂，共性的利益是去污、杀菌。这个利益对这个年龄段的人都有作用。但细分之后就产生了不同，美白香皂就对应了一类既去污，又杀菌，还需要美白的人群；润肤的香皂就对应了需要润肤的人群，还有需要保养的、需要防衰老的等。用产品的特点对应25～35岁的人群里每一种个性化的利益需求人群，这就叫细分。

2. 随着市场的成熟，细分越来越细

由于市场竞争的加剧，在大的细分条件下还出现了更细的细分。比如，服装的细分。服装可以从职业上分，可以从生活方式上分，还可以分为早上、中午、晚上的服装。在这些服装当中，每一种还可以对应不同的性格人群。比如，一个女孩如果比较活泼，可以穿活泼一点儿的服装；如果比较内向，可以穿比较素雅或者比较内敛的服装。

服装的大类别里面可以分出商务的、休闲的，还可以有商务休闲的。在休闲里面还有很多种类。比如，有户外攀岩的、户外野游的、户外运动的，还有户外时尚的。同样，有室内的、室内休闲的、户内时尚的、户内放松的和户内性感的等。总之，可以分为很多种，这些都是对应不同人群里不同的需求方式。

在一个需求方式里，同一个人在不同时间点上的需求也不同，这也是细分。这些细分是有条件的。条件是什么？就是市场条件。什么叫市场条件？就是做细分产品时要考虑这个市场成熟不成熟。市场没有成熟到一定程度的时候不要细分。比如，从计划经济进入到市场经济，产品日益丰富，人们的需求方式也随之改变。以前，大家都搽雪花膏，早上起来往手上擦点儿蛤蜊油、往脸上擦点儿雪花膏润润肤就很不错了。但随着市场经济的活跃和人们生活水平的提高，好的产品逐渐被认识，人们对美的认识也改变了，对一些高档化妆品也从被动需求变成了主动需求，这个时候市场就逐渐成熟起来了。市场成熟之后，就会有更多细分的产品出现。从以前用雪花膏简单的润肤到美白这个概念是一个过程，后来美白已经不能满足人们的需求了，人们想让皮肤更滋养、更有弹性，所以不同概念的产品需求产生了。有了这样细分的需求，才会有细分的产品来对应。

3. 依靠调研考量市场的成熟程度进行细分

一个需求满足之后，人们会追求更高层次的需求。如果一个市场还处于简单的、基本需求的阶段，企业生产一个细分产品进入这个市场就要先教育市场跟上其步伐，这是很难做到的。

消费者的认识是逐步发展的，认识还没有到这一点的时候，单靠一家企业的力量去把它教育到跨一个时代的理解程度是不可能的。如果在英国有这个市场，人们希望中国也有这个市场，这种想法不一定完全现实。中国有企业可能会有这个条件和能力，但是不一定有这种意识。市场的前进是按部就班的，企业要根据市场的调研结果来考虑产品的市场是处于什么阶段，只有发展到了相对成熟的状态，才可以用产品去细分。用产品细分的目的也是对应市场的需求，所以说，市场细分是在成熟条件下产生的。

一则好的广告，能起到诱导消费者的兴趣和感情，引起消费者购买该商品的欲望，直至促进消费者的购买行动的作用。王老吉原来的广告语“健康永恒，永远相伴”其实是一个较模糊的概念，企业无法回答王老吉是什么，消费者更无法回答。之后，企业赋予王老吉的品牌再定位是“预防上火的饮料”，因此在广告宣传中尽量凸显红色王老吉作为饮料的性质。其广告语“怕上火，就喝王老吉”，促使消费者在吃火锅、烧烤时，自然联想到凉茶王老吉，从而实现购买。凉茶王老吉作为第一个推向市场的预防上火的饮料，逐渐使人们认识和接受了这种新饮料，最终凉茶王老吉成为预防上火的饮料的代表深入人心，从而持久、有力地影响着消费者的购买决策。

一句“怕上火，就喝王老吉”广告语，让全国人民将“王老吉”与“下火、降火”画上了等号，王老吉摇身一变成为了“下火”的代名词。正是这样一个准确而又鲜明的定位，一针见血地抓住了消费者的潜在需求，从而使以前不温不火的凉茶饮料开始迅速走红。

王老吉强大的广告宣传攻势引爆了其销量的井喷，其销售额以几何倍数直线飙升，一个默默无闻的区域性品牌短短几年时间里攻城略地、遍地开花，迅速飙红大江南北，成为全国性的主流饮料。

在销售渠道上，王老吉大胆创新，开辟销售渠道的蓝海。传统的饮料产品销售渠道是商场、超市、士多店，而王老吉在开辟销售渠道时，则是寻求新的突破口，不仅进入传统的商超等，还进入餐饮店、酒吧、网吧等场所。并且把这些消费终端场所也变成了广告宣传的重要战场，设计制作了电子显示屏、红灯笼等宣传品免费赠送。在给渠道商家提供了实惠后，王老吉迅速进入餐饮渠道，并成为该渠道中主要的推荐饮品。

在一些地区，王老吉还选择火锅店、湘菜馆、川菜馆作为“王老吉诚意合作店”，提供尝品，搞公关营销。随着红色王老吉的快速发展和消费者对王老吉降火功能的认可，王老吉药业也借势宣传推广王老吉的其他产品。2004年8月，王老吉凉茶进入了善于创新和本土化的肯德基店，这是中国大陆目前唯一进入肯德基连锁的中国品牌。虽然目前只是在广东范围内的200家肯德基店推出，但王老吉看重的是肯德基店把它推向全国的计划，这和他们推动凉茶全国销售的营销思路是相一致的。

客户导向：如何识别客户的不同需求

有些企业之所以能够在激烈的市场竞争中取胜，并且极大地促进了社会经济的发展，原因就在于它们能够在营销过程中不断发现市场空隙，并及时钻进去，弥补这一空隙。而空隙的发现有赖于在市场细分的基础上识别客户的不同需求，推出相应的产品。

客户导向要求企业在实际运作中应首先考虑并满足顾客的需求。调查发现：客户需求可以划分为三个层次：一是“基本需求”，指客户认为产品必须有的属性或功能。此类需求得不到满足，客户的不满情绪会急剧增加。得到满足后，客户不满即消除，但不能带来满意度的增加。二是“期望需求”，该需求要求提供的产品比较优秀。没有满足这些需求时，客户不满意；需求得到满足，客户满意度会显著增加。三是“兴奋型需求”，又称“魅力需求”，指提供一些出乎意料的产品属性或行为，使消费者惊喜。当特性不充足时，客户无所谓。而一旦满足，客户就会非常满意。在实践当中，企业应该先满足客户的基本需求，然后再尽力去满足客户的期望需求，最后争取实现客户的兴奋需求。

那么，实践中应该怎样识别客户的需求呢？

1. 关注人们的需求

需求不同于人们常说的“需要”。需要是指消费者对某一商品的欲望或要求，而需求是有购买能力的需要。经济学中所说的需求特指“有效需求”，即消费者有货币支付能力的需求，它表现为一定的商品数量，是购买欲望和购买能力的统一。仅有购买欲望，而不具备购买能力，是不能形成对商品的真正需求的；同样，具备购买能力，但没有对商品的购买欲望，也不能形成对这种商品的真正需求。

人们的需求是多种多样且千变万化的，马斯洛的需求理论将人的需求分为生存的需求、享受的需求、发展的需求、安全的需求、爱和归属的需求五个层次。虽然人们有支付能力的需求很多，但并不是每一种需求都同你所生产和经营的行业有关。问题的关键在于如何找到与自己所从事的行业有直接联系的需求。人们的某些特殊需求往往不像普通的社会需求那样显露，而是隐藏得较深，或时隐时现。这种隐蔽的社会需求往往不是靠逻辑思维的力量所能发现的，而是靠灵感、靠直觉去捕捉，因此，获得这种“需求”的关键是“留心”。

2. 寻找人们的需求

由于人们的社会地位、经济状况、文化修养等千差万别，人们的需求也因此而不同。但是每一个人或每一个企业所经营的物品总是有限的，这就要求经营者在自己的经营项目与社会的某种需求之间找准“焦点”。找准“焦点”就能找到潜在客户，否则就不能发现客户需求。经营者只要善于在需求的“寻找”与“判断”之间找到平衡点，从而实现两者的有机结合，就一定能够成功。这里所说的“寻找”，就是在人们千差万别的需求中，找到经营者既有能力从事经营，又有广阔发展前景的项目。

3. 刺激人们的需求

有许多客户需求是以潜在的形式客观地存在着的，只有通过主动地有目的地刺激和引导，这种潜在的需求才会变为现实的购买行为，才能同企业的经营直接发生关系。正因为如此，广告才成为一种重要的促销手段，广告业才能获得丰厚的利润。广告的作用在一定意义上说就是刺激和引导潜在的社会需求。谁能成功地发掘潜在的社会需求，谁就能获得经营上的巨大成功。

刺激人们的需求，关键在于及时发现人们的需求，精确地瞄准人们的需求，在人们的寻觅和渴望中适时推出产品。做到了这几点，企业的经营就可能获得巨大的成功。

企业通过留心、寻找和刺激客户的需求，一定能够发现客户的不同需求，并成功引导客户需求，给企业带来源源不断的利润。

宝洁公司的系列产品就比较能够满足客户的不同需求。宝洁公司是产品多元化的典型代表，它针对客户的不同需求，经营300多个品牌的产品。

在识别客户的不同需求方面，宝洁公司采用了市场细分策略，把一个市场划分为具有较高程度同质性的若干个部分。然后根据每个部分客户的特点推销独特的产品。由于消费者对产品的兴趣不同，关注点也不一样，宝洁公司在针对不同的消费者推出不同的产品时，还配备了不同的广告，从而使产品深入人心。

宝洁公司针对客户不同的需求，施行了多品牌战略。一是不同的品牌针对不同的目标市场。二是品牌的经营具有相对独立性。宝洁公司的多品牌策略不是把一种产品简单的贴上几种商标，而是追求同类产品不同品牌间的差异，比如，功能、包装、宣传等的差异，使每个品牌都有自己的独特性，从而满足与引导客户的不同需求。

宝洁公司的成功就得益于它通过严谨且系统化的消费行为研究来了解消费者的需求，并且根据消费者的不同需求，研制正确的产品，再运用适当的营销方案来引导与满足消费者的不同需求。这也是每个公司识别客户不同需求的精髓之所在。

满足客户，聆听客户，开发客户，征服客户

现代社会已进入买方市场，几乎每个市场都存在供过于求的现象，为了争夺有限的客户，防止自己的产品被其他产品替代，保持或扩大企业的市场占有率，企业必须为其产品树立特定的形象，塑造与众不同的个性，从而在客户中形成一种特殊的偏好，使客户需求得到满足。

营销的关键是让客户满意，只有客户满意，他们才会重复购买企业的产品，才能给企业带来利润，企业才能进一步的发展。因此，让客户满意是营销当中非常关键的一步。怎样才算是让客户满意？那就是客户需要什么样的产品和服务，就向客户提供什么样的产品和服务，最大限度地满足客户的需求。

华为作为全球领先的电子解决方案供应商，在这方面做得非常成功。华为的业务包括移动、IP、宽带、光网络、电信增值业务和终端等，使最终用户可以随时随地通过任何终端享受一致的通信体验。目前华为的产品和解决方案被 100 多个国家及全球 1/3 的人所应用。华为之所以能够取得这样的好成绩就在于它进行了有效的品牌市场定位分析，把与核心业务不相关的部门分出去，抛弃与运营商重叠的部分，为客户提供了更专业、更具性价比的产品。

国人对品牌的追逐，我们是有目共睹的。近年来奢侈品在国内的购买力迅速膨胀，这是因为奢侈品满足了一部分富裕人对奢侈品牌的追求。奢侈品的宣传理念是：“我是最好的，我是最贵的，我是最值得你拥有的！”这不但满足了一部分真正有需求的富裕人士，还使得一部分人盲目跟风或者是受到虚荣心的驱使进行购买。因为在很多国人眼中，奢侈品是一种地位的象征，从而一传十，十传百的盲目追求。这也就是说，企业针对国人对品牌的需求，建立一种奢侈品品牌就可以在国人当中进行很好的病毒式营销，打出成功的品牌战略。

在树立品牌方面，华为对品牌的名称选择非常谨慎。华为的营销理论观点认为，一个优秀的品牌名称用在所有事物上，意味着它已接近死亡。华为的品牌策略是相对灵活的，它会因时因地采取适当的品牌策略。例如，CDMA手机在印度上市时，华为使用了当地运营商的品牌。而在中国香港和法国上市时，华为与PCCW、SFR合作时采取的是联合品牌方式。华为的这一做法无疑是“聆听”了客户的需求，满足了客户对品牌追求的需要。

研究奢侈品品牌进入市场的环节，你还能够学会应该怎样去开发客户、征服客户。

奢侈品进入市场之前，首先要了解消费者的心理和行为。例如，20世纪奢侈品生产商在日本女人身上发现了消费狂热，于是把日本开发成了第一大奢侈品市场，占全球市场份额的47%。现在，因中国年轻人对奢侈品追求的狂热，使中国变成了其奢侈品的另一个金矿。

增加附加价值是奢侈品增加产品特性，强化品牌精神，巩固其在顶级细分市场上的高价位的一种重要手法。在国内奢侈品手机非苹果莫属，这不仅是因为它高端的配置，还在于它大气的外表和一流的设计。从美学角度看，苹果公司拥有最好的硬件设计。令人惊异的是，数年来，市场上没有出现设计比iPod更好的基于硬盘的MP3音乐播放机。尽管使用了许多相同的部件，东芝的设计也略逊一筹，这对富豪的吸引力大大增加。

定价策略也是奢侈品进入市场的一个重要环节，简单地说奢侈品的定价策略就是“特立独行”，利用信息不对称来进行超常规定价。很多奢侈品品牌在诞生的时候都是某类产品的外来者，它们通过巧妙的定价，引发消费者关注和崇拜，很快就占据了行业的顶端地位。而不是像那些普通产品通过低价格战来赢得市场。通过拉高价位，与大众品牌进行区隔，暗示产品品质，同时也吸引消费者的眼球，产生传播话题，在众多大品牌之中，消费者突然看到这么一个高价位的产品，会立刻引起他们的关注，这就是奢侈品定价的特别之处。

布置好了以上环节之后，就进入了奢侈品布局市场，争取份额的重要阶段——渠道策略。

奢侈品的渠道策略从整体上讲就是保持对市场的有限覆盖，从不在渠道中提供大量的产品以供消费者选择，使得渠道始终保持在一种不饱和的状态。在有限的前提下，则尽可能的要求完成对目标市场的有效覆盖。

这种渠道策略要求奢侈品的分销结构追求重点覆盖，把主要精力放在少量对高质量服务有特别需求的网点。对于增加零售网点，进入新市场的考察非常详尽，决策周期也比较长。保证渠道价值链上每个环节都有高利润产生，以维持奢侈品高贵形象所需的高额市场费用。

而对渠道组合的要求却是尽量做到有效覆盖，把零售网点设在目标顾客最集中的地方。除了固定网点以外，奢侈品展览会也是一条重要的渠道。

仔细研究就会发现奢侈品品牌所做的以上努力都是为了提高品牌知名度，所有其之所以能够成功开发客户、征服客户的秘密就在于建立了品牌知名度。把品牌知名度放在品牌美誉度之上，用极高的品牌知名度来掩盖其美誉度的不足，品牌美誉度的增加只能进一步提升其知名度。因为，人们太喜欢知名度了，凡是知名的东西都会受到人们的关注，这就是奢侈品品牌开发客户和征服客户的核心策略。

以客户需求为中心的商业模式

在美国，医疗产品批发行业是一个夹在上游的医药厂商和下游的医院之间惨淡经营，微利度日的“夕阳产业”。然而就是在这样一个“夕阳产业”中，却诞生了一家堪称卓越的“成长之星”——卡地纳健康公司。该公司从1997年进入《财富》全球500强后，排名一路蹿升，1997年第415位，1998年第251位，2000年第158位，2006年第51位，2012年已上升至第21位。卡地纳健康公司成功的商业模式就是以客户需求为中心，并始终站在最终客户患者的利益角度思考，发现客户的需求，为客户提供解决问题的方案，至此获得了巨大的成功。

其中，卡地纳健康公司主要采取了以下几种措施重新定义与提供了客户需求服务。

第一，重新定义客户。传统观点认为价值链中游的医疗产品批发企业的客户是医院和药店。但是卡地纳的客户还有“第三者”，那就是患者。卡地纳认为价值链中所有企业存在的目的都是为了最终客户。卡地纳站在最终客户的角度提出了“帮助你让患者感觉更好，痊愈更快；提供行业中范围最广的产品和服务，以帮助整个产业在关爱病人的所有环节上，提高质量、安全性和效率”的口号。

第二，发现客户需求。站在患者角度考虑，一切便豁然开朗，卡地纳发现了：客户买来药品和器械是为了给患者治病的，因而当医院从批发商那里接到这些东西时，客户的问题才真正开始，比如，这些使用风险和使用成本大大高于普通产品的医疗产品如何有效存放、管理、使用、处置。医疗产品批发企业从未考虑到这些问题，卡地纳却发现了问题的真正要害：客户购买的并不是“产品”，而是“医疗过程中的质量、安全、成本和效率”。

第三，提供解决方案。卡地纳围绕客户需求提供解决方案。通过与客户的密切合作，卡地纳找到了各种解决方案。例如，液态废药处置系统，使废药能够安全而便利地进行处置；自动取药系统，实现全过程自动化无缝链接，彻底消除了人工配药的差错率；为药店提供的收入核算系统，能够自动完成第三方与药店之间的结算流程，并且每天更新药品报价和各类数据，有效解决了药店长期存在的现金流转难题等。

因为始终站在最终客户的角度给客户提供解决方案，使得卡地纳彻底赢得了客户。因为，卡地纳紧紧抓住了客户的心，真正满足了客户的需求。

无独有偶，戴尔的成功模式也是如此。其他公司都是在生产出产品以后去寻找订单，而戴尔的方式是先了解客户需求，再接受客户订单，按照客户需求提供产品，这就是“客户导向”的最基本形式。

卡地纳健康公司和戴尔公司所采取的都是以客户需求为中心的商业模式。这种商业模式要求企业在制定经营策略时把满足客户需求作为一切工作展开的目标和中心，把如何满足客户的需求摆在第一位，按需生产，这种经营观念也称之为“客户导向”。

在市场实践中，真正做到客户导向的企业少之又少。其主要原因是缺乏科学、系统的业务流程支撑。那么怎样采取以客户需求为中心的商业模式呢？其一般流程是什么呢？

有关学者对戴尔、迪士尼等著名“客户导向”型企业进行观察和研究后，指出了其一般业务流程，具体如下：

1. 识别决策需求

面临的业务决策是什么？所需信息有哪些？每类信息都由哪些数据组成等。

2. 制订调研计划

工作流程为：①确定调研样本和调查方式；②设计问卷，制订时间表；③倾听客户声音。

3. 开展调研工作

工作流程为：①调研队伍培训；②小范围试调研；③修改问卷；④广泛调研。

4. 定义关键需求

通过对调研结果的归纳和总结，结合客户关注点及价值取向的分析后确定客户对产品具体的、明确的、可量的期望。

5. 控制实施成果

工作流程为：①建立输入、输出及流程本身的指标；②确定流程输出的绩效评估目标；③制订监控流程。

另外，企业要采取以客户需求为中心的商业模式，必须有强有力的制度作为保障，在聚焦客户需求的前提下不断改进业务流程，以将其融入到企业文化的建设中去。如此，客户导向的行为成为自觉，企业竞争力的提升也就水到渠成了。

IT 与大数据时代的细分市场策略

随着 IT 与大数据时代的来临，很多行业都迅速进入成熟期，消费者的需求变得越来越细化。因此，如何进行市场细分并选择适当的细分市场，成为企业战略营销分析的核心。

在 IT 与大数据时代细分市场的方法有很多，这取决于市场类别、细分的目的和企业设置的各细分变量的种类及其组合。以企业产品的功能属性细分最为根本和基础；以终端客户倾向于某种功能属性的程度（偏好）为变量，再加以总结。通常的方法是根据市场特征分为消费者市场或行业市场等。

1. 广告主有效细分受众的策略

以广告业为例，随着 IT 与大数据时代的来临，网上广告渠道的大幅增加以及广告技术的日益进步，网络广告出现了天翻地覆的改变，广告主与消费者一样面临着信息超载问题。

如何从海量数据中寻找目标受众，并投放相应的广告信息，成了广告主急需解决的问题。通过研究发现，广告主可以利用以下策略来有效细分受众：

（1）数据来源

广告主既可以利用客户关系管理（CRM）、搜索、移动、社交媒体、网络分析工具、普查数据以及离线数据等来整合多种数据源，通过整合得到的数据可以更准确地定向目标受众；也可以利用尖端的追踪技术以及多种的数据管理平台（DMPs）将受众以及广告效果数据整合于单一界面上，轻松获取关键指标，包括转化率、流失率以及各个渠道的贡献比率等。

（2）受众细分

有效的受众细分方法能让广告主灵活地组合数据来源，并且利用共通的属性来建立用户群组。而这些属性应同时考虑访问者线上及线下的行为特性，包括其生活方式、兴趣、人口统计学特征以及消费心态等。这种细分方法最理想的是能够应用于不同渠道上，而且还可以量身定制，以切合广告主的业务需要。有效的细分受众不仅能够实现精准营销及优化，同时也能够大大提升受众对品牌的体验及情感。

（3）数据挖掘

在海量数据中挖掘到有效的数据是使用数据策略成功的关键。例如，可以利用站内、站外的数据整合、多方平台的数据接轨、结合人口与行为数据去建立优化算法等方法进行挖掘数据。当然，仅挖掘数据还不行，还要注意数据应用、提取数据、制作报表等。

总之，对广告主来说受众数据是实现受众定向和提高营销活动投资回报率的根本。要想在激烈的市场竞争中取胜，必须要利用数据分析以及先进广告技术的力量，实现细分的目标客户定位。

2. XMO 受众解决方案

在大数据时代，面对海量的数据，广告主寻找目标受众变得更为艰难，但是利用有效的受众解决方案就不同了。例如，可运用 XMO 受众解决方案。

XMO 受众解决方案是由爱点击 iClick 自主研发的，通过它可以接触到最细分的受众。这些受众群体是按照行业、生活方式和兴趣等划分的。广告主可以根据自己的实际需要进行选择。

（1）按行业分组

B2B、银行及金融、美容及时尚、计算机电子产品、教育及学习、时装及配饰、食品和饮料、医疗保健、保险业、珠宝及奢侈产品、地产、旅游等。

（2）按兴趣及生活方式分组

①商务人士。对于商业及金融的最新情况有浓厚的兴趣和参与热情。他们很可能会订阅多个本地及国际新闻网站，紧跟市场营销和社交网络的发展潮流。

②旅游达人。他们经验丰富并且经济独立，平时会在网上搜寻全球最新的旅游资讯。此外，他们活跃在各类旅行网站，而且非常了解最实惠的旅游产品。他们会经常更新博客，激发其他旅行爱好者的旅游灵感。

③性价比追求者。与男性相比较，女性更倾向于寻找高性价比的交易。

价格越高，其购买周期就越长，反之亦然。这一点解释了为什么近年来团购赢得了性价比追求者的心。他们对于团购网以及同类网站上的回应率高于一般用户，因为他们往往会在电话上频繁了解查询每日的优惠及限时抢购信息。

④网购热衷者。对各类产品都有兴趣并且希望在网上购买，从家庭必需品到时髦服饰，大多数他们所喜欢的商品都是通过网购。尽管网购热衷者也寻找最佳性价比，但是，他们更加倾向于光顾具有良好声誉的网店，他们更在意网店商品的种类和质量，同时也注重是否有可靠的支付和购买系统。

⑤新新人类。这类受众年龄在 13 ~ 19 岁，他们追求即时性，主要通过手机保持“在线”状态，以便快速寻找并获取他们感兴趣的最新游戏新闻以及娱乐新闻。他们上传迅速，更新迅速，通常购买也迅速。

⑥游戏狂热者。对虚拟世界有着无可比拟的热情，寻求冒险和刺激是这类人的特质。他们会花费大量时间在网上以及手机上寻找关于游戏的一切，从游戏评论、新游戏下载到购买新装备。

⑦健康倡导者。健康倡导者往往在网上进行大量阅读，从瑜伽到健康菜谱再到关于健康问题的新研究，甚至一些启迪生活的格言。这些人时常在网上购买减肥、健身以及美容产品，同时在社交网络上与他人分享他们的生活方式。

⑧手机以及互联网忠粉。手机及互联网忠粉对科技产品的市场潮流有一定的影响力，因为他们积极参与多个科技网站及论坛。作为最活跃的网络用户群体之一，他们也是在电子产品和配件市场上活跃的网购消费群体。

⑨吃货。吃货是对精美食物以及饮品有满腔热情的专家。他们借着网上的餐饮指南、排名以及评论，不停搜寻最好的餐厅，尽情享用美食和葡萄酒。与其他互联网用户相比，美食达人在网上购买节日产品时，更容易接受豪华和非传统产品。

⑩科技怪咖。科技怪咖大多是男性。全球的科技怪咖都保持与网络世界有密切的接触。他们通过在网上给予不同的评价和进行激烈的讨论，来积极响应高科技行业的发展。

XMO 跟多家数据以及 CRM（客户关系管理）供应商合作，并在众多用户当中，识别及标记出具有同类型特征的“种子受众”。例如：年龄在 18 ~ 25 岁的年轻用户，属热衷浏览最新时尚资讯、流行科技及数码产品的群体，并对他们的网络消费行为进行匿名追踪，这些数据将会被用以建构代表该细分群体的受众模型。通过受众模型，XMO 便可以借助先进的数据挖掘技术，将其他具有类似行为模式的网上访客归入同一受众群体中。通过这种方式，XMO 精准受众细分方案丰富并扩大受众群体，实现了人群定向无缝接合精准优化，掌握了极富执行性的数据分析。

爱点击 iClick 是互联网广告领域及效果营销的改革先行者，用数据说话，用敏锐的洞察与先进的技术引领了时代的潮流。

3. 移动互联细分市场策略

我国移动互联市场在经历了疾风骤雨式的快速成长以后，在不断地发展变化中逐步成熟起来，行业增长率已经降到了较低的水平并基本保持稳定。

移动互联行业的客户对移动互联网也有了一些新需求。例如，移动安全需求。信息安全公司 Cryptzone CEO 皮特·达文（Peter Davin）表示：“随着越来越多的移动设备在用户不知情的情况下被劫持，信息泄露以及个人财务数据丢失的风险正越来越高。”最近数据泄密事件引起一阵哗然，移动安全问题越来越被人们重视，在移动互联网系统不完全成熟的前提下，“安全”是一个很核心的指标。从整个商务支付的渠道或者说这个市场的推动来说，安全作为其中一个保障型的市场，会引起很多厂商的重视，同时也是移动互联网市场细分的核心领域。移动内容需求：移动平台的核心价值就是帮助客户快速获取内容，内容才是客户最想得到的东西，所以移动内容领域也是移动互联网市场细分的重点。移动搜索需求：互联网中最贴近用户生活的重要应用之一就是移动搜索。用户正越来越多的使用移动搜索，并且促使互联网厂商、终端设备商以及通信运营商积极开拓移动搜索的美好未来。继 Google、微软 Bing 以及百度搜索进军移动搜索市场之后，很多新兴的移动互联网企业也将目光投射到移动搜索的细分领域，如移动位置搜索、移动物品价格搜索等。

移动娱乐需求：游戏在发展前景上保持着更强劲的势头，第一，手机 IM 等强势应用进一步发展；第二，手机微博的营销价值体现以及手机 SNS 的爆发，用户黏性会得到塑造；第三，移动娱乐应用内容的体系化梳理将带动移动娱乐营收端的快速发展；第四，原有移动娱乐的内容新产品化包装，也将带来移动娱乐市场的快速发展；第五，位置服务的应用崛起，将带动传统娱乐内容的激变，带动移动娱乐的商业价值凸显。

以上新需求催生了移动互联网行业的细分。然而移动互联领域需要的是更深层次的市场细分、更贴近客户、符合客户需求的营销策略。

移动互联行业面对日益丰富的产品和逐渐成熟的市场，传统的营销方法再也不能获得丰厚的利润，市场细分已经成为移动互联行业势在必行之选。

有效的细分市场不仅能够实现精准营销及优化，同时也能够大大提升潜在客户对品牌的体验及情感。有效的细分能够实现移动互联行业灵活地组合数据来源，并且利用共同性建立不同的客户群组。在细分的时候应该同时考虑客户线上及线下的行为特性，包括其生活方式、兴趣、人口统计学特征以及消费心态等。

对于移动互联行业来说，按照地区进行细分市场（发掘客户需求或者是推广新品）是一个比较好的策略。

那么，怎样按照地区进行细分呢?

（1）城市

现代手机通常都拥有摄像头、GPS 定位、重力感应、位置签到、移动即时通信、交友、图片分享等特性，这大大方便了城市人的生活和交友。更重要的是，一般来说城市人口分布集中，经济比较发达，人们的消费能力较强，消费观念也比较超前。移动互联的新品可以选择在这样的城市里首推，并且绝大部分的推广经费都应该花费在这种地方。

（2）城乡接合部

这样的地方由于是城乡接合部，农民比较方便进城做生意，找活干，商业气息比较浓厚，收入也比较高些，对于移动通信工具的使用比较普遍，这样的地区可以选择作为次级新品推广地。

（3）农村

大量的农民在农闲的时候，会关注一下各行各业的新产品。这部分人是农村移动通信市场重要的消费者。有时候他们也会去购买新产品，移动互联在做市场的时候这一部分人群也不能忽略。

不同地区的人，其消费观和消费能力不尽相同，这是移动互联按照地方细分市场策略的依据。企业在不同的市场里，制定不同的产品推广方法，能够带来丰厚的利润。

第五章

赢利主体

——赢利模式与品牌

差异化的赢利模式

赢利模式是指企业在战略指导下，整合资源，创造价值，获得利益回报的模式。赢利模式是在给定业务系统中各价值链所有权和价值链结构已确定的前提下企业利益相关者之间利益分配格局中企业利益的表现。简单地说，赢利模式就是企业赚钱的渠道，即通过怎样的模式和渠道来赚钱，如下图所示。

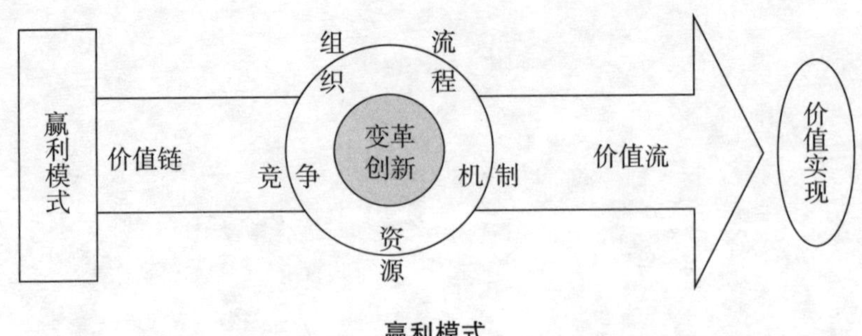

赢利模式

例如，互联网行业的赢利模式包括：广告赢利、销售赢利、渠道赢利。

广告赢利的网络公司相当于传统的广告公司和媒体，它们以帮助广告主制作或者发布广告来获得收入。新浪网采用的就是典型的广告赢利模式。

销售赢利的网络公司相当于传统的店铺或集市，它们自己销售产品或者帮助生产商销售产品，通过差价或者租金来获得收入。如阿里巴巴、淘宝网、慧聪网就是典型的销售模式。

渠道赢利的网络公司会搭建通往用户的渠道，只要所搭建的渠道是畅通的、有效的，就可以在这个渠道中销售相应的产品来获得收入。现在流行的SNS社区都是渠道赢利模式，其中最值得一提的是腾讯公司，它依靠QQ这个沟通工具，搭建了与用户之间的强大通道，这个通道凭借所具有的唯一性和排他性将用户牢牢捆起来，无法脱离。这个时候，腾讯想卖什么就卖什么，如广告（腾讯网）、产品（拍拍网）、道具、虚拟币、游戏……这就是典型的渠道赢利模式。

随着商业社会的发展，各种各样的赢利模式相继浮出水面，好像再也找不到新的赢利模式了。即使偶尔有，也都是以创造“新产品”为主的创新方式出现。其实，企业寻找新的赢利模式，未必需要创新产品，采用“差异化”的模式同样可以赢利。

所谓“差异化”竞争，就是要使自己的产品不同于别人的产品。差异化营销所追求的“差异”是产品的“不完全替代性”，即企业凭借自身的技术优势和管理优势，生产出在性能上、质量上优于市场上现有水平的产品；或是在销售方面，通过有特色的宣传活动、灵活的推销手段、周到的售后服务，在消费者心目中树立不同一般的形象。

“差异化”的实质在于借助人们的品牌心理，在人们心中塑造出独一无二的品牌。如服装业的许多品牌、名牌白酒香烟、芭比娃娃的玩具、名牌化妆品等。产品一旦占据了人们的品牌心理，那么利润也就会随之而来。

随着科学技术的发展、行业的垂直分工以及信息的公开性、及时性，使得越来越多的产品出现同质化，寻求差异化营销已成为企业生存与发展的一件必备武器。著名战略管理专家迈克尔·波特是这样描述差异化战略的：当一个公司能够向客户提供一些独特的、其他竞争对手无法替代的商品、对客户来说其价值不仅仅是一种廉价商品时，这个公司就把自己与竞争厂商区别开来了。

花旗中国信用卡和无担保贷款业务总监邱丰凯说："我们在中国信用卡发展的第二个 10 年加入市场，做的就是差异化竞争。"上海一家股份制银行信用卡中心负责人说："目前信用卡想要赢利，仍旧依靠规模效应，发卡量在 300 万张左右才能赢利。"

来自央行的统计数据显示，截至 2012 年年末，国内信用卡累计发卡量为 3.31 亿张。事实上，国内发行量排名前十的银行信用卡均已超过千万张，其中 2012 年年末发行量最大的工行信用卡规模达到 7713 万张，而到 5 月底，这个数字又突破了 8000 万张。

信用卡业务运转需要大量人力物力配置，投入巨大。显然外资银行在人力和网点建设方面都不占优势，花旗银行率先与中资行（浦发银行）联名发行信用卡就是差异化的开始。中资行信用卡负责人指出花旗中国信用卡所指的差异化竞争就是指外资行的客户主要定位于具有国际背景的人士，如外企和外事工作人员。这类人士看重外资行的全球性优势，其兑换航空里程、国际间积分永久有效等模式，吸引了主要的境外客户，这点弥补了发行规模小的劣势，另外，年费设置也是境外客户容易接受的收费项目。

目前来说，外资行做信用卡提升品牌的目的大于赢利目的，他们想通过品牌的差异化来获得赢利，这是差异化赢利模式的一种代表形式。

品牌是衡量企业经营效能的指标

"效能"这个词的原意是指事物所蕴藏的有利的效用能量，主要从能力、效率、质量、效益四个方面体现出来。

美国广告研究专家莱利·莱特说："未来的营销是品牌的战争——品牌互争长短的竞争。商界与投资者将认清品牌才是公司最宝贵的资产，拥有市场比拥有工厂重要得多。唯一拥有市场的途径就是拥有具有市场优势的品牌。”从一定意义上来说，开放和竞争的世界就是名牌的世界。今天在激烈的市场竞争当中，品牌就是市场的灵魂。品牌的竞争力可以体现出产品和企业的竞争力。许多跨国公司之所以能够在世界范围内打造自己的企业帝国，靠的就是树立品牌大旗，以此来确立其在市场竞争和世界经济中的地位。品牌在市场经济中发挥着不可估量的作用，它已经成为衡量企业经营效能的指标。企业经营的好坏，完全可以借助品牌来衡量。

如今，学习先进的品牌营销策略与品牌管理技术，实施品牌战略，已成为我国企业参与国内外市场竞争的当务之急。那么，在激烈的市场竞争当中，企业应该如何树立自己的品牌，从而增加企业的经营效能呢?

1. 提高企业对品牌战略重要性的认识

企业竞争战略包括产品战略、价格战略、分销战略和促销战略。而在产品战略中，名牌战略又占据核心地位，其他战略都是围绕它来展开的。这是因为名牌意味着产品的高品质和优质的售后服务，所以对消费者有极强的吸引力，这使企业的产品具有较强的市场号召力。同时，名牌产品在市场上有很高的知名度和信誉度，使经销商的经销风险变小，获利机会变大，企业的销售渠道通畅，从而分销商愿意经销名牌产品。由此又往往进一步导致企业借助名牌产品的一系列优势在市场上占据主动，不断扩大市场份额，从而获得长期利益。无论在国际市场还是国内市场，企业要想立足发展，靠的是企业竞争力，产品竞争力。但归根结底靠的是品牌竞争力。所以，企业一定要高度重视品牌战略。

2. 结合实际选择品牌战略

每个企业都希望自己的产品早日成为世界名牌，但是名牌的创立需要投入大量的人力、物力、财力，所以企业在制定品牌战略时应结合自身实力进行选择。不同的企业在不同的时期应采取不同的方式：实力基础比较雄厚的大型企业可以独创自己的品牌，并力争做大做强；而实力相对较弱的中小企业可以先从贴牌生产做起，为拥有强势品牌的企业做加工，等积累了一定的资金和市场经验后再做自己的品牌。

3. 充分挖掘品牌的文化内涵

品牌文化是品牌战略的精神源泉和支柱。有文化内涵的品牌才更具生命力和竞争力。名牌产品以自己的创牌理念，以自己的文化底蕴，唤醒消费者的潜在消费意识，吸引消费者的现实消费需求。从某种意义上讲，名牌产品的生产厂家推出的并不单单是产品，而是包含了某种文化内涵和精神理念的产品。所以，企业要善于利用品牌的文化优势，将无形的文化价值转化为有形的品牌价值，把文化财富转化为企业竞争资本，使品牌的文化内涵带给品牌更高的附加值和市场价值，使品牌文化为品牌注入神奇的活力。

4. 构建全面的品牌战略体系

企业品牌战略是按照现代市场和企业管理规律而建立的新型战略模式，对企业的经营管理有着重大的指导价值。因此，品牌战略不是一个单一的模式，而是一个包含了品牌化决策、品牌模式选择、品牌识别界定、品牌延伸规划、品牌管理规划与品牌远景设立六个方面的综合体系。

品牌战略的确立应该是围绕企业的竞争实力来进行的，商家要根据自己的情况、行业的特点、市场的发展、产品的特征，灵活地探寻合适的战略。

品牌主要由知名度，信誉度，美誉度组成。它是一种文化，一种表达，一种责任，象征一个企业、一个产品的信誉和品质，包含着一个企业、一个产品的承诺，保障作用和服务。品牌不仅是视觉识别的LOGO标识，更需要通过社会对企业资质管理产品及信用进行全面审核并通过大众认可。一旦商品形成某种品牌，这种品牌就会成为消费识别、消费忠诚、情感连接，树立信心等所有力量的聚合，进而也就能够增强企业效能。

例如，著名的奢侈品品牌LV。LV由路易 · 威登创立于1854年，它因创立者的名字而得名。在1867年的世界博览会上路易 · 威登获得了铜奖，这使得其品牌名声大噪。1869年，埃及总督伊斯梅尔订购了一套路易 · 威登的皮箱；1877年，俄国皇储尼古拉也订购了一套；西班牙国王阿尔封斯十二世也曾专门订购。

1893 年路易·威登的儿子乔治在美国芝加哥的世界博览会上展示了路易·威登的产品，标志着这一品牌正式登陆美国。此后，乔治一直致力于提高品牌的国际知名度。

一个世纪后印有“LV”标志这一独特图案的交织字母帆布包，伴随着丰富的传奇色彩和雅典的设计而成为时尚之经典传遍欧洲，成为旅行用品最精致的象征。如今 LV 已经是世界公认的奢侈品品牌，人们已经把它当成一种社会身份地位的象征。

世界著名的奢侈品牌——爱马仕也是如此。爱马仕 1837 年由 Thierry Hermès 创立于法国巴黎，早年以制造高级马具起家，迄今已有 170 多年的悠久历史。爱马仕品牌所有的产品都选用最上乘的高级材料，注重工艺装饰，细节精巧，以其优良的质量赢得了良好的信誉。1867 年，在巴黎举行的万国博览会中，爱马仕凭借精湛的工艺，赢得一级荣誉奖项。此后，爱马仕成功拓展了欧洲、北美、俄罗斯、美洲及亚洲市场。这家以手工艺为本的公司，将过去、现在和未来融合在一起，创造出了精妙的和谐。依靠对原材料品质特性和对品牌传统产品的深入了解，爱马仕会继续壮大，却绝不会失去自己的灵魂，赢得了全世界人们的认可。

提升品牌与整合资源

品牌不仅代表着一个国家的创造力，也是一个国家经济实力和国际竞争力的象征，同时也是企业核心竞争力的体现，所以，在品牌竞争时代，如何提升品牌，塑造国际化品牌，关系到我国企业能否掌握未来市场的主导权和其在新一轮的目标市场竞争中的兴衰成败。我国企业要想在激烈的国际竞争中立于不败之地，必须适应品牌竞争时代的要求，进行资源整合，提升品牌，开展品牌营销，从而创立我国的世界名牌。

资源整合不仅是企业战略调整的手段，也是企业经营管理的日常工作。整合就是要优化资源配置，就是要有进有退、有取有舍，就是要获得整体的最优。

在当前经济条件下，企业创造资源很难，而整合资源却很容易，整合可以是企业内部整合，也可以在企业与企业之间进行整合。有的企业存在着资源闲置与资源浪费，有的企业存在着资源稀缺与资源过剩，所以企业间的资源优化与整合能帮助企业迅速实现双赢共赢。

从战略思维的层面上来讲，资源整合属于系统论的思维方法，就是把企业内部彼此相关但却彼此分离的职能，把企业外部既参与共同的使命又拥有独立经济利益的合作伙伴，通过组织和协调，整合成一个为客户服务的系统，取得“1+1>2”的效果。

从战术选择的层面上来讲，资源整合就是优化配置的决策，就是根据企业的发展战略和市场需求对有关的资源进行重新配置，以凸显企业的核心竞争力，并寻求资源配置与客户需求的最佳结合点。目的是要通过组织制度安排和管理运作协调来增强企业的竞争优势，提高客户服务水平。

企业通过有效地整合资源，能够有更强大的实力进行品牌提升。那么，我国企业应该怎样来提升品牌呢?

1. 克服文化阻力，创造新的市场需求

我国大多数企业都有“入乡随俗”的观念，与其为了适应异国文化和市场而疲于应付，还不如审慎地克服文化阻力，改变当地消费者的消费习惯，促进当地文化变迁，创造新的市场需求。那些能够持续获利的公司，大多数都是这样做的。比如，美国的麦当劳，将西方食品介绍到了东方，改变了东方人的饮食结构。除此之外，美国的香烟、牛仔裤、西式快餐等风靡全球，将美国文化带到了世界，改变了世界人们的生活方式，同时也为其他美国商品进入国际市场开辟了广阔的天地。

西方人很喜爱我国的京剧、国画、饮食文化等，我国企业在给品牌命名时，也可以挖掘中华五千年文化底蕴，把中华文化体现在产品命名、包装及广告宣传上，以此开创新的市场需求。

2. 增强企业自主创新的能力

创新是一个企业发展壮大的不竭动力。企业的创新不但要有新产品，还要形成品牌。我国企业一般都是引进国外产品，从而获得短暂的发展。然而，企业要想长久发展，就必须学习先进的科学技术，利用新技术制造新产品。然后再发展壮大形成自己的品牌，出口到国外，打造国际品牌。

3. 加强和重视整合营销沟通

所谓“整合营销沟通”，是指对一个企业组织或其产品追求一种专一的市场定位理念，它依赖计划、协调和整合组织的所有沟通工作来实现。我国企业最好是针对各国不同层次、不同类型消费者的差异性和个性化需要，制订出相应的整合营销沟通方案，通过整合广告、贸易展览会、人员推销、互联网等各种沟通方式，在海外消费者心目中塑造出一个清晰明确的、印象深刻的品牌形象，从而不断提高我国品牌美誉度，并逐步扩大其在国外市场的份额。

4. 建立高溢价品牌的核心价值

高溢价品牌核心价值必须要建立起在目标消费群心智中的、独特高区隔的、能打动消费者内心的联想与认知，而这种联想是稀缺的联想。如浪琴表的品牌核心价值是“优雅人生”，它给消费者的联想是稀缺的，大多数人可能并没有“优雅的人生”，这种联想是消费者所向往的，所以能打动消费者的内心世界。而如果把一个手表品牌的核心价值定义为“平凡生活”，那么这种品牌核心价值给消费者的联想一点也不稀缺，这样一个品牌肯定就只适合作为大众品牌，而产生不了品牌溢价，也就不能增加品牌的附加值。

5. 冲破绿色壁垒，确立“绿色品牌竞争”的经营理念

现在国际市场上比较流行的一个词语就是“绿色营销”，我国企业也应顺应国际潮流树立“绿色品牌竞争”的经营理念，不断地创建出适合人们需求的“绿色品牌”。因为“绿色品牌”是企业进入国际市场的金钥匙，是冲破“绿色壁垒”、提升品牌国际市场竞争力的利器。如海尔公司开发出“绿色冰箱”等产品，成功地避开了欧美国家对我国家电产品出口的限制。

然而，品牌的提升不是一朝一夕就能够完成的，它需要企业整合和利用一切可以利用的资源，全力打造出符合消费者需求的新品牌。

赢利主体的核心是人，没有人才，一切等于零

在市场经济中，只有最适合的产品和公司才能生存。商业模式创新将进一步促进制造业与现代服务的融合。掌握现代服务，面向研发型的企业拥有更持久的创造力和原动力并掌握核心竞争力，因此制造业也要从生产型向研发型转变。充分用好人力资源，不要让人力在低效的企业制度下白白流失，造成核心人才的流失。那些特别是具备跨国经营能力、总部经营能力、商业模式创新能力、资本运作能力的经营人才将是企业竞争力的关键。

纵观国际一流企业对人才的需求也非同一般。微软公司前总裁比尔·盖茨曾说过给他 100 个核心员工，他就能重建一个微软。可见，人才对企业的关键程度。人才直接决定着企业产品的好坏，直接关系到企业的再生与发展。企业的赢利与人才个人价值的实现是一个双赢的过程。因此，企业赢利的主题核心是人才，没有人才，一切等于零。所以，企业一定要重视人才，合理利用人才，给人才提供足够的发展空间。

人才资源是企业核心竞争力的重要组成部分，是企业实现可持续发展的智力支持和动力保证。为深入实施“人才强企”战略，着力解决企业人才短缺等突出问题，建设一支门类齐全、结构合理、充满活力的人才队伍，是企业发展的首要任务。

企业要想培养人才，留住人才，充分发挥人才的能动作用，就要系统优化“五个人才”工作机制。

1. 人才培养机制

不同类型的人才，培养的方法也要有所区别，企业要根据各类人才的岗位系统、任职层级、职业发展方向等特点，对各类人才进行各具特色的培养。

（1）岗位技能人才的培养

要根据岗位实际职责要求，采取理论培训和实际操作技能提升相结合的

方式，通过大力开展岗位练兵、技能竞赛、技术比武、技术交流、名师带徒等活动，营造“比、学、赶、帮、超”的浓厚氛围，不断提升技能人才岗位操作中解决问题的实践能力。通过加强技能等级培训，实施职业资格准入制度，拓展职业技能鉴定工种范围，增强技能人才的职业成就感；通过建立首席技师、高级技师、技师、高级工、中级工、初级工，并在技师以上职位分设一、二、三级职级的职位体系，拓宽技能人才的成长途径。

（2）专业技术人才的培养

要围绕岗位基础、专业资质、专业拓展、应用研修等内容不断优化提升知识结构；要通过搭建创新平台，以技术项目为载体带动其技术创新能力和专业技术水平的提高；要鼓励创新，注重成果，宽容失败，通过实施专业技术职称评聘分离制度，建立适应企业发展需要和人才工作需要的首席技术专家、高级技术专家、技术专家、高级工程师、工程师、助理工程师，并在中级以上职位分设一、二、三级职级的职位体系，赋予专业技术人员技术方面的决策权，畅通专业技术人才的发展通道，增强专业技术人员的归属感。

（3）行政人才的培养

要围绕政治坚定、熟悉企业生产经营、擅长做思想政治工作的要求，通过开展现代企业经营管理知识培训、参与企业生产经营管理活动、推动岗位交流轮岗等方式，提高党群工作者有效开展党建和思想政治工作的能力。

（4）经营管理人才的培养

要坚持做好任职基础、任职资格和在职研修三个阶段的培训学习，特别要围绕现代企业制度的建立，进一步加大法律、财会、金融、工商、资本运营等知识的培训力度，适当时机可选送优秀经营管理人才到国内外知名大学和著名企业进行培养和深造。继续鼓励经营管理人才攻读工商管理硕士研究生，参加国际公认、知名度高的职业经理人执业资格认证。要与专业技术人才职位设置一致，完善对高层、中层、基层管理人员的职位管理体系，加强职位交流，提高任职水平；在日常管理实践中，各级管理人员应精通本职工作，熟悉多门业务，处级以上的重要岗位人员要突出提高战略决策、市场判断、开拓创新、风险防范、组织协调、综合集聚和应对复杂局面的能力。要完善对经营管理人员的监督和制衡机制，明确有效开展监督的范围和程序。要落实责任，实施管理失职问责制，严格责任追究；要对重要岗位人员推行委派、交流制，形成“职责明确、界限清晰、监督全面、约束有力”的监督制衡体系。

2. 人才考核评价机制

企业要建立按照“管人与管事相结合、过程与结果相衔接”的人才考核评价机制，注重靠实践和贡献评价各类人员，制定以能力、业绩为导向，以岗位绩效考核为基础，区分人员类别层次的绩效考核评价办法。以考核结果确定各类人才的薪酬、培训、晋级，发挥绩效考评“指挥棒”与“航向标”的作用。针对不同的工作岗位，确定不同考核评价内容。对岗位操作人员，主要评价其实际操作技能以及解决现场问题、掌握运用新技术新工艺的能力和实效。对专业技术人员，在突出项目成果和参与项目实践经历的基础上，主要评价其科技攻关能力、技术创新能力、成果转化能力以及实际效果。对管理人员，围绕“德、能、勤、绩、廉”五个方面，主要评价其综合素质和经营业绩。

3. 人才选拔任用机制

①创新人才选拔任用方式，坚持市场配置与组织配置相结合，积极推行公开招聘、竞争上岗制度，探索公推公选公示等竞争性选拔任用方式，全面引入竞争机制，扩大选人用人视野，机关总部重要岗位应采用公开招聘。

②对各类人员从严控制职数设置，推行职位聘任制和任期制，明确职数设置标准、任职资格刚性条件和选拔任用程序。基层单位和部门的正职领导人员均实行任期制。

③注重从基层和生产一线选拔各类人才，努力培养优秀年轻人才进入各级人才团队，形成“老、中、青”人才梯次配备的局面。

④建立各类人员能上能下、能进能退的管理制度，明确免职、解聘、撤职、辞职、退养的刚性条件，形成退出的常态机制。

⑤对管理人员推行定期交流制度。

⑥建立“专业与管理两大序列”后备人才库和人才业绩档案数据库。

4. 人才流动配置机制

加强内部统一开放的人才市场建设，大力发展网上人才市场，畅通内部与外部人才交流合作的渠道，实现与外部人才市场的有机对接，促进人才在企业内部的合理有序流动。

①围绕重点领域开展人才信息采集和供需预测及规划，定期发布紧缺人才目录和各单位人才需求信息。举办专场人才招聘活动，主动参与人才竞争，从各类高等院校、人才密集城市和兄弟企业，积极吸纳优秀人才。

②拓宽人才吸纳渠道，与有劳务输出资质的人才交流市场、市（县）劳务输出部门和相关大专院校合作，建立实习基地和实习生考评选拔制度，从源头上保证人才的质量和数量。

③发挥“鲇鱼效应”，在子女接收，员工上岗、培训、分配，农合工转正、任职等方面引入竞争制度，推行内部用人公开招聘，建立公开、公正、公平的人才配置机制，实现人岗匹配，为人才内部流动提供良好的环境。鼓励高校毕业生到基层一线工作，在实践中锻炼成才。

④改进企业内部人才流动办法，探索内部柔性流动机制，鼓励人才向更有利于发挥作用的岗位流动，促进人才多方位发挥作用。

5. 人才激励机制

（1）物质激励

建立以岗位绩效工资为基础的基本工资制度，将员工工资收入与其岗位职责、工作业绩和实际贡献挂钩，逐步加大绩效工资在工资分配中的比重，结合经营承包和目标管理绩效考核分配办法，使能力强、贡献大的人能够多劳多得。设立人才开发专项奖励基金，定期召开人才工作会议，对作出突出贡献、解决生产经营难题、取得各类成果、获得各类荣誉表彰的优秀人才，给予一次性奖励和相应的荣誉称号。对重大技术课题研究，实行明码标价招聘，解决了技术难题，给予一次性重大奖励或一定阶段的高薪酬待遇。强化中长期激励。对优秀经营管理人才，要以年薪制为基础，积极探索经营者持股和期权、期股制度；对具有专门技能、善于解决技术难题的特殊技能人才，要逐步探索技能要素参与分配的办法；对创新型技术人才，要鼓励技术专利、专有技术、科研成果作为要素参与分配。设立人才开发专项资金，加大投入力度，通过及时提供科研经费、资助进修深造等途径，优化人才创业条件。

（2）事业激励

为各类人才设计职业生涯发展规划，以事业激励人才、留住人才，促进员工与企业共同发展。

（3）情感激励

树立“尊重知识、尊重技能、尊重人才”的理念，通过领导亲自谈话、生日祝贺、帮助解决生活难题等各类渠道和方式，传递企业对员工的感激与关怀，体现对人才的尊重和信任，提高人才在企业中的地位，以感情留住人才。

（4）文化激励

充分发挥企业文化的作用，增进企业与人才之间的沟通了解，将企业文化融入到各类人才的思想意识中，使其成为世界观、人生观、价值观的重要组成部分，为勤奋创业提供强大的精神动力。

（5）环境激励

建立人才申诉通道，为人才提供安全、良好的工作、生活环境和平等、公平的政策环境。

品牌的核心是产品质量和营销策略

品牌作为企业和企业产品的外在形象和内在精神的标志，具有使产品本身更为简单化、形象化和容易传播的功能。它是产品或服务相关信息的载体，是企业用来沟通生产者、销售商和顾客的交流工具，是企业产品性能、质量、服务、信誉等的概括和反映。品牌也是企业参与市场竞争，吸引消费者和发展无形资产的锐利武器。那么，企业应该怎样运用好品牌这个锐利武器呢？

品牌的核心是产品质量和营销策略。企业要打好品牌这张牌，就要注意提高产品质量和选择适当的营销策略。

1. 提高产品质量

品牌能够向消费者和社会传递产品的质量性能和企业的市场信誉，特别是著名品牌更是商品高质量的象征，购买这类商品会使消费者有一种安全感、可靠感。同时，消费者如果购买的商品质量有问题，也可以根据品牌与企业交涉，保护自身的权益。企业为自己的产品确定品牌后，事实上就明示了企业对顾客、消费者的质量承诺和责任，同时也通过品牌的专有性使企业的产品特色得到法律保护。因此，企业要通过严格的生产管理、先进的生产工艺、高素质的员工，本着对用户负责的精神等，充实品牌商品的内涵，提高产品的可信度，提高品牌商品的质量和服务水平，为消费者提供切实可靠的质量保证，吸引顾客，拓展市场，扩大市场影响力。

实践证明，创新是提高产品质量的动力。企业可以从以下几个方面进行创新：一是创新管理模式，为质量改进提供有力支持。企业应该改变过去单纯追求“质量优”的做法，力求优中求稳，稳定提高产品质量；二是创新检化验方法，确保低库存下的来料质量。企业应该运行低库存生产模式，采购趋向小批量、快节奏。严格把控原料进厂的质量。探索和建立快速检验和异常质量问题的管理机制；三是创新服务机制，提升品牌竞争力。企业应该建立质量异议处理的快速响应机制，开展售后服务，关注顾客需求，切实做到从制造商向服务商的转变；同时，及时分析反馈信息，引导生产部门有针对性地调整产品质量问题，进而不断提高企业品牌的竞争力。

随着人们生活水平的不断提高，汽车越来越成为人们日常生活的必需品，人们对汽车的质量更加关注。各大汽车公司都在一门心思提高汽车质量，汽车行业发展日新月异。例如，奔驰汽车永远与高质量同义。奔驰汽车除了提高性能质量外，对人们普遍关心的车内质量问题也非常重视。就拿北京奔驰来说，北京奔驰严格为每一辆汽车进行车内异味检测，让消费者远离异味伤害。在检测方面，北京奔驰严格把控各项指标，杜绝奔驰异味，远离 C 级车内的甲醛事件，只有在各项指标都符合国家标准下才会投入市场。

有些汽车厂商为了降低成本，无视消费者的健康，选用污染物超标的劣质材料。奔驰本着“用户至上”的理念，更加关注客户健康。奔驰车全部采用符合标准的高级材料，坚决杜绝异味问题。

为了提高车内空气质量，奔驰公司还会对每一辆奔驰汽车进行甲醛检测，因为车内污染物包括甲醛、苯系有机物和其他有机挥发物总和，它们的危害惊人。甲醛的危害更为强烈，有致癌和促癌作用，长期处在低剂量甲醛环境中可能会引起慢性呼吸道疾病、鼻咽癌、结肠癌、脑瘤、细胞核的基因突变，引起新生儿染色体异常、白血病，引起青少年记忆力和智力下降，奔驰公司决不允许带有甲醛的汽车流入市场。可见奔驰公司在提高产品质量方面，确实下了一些硬功夫。

2. 选择适当的营销策略

营销策略是企业以顾客需要为出发点，根据经验获得顾客需求量以及购买力的信息、商业界的期望值，有计划地组织各项经营活动，通过相互协调一致的产品策略、价格策略、渠道策略和促销策略，为顾客提供满意的商品和服务而实现企业目标的过程。

同一行业品牌产品与品牌产品之间的竞争成败，主要取决于营销策略的运用。营销策略运用适当，企业产品就能够在众多的竞争品当中脱颖而出。

众所周知，苹果公司之所以能够在业界取得辉煌的成就，与其营销策略有着必然的联系。苹果成功的市场营销就在于其不是卖产品而是在卖信仰，它在为人们打造一种全新的生活方式。总结起来，苹果公司的营销策略的独特之处，主要体现在以下几点：

（1）不落俗套

苹果电脑的外形设计更像厨具或跑车，吸引了很多目标客户。

（2）拒绝复杂

乔布斯时代一直拒绝复杂的设计。因为一些复杂的设计不能使成本降到最低，减少一些产品的特征还能制造期待。苹果公司前工程师雷德说：“故意忽略一项人们想拥有的产品特征，会激发人们对它的渴望。”

（3）服务客户

在笔记本手机领域大多数商家采取的是回避客户的战略，而苹果公司采取的是服务客户的策略。只要苹果产品在保质期内不管是在什么地方购买的，都可以到 GeniusBar 去免费诊断。

（4）忽略意见

将客户的意见看作是鼓励而不是发展方向；是方式而非结果。

（5）处处营销

最有效的市场策略根植于产品本身。苹果公司用颜色、声音、形状等元素的组合，构建了清晰的品牌形象，并且通过这些策略使苹果的品牌深植人心。

（6）推陈出新

苹果产品一直在引领着人们的需求，推陈出新这一策略不必多说，我们早有感受。

（7）适当的独裁

苹果公司的创新不是集大众智慧，而是由一小部分资深经理人来计划。

（8）革命性

苹果公司善于收集汇总技术领域的最新创意，并通过转化将其变为己有。苹果擅长发现别的同类产品上存在的问题和不足，并在其推出的产品上将上述问题和不足予以解决，或者是对货架上的其他同类产品在苹果的模式下进行改良革新。

苹果公司通过以上营销策略，让自己的营销变为销售一种精神、一种文化，因此苹果获得了粉丝的绝对忠诚、狂热以及崇敬。

第六章

赢利网络

——产业链与跨界整合

领导者的产业链思维

产业链是产业经济学中的一个概念，是各个产业部门之间基于一定的技术经济关联，并依据特定的逻辑关系和时空布局关系客观形成的链条式关联关系形态。它包含了价值链、企业链、供需链和空间链四个维度的概念。这四个维度在相互对接的均衡过程中形成了产业链。产业链主要是基于各个地区客观存在的区域差异，着眼发挥区域比较优势，借助区域市场协调地区间专业化分工和多维性需求的矛盾，以产业合作作为实现形式和内容的区域合作载体，如下图所示。

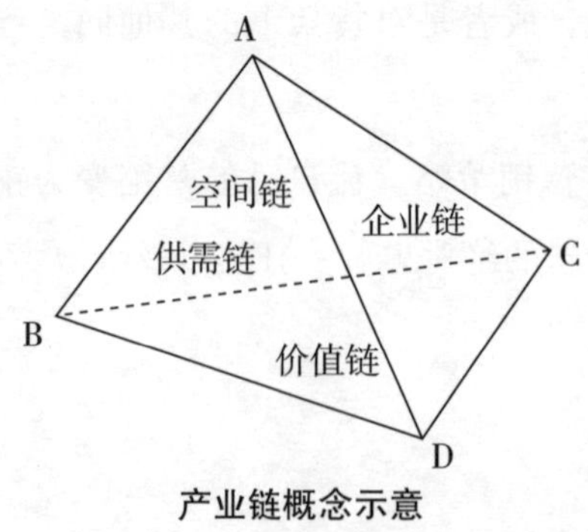

产业链概念示意

实际上产业链所描述的是一个具有某种内在联系的企业群体，是一个相对宏观的概念。在产业链中存在着大量的上下游关系和相互价值的交换，上游环节向下游环节输送产品或服务，下游环节向上游环节反馈信息。

每个行业都有自己的产业链，在一个行业内，只有高效整合其产业链中的各个环节才能在这个行业实现高的经济效益。一个企业如果想在某领域立于不败之地，就需要在了解行业本质的同时整合行业产业链。

产业链整合是指对产业链进行调整和协同的过程。它通常是产业链环节中的某个主导企业通过调整、优化相关企业关系使其协同行动，提高整个产业链的运作效能，最终提升企业竞争优势的过程。以整合企业在产业链上所处的位置划分，可分为横向整合、纵向整合以及混合整合三种类型。以整合是否涉及股权的转让可分为股权的并购、拆分以及战略联盟。

产业链包括哪些内容？郎咸平的“6+1”思维模式普遍被人们认同。其中“6”是指产品设计、仓储运输、原料采购、订单处理、批发经营和终端零售；“1”是指生产制造。在一个产业链中最赚钱、赢利最大的环节是“6”。

一个企业要想在市场适应和消费者互动上取得主动和领先地位，就需要把产业链当中的各个环节高效整合，即进行所谓的 ISC（Integrated Supply Chain，整合供应链）和 IPD（Integrated Product Development，整合生产开发）。如果仅是想在运费和劳动力上节约成本，则解决不了本质上的问题。这也是我国很多企业在“1”这个死缝里艰难地生存的原因所在。所以，作为企业领导者一定要有产业链思维，做好产业链整合，才能从根本上解决企业生存发展的大问题。

不同行业的产业链

每个行业都有该行业的产业链，不同行业的产业链构成也不一样。例如，移动互联行业、金融行业、制造业、零售业等行业的产业链各不相同。

移动互联网本质上是以移动通信和互联网的融合为技术基础，旨在满足人们在任何时候、任何地点、以任何方式获取并处理信息需求的一种新兴业态。移动互联网产业链内涵广泛，基本上可分为移动终端、移动软件与业务应用三个层级。具体构成如下图所示。

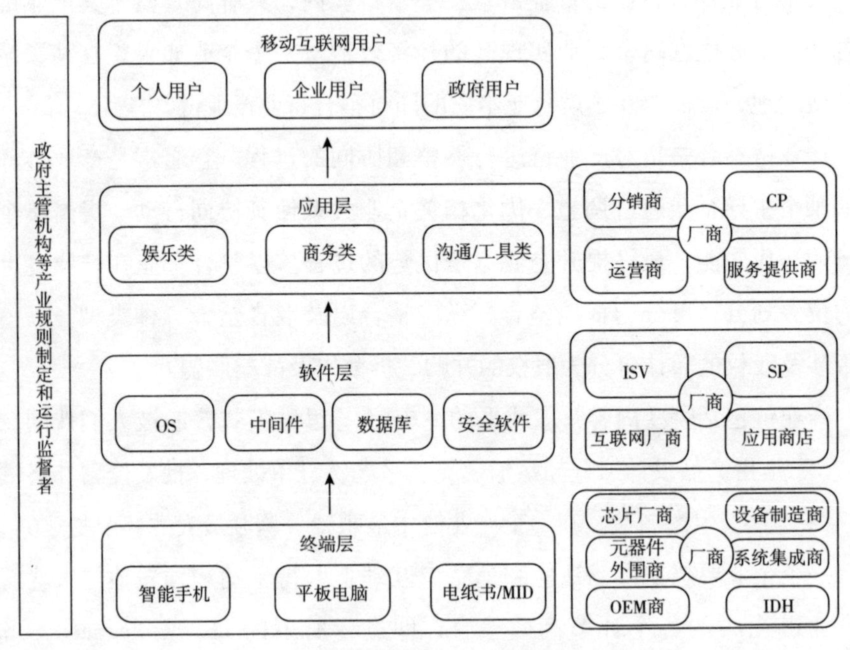

中国移动互联网产业链构成

金融行业的产业链核心构架是：整合投资于不同阶段、不同方式的股权投资资本，天使投资、VC、PE、产业投资资本（战略投资者）形成股权投资资本集合器联合银行、证券机构，成立混合式、全业务的金融产业链基金。聚合信托、保险、担保、交易所、律所、会计师事务所等专业服务机构形成金融产业链对接机制。以金融产业链基金作为母基金同各地方政府、产业部门成立专项联合基金，综合多项业务品种，实现产业链环节构成。

制造业是支撑国民经济的重要行业，范围非常广泛，包括制造业的上、中、下游产业。从生产链角度来看，上游产业主要从事工业原材料，如钢铁、有色金属、建材、煤炭、化工原料等的开采和生产，一般称为资源型产业；下游产业为消费者提供终端产品，典型产品如家电、汽车等；中游产业生产中间产品（初级产品和工业再制品），为下游产业提供终端产品组装用零部件或中间原料，如发动机、集成电路板、碳化工产品等。

有人对现代制造业产业价值链的研究发现，产业链利润呈“微笑”曲线，处于两端的产业利润通常在20%～25%。而中国的制造业大多处于“微笑”曲线的中间环节，即“制造—加工—组装”。所获得的利润率只有5%左右。在技术专利和上游资源的采购上，中国的制造业需要依赖欧美和日本等发达国家以及掌握资源的其他国家；在物流、营销和销售渠道方面，中国的制造业在国际竞争中往往显得十分被动。

就拿苹果产业链来说，中国公司尽管占据了苹果全球供应商近10%的数量，但是参与的环节仅是技术含量最低的人力组装和可替代性最强的附属配件生产。根据IHS iSuppli、UBM TechInsights等科技分析机构对配件价值的成本分析，苹果公司至少从每部iPhone5手机中赚取了400多美元，只留给零配件供应商200多美元的赢利空间。而在价值1200多元人民币的零配件中，由中国供应商参与的部分包括iPhone5的电池，其成本仅有3美元；作为附件的耳机，采购成本价也没有超过10美元，至于手机组装工序，每部手机的生产人力成本只有8美元。即在每部售价约700美元的iPhone5中，真正由中国企业提供的零配件成本仅占约20美元，相当于这部手机售价的3%。据华泰联合证券对苹果利润研究报告显示，苹果公司占据每部iPhone手机58.5%的利润，韩国、日本以及其他国家的公司占据约10%的利润，而中国大陆劳工成本只占1.8%。同时在iPad的利润分配中，中国企业所得的利润占比也仅有2%。由此可见，中国制造业在苹果产业链中获利甚微。

随着全球资源价格的上涨、劳动力成本的上升，中国制造业靠低成本竞争已不具优势，所以中国的制造业需要在整个产业链利润分配中向“微笑”曲线的两端转移，以获取更多的利润。

零售业是生产和消费的中间环节，起着承上启下的作用。所以制造生产资料和生活资料的企业，如服装、食品、汽车、医疗设备等行业都是零售业的上游产业。零售业的下游产业就是产品的终端用户，包括个人、企业、社会团体等。

零售业的主要参与者就是生产商、渠道商和消费者，其简单的产业链关系如下图所示。

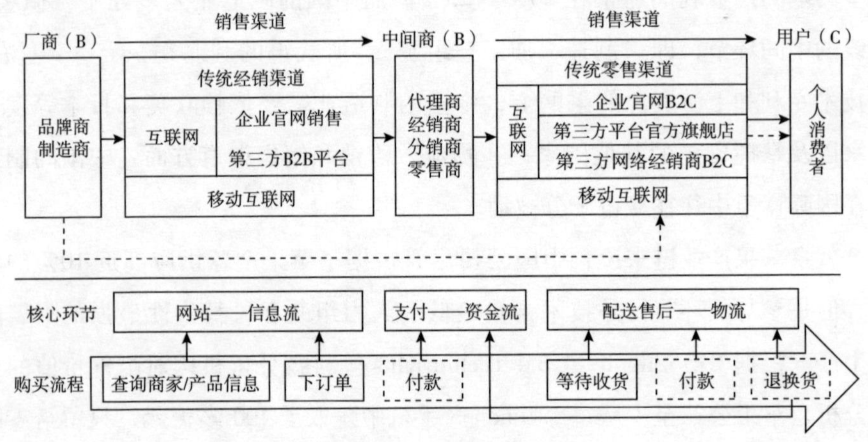

零售行业产业链简图

总之，处于不同行业产业链上的企业所面临的上下游商家或者消费者不一样，企业要进行产业链整合首先要弄清楚本行业的产业链组成部分。

如何整合产业链

中国企业，特别是参与全球供应链的制造企业，大都处于产业链利润“微笑”曲线的中间环节，获利甚少。只有有效整合产业链，才能够掌握产业链的主导权。

1. 整合产业链的优势

从理论上来看，企业进行上下游的纵向一体化经营和有着紧密产业联结的多角化经营有很多好处：

(1) 降低交易费用和交易风险

企业通过市场交易过程来保证同上下游生产过程的联系时，会产生较高的交易费用，而且还会有契约不完善、信息不完全、交易不确定的风险。产业链整合后，同一产业链上的各个企业间的关系变成了企业内部的协作关系。在企业内部，管理者可以协调各下属部门之间的行为，监督员工的行为，保证生产过程的连接和相互配合。

（2）消除市场压制

企业可以通过纵向一体化来消除其他厂商对自己的遏制，保证原材料的供给。例如，上游厂商数量唯一或者较少时就有向下游企业收取较高价格的市场垄断势力。下游厂商面对这样的风险，必须确立是否应该实行纵向一体化，即兼并上游厂商或自己投资建立一个新的上游部门来消除上游厂商的垄断势力。

（3）发挥产业协同效应

例如，网络产业、铁路、电信、电力等部门需要进行高度的内部协调和控制来保证其正常运行。而一体化就是解决高度复杂的内部协调问题，获取产业的内部协同效应的方法。

（4）技术转移和技术扩散

把成熟的技术转移、扩散到新的生产部门或新的地区，延长技术生命周期。

（5）资本配置

进行多样化经营的企业可以在其各个部门配置资本，调配内部资金流之外，还可以进行外源融资。

企业在确定了纵向一体化的整合方向之后，就要抓住品牌、渠道、物流三个环节进行整合。

品牌是企业垂直整合下游产业链的通行证。没有品牌，企业在终端消费市场就没有发言权，也就不可能获得对产业链的掌控权。而一个品牌如果没有渠道，产品就无法销售，同样也不能获得成功。所以，渠道的整合对企业的作用也是至关重要的。整合渠道的方式不外乎两种，一种是自建渠道、开专卖店，这是对资金比较雄厚的企业来说的。另一种是与强势渠道商建立强强联盟，如宝洁与沃尔玛的管理库存式联盟。

经济、快速、准确的物流系统，对商品的市场竞争力也起着关键性的作用。一个品牌必须依靠强大灵敏的物流系统，才能在渠道里保持新鲜度和曝光度。整合物流系统的主要方法是和第三方物流建立长期的合作关系。因为建立一个完整的、全国性的物流系统需要巨大的资金和专业的队伍，中小企业很难做到这一点，而和第三方物流合作则容易得多。

总之，进行产业链纵向整合的企业必须要有品牌产品、整合渠道和物流，才能够做大做强。如移动互联产业，其发展壮大也必须进行产业链整合。移动互联网产业价值链结构如下图所示。

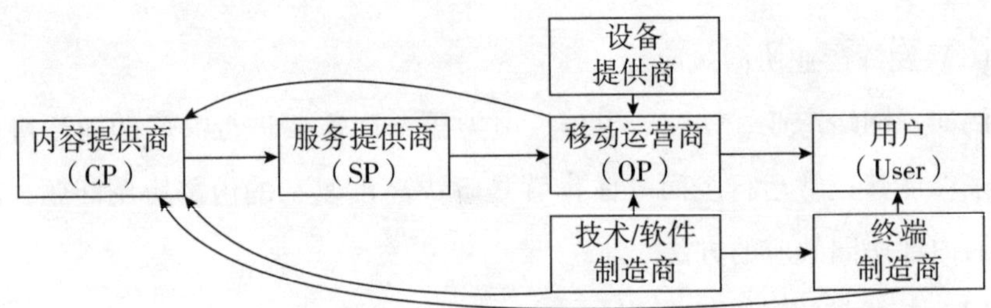

移动互联网产业价值链结构

为了加速整合移动产业链竞合关系，很多移动运营商都在谋求与第三方合作。电信运营商加大对产业链整合，通过与第三方合作开发更加丰富的应用的趋势和心态已经形成。运营商通过在产业链上的主导地位，引入新外力，谋求更有利的态势。

例如，wodafone 公司推出移动互联网平台，集成 Web2.0 和互联网热点业务。与 YouTobe 合作推出手机视频服务；与 MySPace 合作，推出移动网络社区服务；与 Google 合作，推出移动搜索；与 eBay 合作，进军移动电子商务；与雅虎合作，推出移动广告业务。

2. 识别产业链的商业模式

在新技术产业还不成熟的时候，企业的改革发展只能是对资源进行重新配置。而资源的重新配置，会引起国内商业模式的重大改变。例如，行业与行业，公司和公司之间的重组，会使商业模式从蚕食全球工业链条的加工利润，切换到布局全球上下游资源。

商业模式被高度关注的原因就在于产业链的难度系数非常高，而产业链的难度系数高，常常存在于市场空间饱和，效率接近天花板，上下游冲突频繁的行业当中。

在一些劳动生产率提高较慢，成本压力大的行业，商业模式变得更加紧迫。

未来，产业链重组的趋势是：产业链之间的融合增值、产业链的整体控制和系统化外包服务，即围绕运营链条（供应链、销售链、生产链、公共关系链）提供整套解决方案。这三大趋势会衍生出很多细分的商业模式。例如，产业链的融合增值，只是在地产领域，就有“地产 + 旅游”的华侨城、“地产 + 文化”的凤凰股份（600716，股吧）。如果是整个产业链，就会衍生出更多的商业模式。

那么究竟什么样的商业模式好呢？目前还没有人能够回答这一问题，因为商业模式不可复制，看似好的模式复制到另一种产品上也许会黯然失色。所以，识别产业链的商业模式的关键在于理解模式的本质。

雅昌是一个原本处于产业链末端的印刷企业，最终却成了艺术品产业链的整合者，其商业模式的再造过程，值得我们深思。

在外人看来雅昌的商业模式甚是费解，然而这却给雅昌带来了丰厚的商业回报与社会回报。雅昌内部人士将其模式总结为“印刷 + IT + 艺术”。这种模式的内涵是什么？雅昌是怎样靠它再造商业模式的？

雅昌建立不久就凭借创始人万捷对印刷技术的专注与持续提升，占据了个人艺术品印刷、拍卖品印刷、企业顶级画册印刷等高端领域的绝大部分市场份额。雅昌为何还要再造商业模式呢？

万捷在《雅昌就是雅昌》一文中有如下论述：

“我做了 21 年印刷，也还是一种作坊式的管理方式，业内持这种观点的不止我一人，不管多么大的印刷企业，只是大作坊小作坊的区别，都是小工厂放大了来做，并没有解决物流、产业链、信息管理等问题。雅昌引进了 IT

业的管理模式能改变多少现在还不好说，但是我相信一定会改变。”

从万捷的表述可知，雅昌再造商业模式是希望解决企业内信息管理、产业链的有机协作等问题，将企业由作坊式改造成能够运用信息技术融入产业链概念的企业。

究竟雅昌是怎样将IT模式融入到企业运作当中来的呢？起初雅昌将曾经印制过的艺术品图片集中起来建成了艺术品图片数据库。根据自身的客户种类不同，雅昌将这个数据库分成四大类别：艺术品拍卖市场数据库、艺术家及作品数据库、书画印鉴数据库、画谱收录书画著录数据库。这个数据库让雅昌拥有了几乎所有拍卖行的中国艺术品拍卖数据、图片资料、拍卖时间、拍卖地点、拍卖机构、拍卖成交价等市场信息，还有一大批艺术家资源及其完整的艺术作品数据。雅昌利用这些数据给客户提供了一些增值服务，还开发了一些新的商业价值。

雅昌在成功建立数据库之后，就本着“以最低成本收集资源”“解决安全和版权问题”“不断开发商业价值”三原则，开始有计划、有目的地充实这个数据库。多年之后，雅昌拥有了全球最大的中华艺术品图文数据库。

在拥有了庞大的数据库之后，雅昌又在“艺术品数据库”的基础上架构了两个平台——“雅昌艺术网”与“雅昌艺术馆”，这两个平台和原有的“雅昌印刷”共同构成了一个三位一体的互动平台，即雅昌人自己总结的“印刷+IT+艺术”模式。

这三大平台间通过“雅昌艺术网”的三个创新开发实现资源有效整合的驱动来实现互动。雅昌艺术网的三个创新包括：第一，“艺术家个人数字资产管理系统”；第二，“雅昌艺术指数”，这是个类似股票指数的系统；第三，“拍卖市场行情发布系统”，给拍卖行提供拍卖网上预展活动。

三大平台的有机互动使得网站人气剧增，不仅网站自己赢利了，雅昌印刷与雅昌艺术馆的生意也红火了起来。

雅昌通过“印刷+IT+艺术”三位一体的平台及相互之间的有机互动，成功地再造了企业的赢利模式，而且打通了整个艺术品投资的产业链。

处于上游“生产艺术品”的艺术家——雅昌的个人数字资产管理系统（像银行一样）在管理他们的作品时，可以获得管理收益；同时还可以将艺术家们的这些艺术资产进行再开发，比如，与出版社合作推出各种艺术图书、艺术光碟等获得版权收益；再者，艺术家们需要再印刷作品时，可以获得印刷收益；艺术家们要举办个人展览时，可以获得展览收益。

处于中游的拍卖机构——雅昌艺术网在为拍卖行提供网上预展服务时，可以获得网络展览收益；拍卖行要印制拍卖画册时，可以获得印刷收益。

处于下游的艺术衍生品市场——雅昌利用自身的数据库优势，可以进行大量的商业开发，比如，艺术影像产品、艺术品摄影、名家艺术品复制等。

这就是雅昌建立的一个完整的产业链条，这也使得雅昌的赢利点由原来依靠印刷获利的单一模式，延伸为围绕艺术品产业链上、中、下游十余个赢利增长点。

雅昌的商业模式如下图所示。

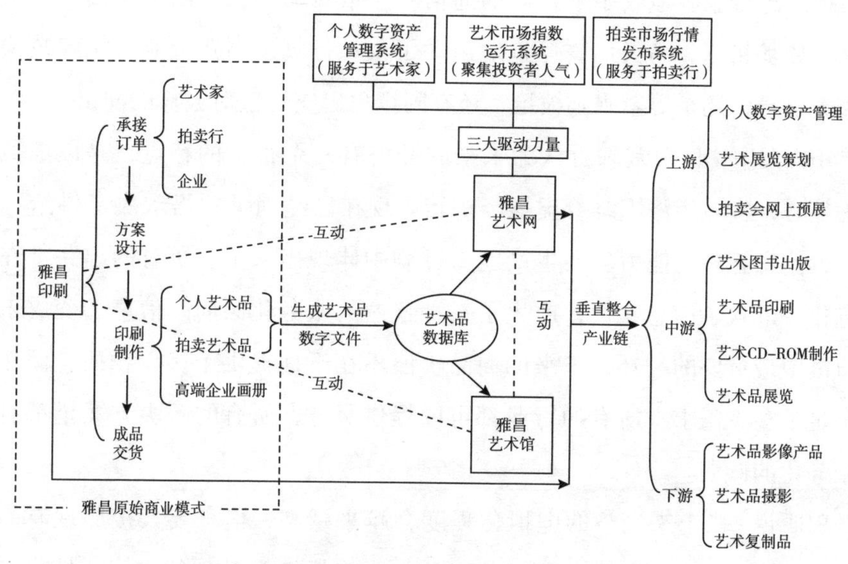

雅昌的商业模式

雅昌商业模式的成功再造说明了产业链的商业模式不可复制，只能根据自己的实际情况来锻造。

3. 跨界——未来的产业无边界

未来的产业无边界？商学院、培训机构全免费；银行开在图书馆里；国际交流大会设在飞机机舱里；咖啡馆不收费（因为它只是健身房的一角）……这些你相信吗？无论你信不信，这些都会变成现实。未来十年是中国商业领域大规模打劫的时代，所有大企业的粮仓都可能遭遇打劫！

在商界我们听到的最雷人的一句话就是：移动说，搞了这么多年，今年才发现，原来腾讯才是我们的竞争对手。是的，最彻底的竞争就是跨界竞争，你认为收费的主营业务，一个跨界的进来，免费，因为人家根本不靠这个赚钱，你美美地做了这么多年的梦，结果不知道梦是怎么醒的。危机真的来了，你还在美梦里吗？中国企业将面临大洗牌，你准备好了吗？

今天由于各产业的融合，产业的边界已经变得模糊不清，跨界竞争的案例不胜枚举。例如，瑞星杀毒收费，360 杀毒全部免费，搅得整个杀毒市场翻天覆地。舒舒服服地收了十几年的通信和短信费的几大垄断运营商们，微信杀来，如梦初醒。马云信誓旦旦地启动了菜鸟计划，不知行业大佬邮政快递会完美翻身，还是等着乖乖被抢？还有阿里巴巴支付宝对银行的冲击。

IDC 大中华区总裁郭昕认为未来的经济有一个很大的特点，是以虚拟经济为核心，实体经济围绕着虚拟经济转。现在已经到了“需求决定供给”的时代，信息管理的能力就在生产能力过剩中体现出来了，所有的出路都在于信息化。进入了信息化后，产生了一种普遍的服务化倾向。信息会变成未来价值链中最重要的一环，未来的商品价值不在于你提供了多少物质，而在于你满足了多少需求。所有的行业都可以提供服务，所有的解决方案里都有一种服务化的倾向。

郭昕说：“未来经济的虚拟化程度会越来越高，信息要素按照现有的理解，它是虚拟的，但是我甚至这样预测，未来经济学基础的、第一性的，不是物质，而是信息。物质的东西是可以满足的，是有边界的，但是精神始终是没有边界的。信息和物质之间的关系可能会改变。高度的虚拟之后，电子商务的发展可能会超过实体的商务。”

实际上，在全球化的背景下，IT 已经不仅仅是一个产业了，更是所有产业的基础。在电子行业，无边界扩张的谷歌生态系统就是跨界竞争的最好案例。大家都知道谷歌是一家互联网公司，其实它更是生态系统公司，产品包括软件、操作系统和硬件，通过提高生态系统体验来吸引系统支持者和用户。谷歌的收入来源广告，依赖于其生态系统提供的广大受众和精准定位。数字化变革没有边际，谷歌生态系统的扩张也没有边界。

在无边界扩张的过程中，谷歌在搜索、电子邮箱、地理信息、浏览器等领域已成为市场领导者。在硬件创新方面，谷歌更是打破了便携性、交互友好性和智能性的创新边界。谷歌强大的数据库平台和算法将消费电子的智能性带入新的台阶，强大的硬件设计和元器件整合能力则大大提高了便携性和交互友好性。谷歌眼镜打破了传统消费电子创新和扩张的边界，开拓了可穿戴设备的先河，实现了拓展现实技术的商用，也正在向服装、配饰、汽车等领域扩张。

可悲的是，很多企业对这种跨界竞争还没有感觉，在梦还没有醒来的时候就被匆匆埋葬了。曾红极一时的柯达现在几乎消失殆尽，摩托罗拉、诺基亚、东芝、索尼、爱国者都在排队等候档期。国美醒来的时候，别人已经动了它的钱袋。京东早已实现明目张胆地打劫。苏宁总算懂得翻个身子，好歹知道有人正在打劫！而中国联通和中国移动还在美梦中，他们始终不肯相信就凭一个马化腾在短时期内就能开仓取钱，更何况他们还有政府做后盾。实际上一个微信软件的运用，在功能上足以把这两个巨头在电话和短信的收费利用方面赶尽杀绝！

在跨界竞争当中，可谓是先下手为强，你不敢跨界，就有人跨过来打劫你，谁还在美梦中没有醒来的话，就会直接在梦中被埋葬。

4. 智慧星球——超级融合的物联网

物联网是一个基于互联网、传统电信网等信息承载体，让所有能够被独立寻址的普通物理对象实现互联互通的网络。物联网被视为互联网的应用拓展，应用创新是物联网发展的核心，以用户体验为核心的创新 2.0 是物联网发展的灵魂。物联网通过智能感知、识别技术与普适计算、泛在网络的融合应用，被称为继计算机、互联网之后世界信息产业发展的第三次浪潮。

物联网主要解决物品与物品，人与物品，人与人之间的互联。但是与传统互联网不同的是，H2T 是指人利用通用装置与物品之间的连接，从而使得物品连接更加简化，而 H2H 是指人之间不依赖于 PC 而进行的互联。

从技术构成上来说，物联网主要由感知层、网络层和应用层三个层面构成。

感知层由各种传感器以及传感器网构成，包括二氧化碳浓度传感器、温度传感器、湿度传感器、二维码标签、RFID 标签和读写器、摄像头、GPS 等感知终端。感知层的作用相当于人的眼耳鼻喉和皮肤等神经末梢，它是物联网识别物体、采集信息的来源，其主要功能是识别物体，采集信息。

网络层由各种私有网络、互联网、有线和无线通信网、网络管理系统和云计算平台等组成，相当于人的神经中枢和大脑，负责传递和处理感知层获取的信息。

应用层是物联网和用户（包括人、组织和其他系统）的接口，它与行业需求结合，实现物联网的智能应用。

物联网的行业特性主要体现在其应用领域内，绿色农业、工业监控、公共安全、城市管理、远程医疗、智能家居、智能交通和环境监测等各个行业均有物联网应用的尝试，某些行业已经积累了一些成功的案例。

物联网技术在中国的实际应用表现在智能交通、精准农业、车联网、数字矿山等方面，有些项目已开始商业化发展，并且开始赢利。例如，大唐电信与中国联通合作开发的“农业专家远程视频诊断系统”已经在山东寿光等地取得了良好应用，而该公司的物联网核电行业解决方案也已与辽宁红沿河及福建宁德两座核电站及中广核工程公司成功签约。

业内大多数人士认为，全球物联网应用处于起步阶段，中国物联网应用初创待发。大唐电信董事长兼总裁曹斌向《中国电子报》记者表示，物联网在中国的应用还处于初级阶段，商业模式、产业链协同发展等还需要探索。中兴通讯行业经营部总经理王志军也表示，物联网的发展给3G无线模块带来了巨大商机，而目前中国物联网还处于初级阶段，整个市场需要产业链上下游更加紧密的合作，只有通过更多不同领域的专业厂家合作，才能应对这个庞大市场的需求。

国务院发展研究中心产业经济研究部王忠宏曾表示，未来十年物联网重点应用领域投资可以达到4万亿元，产出8万亿元，形成就业岗位2500万个。在这个消息的带动下，物联网相关个股出现普涨，许多企业纷纷涉足物联网，出现了如新大陆、远望谷、航天信息、东信和平、同方股份等大多物联网概念的上市公司。

总之，物联网突破了传统思维，它把所有的物品通过射频识别、红外感应器、全球定位系统、激光扫描器等信息传感设备与互联网链接起来，进行信息交换和通信，实现智能化识别、定位、监控和管理。在“物联”时代，“现实的世界万物”与“虚拟的互联网”整合为统一的“整合网络”，全球将以此为基础运转。

第七章

赢利维护

——防止利润漏水和溃坝

创新精神越强，忧患意识应更强

一般来说，意识是指人们对客观环境的反映，并能指导人们为适应这种环境而做出某些活动所特有的思维方式。现代企业为求得自身的生存和发展，不断创新产品和服务，创新精神很强，但是缺乏忧患意识。

在现代企业面临的各种客观环境中，重要的就是市场经济环境，而市场经济环境变幻莫测，企业除了要有不断创新的竞争意识外，还要有忧患意识，防止危害企业利润的事情发生。

竞争意识是指现代企业或员工具有一种不甘人后的思维方式。敢于用自己的产品、营销手段及服务方式向市场发起挑战。竞争是现代企业经济运作最重要的一种机制，现代企业或员工欲适应市场经济环境，就必须首先学会竞争，要善于主动去发现和解决问题，要能使自己永远把握市场竞争的主动权。

大多数竞争靠的是创新，因此，现代企业或员工的创新意识也非常强。创新意识是指现代企业员工具有不断超越自我的思维方式。即根据市场的变化，对传统的生产方式、生产技术、营销方式进行不断的改进，敢于否定自我。对于现代企业来讲，生产技术的发展可谓日新月异，用户的需求更是瞬息万变，所以，一个企业要想跟上时代的步伐，就要不断在生产力和生产关系中引入新的生产机制，通过创新掌握市场规律。同时，我们正处在知识经济时代，知识经济是对知识作为生产要素超过资本、劳动力及其他实物要素作用的概括，它更强调制度创新和组织创新的重要性。因此，现代企业员工要从战略的角度来认识“创新则生，守旧则亡”的道理。在生产技术、营销策略、管理制度上对原有模式进行合理而大胆的否定，并善于在实践中进行不断地探索。

然而，很多企业过于强调创新，创新意识太强，而缺乏了忧患意识。忧患意识是指现代企业或员工对于企业和自身的生存与发展具有一种危机感的思维方式，感到一旦工作停滞不前，就会失去生存的空间，它是使企业员工不断进取、努力工作的内在动力。现代市场经济环境中，巨型跨国企业由于决策失误，在一夜之间倒闭的事例数不胜数。因此，现代企业或员工要牢固树立企业生存的忧患意识，逐步建立市场风险、资本风险、利益风险等风险观念，将风险管理放在企业的重要位置。

实际上，创新意识越强，忧患意识也越强。华为任正非的“过冬”论就是一个最好的例子。华为能够从零成长为年收入超过 280 亿美元的企业，与任正非的创新精神与忧患意识分不开。华为自创立以来的 20 多年中，多次进行市场、技术、流程管理变革，任正非屡屡在企业发展形势一片大好的时候抛出“过冬”论，但是，无论遇到什么市场压力，华为在市场、技术与产品创新的投入都是巨大的。据不完全统计，每年华为投资的研发成本占净利润的 10%。

知道病根在哪里，然后找到治病的方法

很多企业在提高利润方面做了不少努力，如技术创新、加强管理等，大幅度提高了劳动生产率，但是企业的利润并没有随之提高。为什么会这样呢？

企业到底“病”在哪里?

研究发现，多数企业的利润没有随劳动生产率的提高而提高的原因是企业的运营成本依然很高。这很容易理解，企业生产成本越高，利润越少。

企业经营的目的在于追求利润最大化，而成本控制是实现企业利润最大化的重要手段。降低成本可以降低产品的销售价格，提高产品的市场竞争力，扩大市场占有率，使企业能够在激烈的市场竞争中立于不败之地。企业要生存、发展，就必须要求全员参与对成本的控制工程中，以低于竞争对手的成本进行生产经营，从而使企业以最低的成本取得竞争优势，提高资源利用率，最大限度地获取利润。

企业成本控制具有全面性、系统性和连续性的特点。即在企业生产经营的整个过程中都涉及成本控制的问题。企业成本控制对于提高企业的整体发展水平具有重要意义，关系到整个企业的生死存亡。企业做好成本控制，能为企业做出正确的决策提供关键性的分析资料，也就是成本资料，正确的成本资料决定了经营决策的正确性，直接影响企业的生产经营管理。成本控制不仅是企业生产经营管理的前提，也是重要的监督手段，好的成本控制能够将成本指标层层落实到企业的各部门和各环节，员工在此激励下自觉自愿地承担降低成本、节约能耗的经济责任，使得成本控制发挥其监督功能和考核机制功能。在成本控制实现了功能性作用之后，企业中的废品损失、资源耗用都会随之降低，产品成本自然而然就降低了，利润也会随着成本的减少而相应增加，最终实现企业利润最大化的目标。因此，企业成本控制在企业的生产经营过程中发挥着基础性的作用，做好企业成本控制具有重大意义。

1. 企业成本控制存在的问题

(1) 企业成本控制方法落后

首先，企业成本管理的主体不够全面，传统企业成本控制主要是财务部和领导的工作，没有将企业成本管理落实到每个与成本有关的部门和员工身上，以至于员工和各部门的成本控制意识较弱，不能主动自愿的探索降低成本的方法，导致企业浪费严重，而领导人又无所适从，增加了成本控制的难度。其次，随着经济的发展，近几年物价的调整，企业的材料采购成本成为成本控制的主要方面，除此之外，企业成本中的技术成本、服务成本、人力成本等因素的上升都迫切需要企业寻求新的成本管理的方法。

（2）企业成本控制观念落后

现代企业的规模逐渐扩大，涉及的领域逐渐广泛，系统性也逐渐加强，但是企业成本管理的观念依然停留在仅仅以降低成本为目标，而对于企业的整个运营状态，包括供应、销售等环节的成本控制不够重视。成本控制并不仅仅是节约的意识，现代企业对成本管理的研究也仅仅停留在单个的成本管理方法上，对于各个环节和各个部门的成本管理方法之间的内在联系研究较少，使成本管理缺乏连贯性，反而加大了管理成本。因此，落后的成本控制管理观念严重阻碍了企业成本管理理论研究的创新，从而影响了企业的长足发展。

2. 加强企业成本控制的方法

要加强企业成本控制就要优化企业成本管理理念，实现企业成本控制的专业化和全民化。在这方面做得比较出色的企业非苹果莫属。

大家都知道苹果的成本低，价格却不便宜，这是怎么回事呢？据《每日经济新闻》记者的调查发现，苹果对生产成本的控制的确有过人之处，甚至连一根灯管的用电成本也“不放过”。

一般来说，“低成本”与“质量”就像是一个事物对立的两方面，而记者发现苹果巧妙地解决了这一矛盾。

为苹果代工的工厂管理人员指出，为苹果代工生产是按照苹果的设计来做的，苹果与其他公司的最大区别就在于成本控制。该管理人员说：“在原料成本这一块，对于 ODM 品牌，选择什么样的原材料很大程度上由我们说了算，我们可以在这一领域努力。但为苹果代工，由于他们自己指定原料供应商，我们在原材料成本控制上没有运作空间。”当然苹果出于成本等各方面的考虑，也会更换原材料供应商。但是苹果不会轻易更换原材料，每次更换都要经过复杂的基本验证测试、设计验证测试、小批量以及大批量验证测试等环节。当原材料通过测试以后，苹果就会提出降价要求。由于在原材料方面没有运作空间，代工工厂只能从人力和管理 BT3 等方面节约成本。

根据一份苹果成本节约方案显示，有一条是通过关闭工作桌上的灯管来节约成本。方案称，每个工作桌上原本有两根灯管，关闭一根后，每条生产线每个月可以节约 101.46 美元。

由此可见，似乎给苹果代工并不是一件好差事。然而给苹果代工的工厂管理人员却说："给苹果代工的部门效益最好，主要是量大。"

苹果除了通过以上方式节约成本外，还从硬件配置和采购价格上来节约成本。例如，iPad 的显示屏是 9.7 英寸，iPad2 的系统内存是 512MB，这比摩托罗拉推出的 10.1 英寸显示屏，系统内存达到 1G 的 Xoom 平板产品在成本上就能节约近 14 美元。

国际分析师孙培麟指出："即便硬件配置相同，由于苹果出货量较大，有议价能力，在很多零部件的上游形成垄断，其他厂商想要获得相同的硬件，成本都要高出苹果。"

苹果公司正是通过以上节约成本的方式来实现其原料和制造成本仅 287.15 美元，售价却高达 729 美元，除硬件研发、软件开发、专利授权、营销、物流等方面的开销，毛利率高达 60% 的赢利结果的。

3. 采用科学的成本管理方法

现代经济的发展决定了企业成本管理应当摒弃记账、算账等传统落后的方式，而应当采用现代化的成本管理方法，如计算机管理等。随着现代计算机信息处理系统的发展，大大提高了企业成本管理的效率，其表格制作功能、数据库管理功能、统计图表处理功能等提供了低成本、高效率、方便灵活的成本管理手段。除此之外，随着科学技术的发展，新的现代化工具还会层出不穷，成本管理方式也不能一成不变，要随着科技的发展，不断创新成本管理方式，探索高效的成本管理方法。

企业利润与产品定价策略

价格是营销组织中唯一能产生收益的变量，它直接关系着市场对产品的接受程度，影响着企业利润的多少，是营销组合策略中一个重要的组成部分。但其又是一个最难以控制的营销策略，任何价格行为不但会直接影响到厂商的利益，还会涉及经销商、消费者和竞争者等各方面的利益。因此，企业必须重视价格策略的选择和使用，即定价过程中的策略选择问题。

价格竞争在营销手段中十分重要，企业往往为了实现自己的经营战略和目标，经常根据不同的产品、市场需求和竞争情况，采取灵活多变的定价策略，使价格与市场营销组合中的其他因素更好地结合，促进和扩大销售，提高企业的整体效益。具体策略主要有新产品定价策略、心理定价策略、产品组合定价策略和折扣折让定价策略四种。

1. 新产品定价策略

如果企业生产的产品是市场中没有出现过的新产品，可采取撇脂定价、渗透定价和满意定价策略三种方式。

撇脂定价策略因类似于从牛奶中撇脂奶油而得名，是一种在新产品上市初期的高价格定价策略。但前提是产品刚进市场时，产品的质量和形象必须能够支持产品的高价格，消费者有非常强烈的消费欲望，并没有潜在的竞争对手进入市场。例如：1992 年，呼啦圈开始出现在北京市场，由于舆论宣传认定呼啦圈有着健美身体的奇妙作用。虽然产品的成本为一元左右，价格却卖到七八元，但还是吸引了很多早期使用者，并通过他们使呼啦圈广为流行。靠这个小小的商品，很多工厂赚足了钱。

渗透定价策略是新产品上市时的低价策略。主要目的是为了通过低的价格迅速占领市场，吸引大量消费者购买，赢得较大市场份额。采取这种定价的前提是：市场对价格高度敏感，生产和销售成本会随着销量的增加而减少，能通过低价排除竞争对手。戴尔公司就是通过低成本的邮购渠道销售高质量的计算机产品，而当时的 IBM 公司却是通过传统的店面零售模式。这为戴尔节省了大量的营销成本，从而使该公司的业务量大增。

满意定价策略是介于撇脂定价和渗透定价之间的定价策略。是一种中间价格，由于它能使生产者和消费者都满意，所以称为满意定价。此种定价前提是该产品比较成熟，消费者熟悉该产品，信息对称，消费者是否购买完全凭个人喜好。

2. 心理定价策略

心理定价策略是一种运用营销心理学原理，利用顾客的心理因素或心理障碍，根据各种类型顾客购买商品或服务时的心理动机制定商品或服务价格，引导和刺激购买的价格策略。心理定价策略的选择与运用在企业产品定价过程中处于非常关键的环节，运用得当，可使企业的营销工作事半功倍。实际应用中，心理定价策略主要有尾数定价、整数定价、小计量单位定价、声望定价、招徕定价和习惯性定价六种形式。

（1）尾数定价

尾数定价，是企业利用顾客数字认知的某种心理，以零头数结尾的一种定价策略，通常是以一些奇数或吉利数结尾。如把价格定在 0.99 元、2.98 元、9.99 元等。这种定价策略使价格水平处于较低一级的档次，给人以便宜、定价精确的感觉，从而满足消费者的求廉求实的心理，激起消费者的购买欲望。主要适用于单位价值较低而使用频率较高的产品。

（2）整数定价

整数定价，是商品的价格以整数结尾的定价策略，常常以偶数，特别是零为结尾。例如以 500 元、800 元、1000 元等来表示商品的价格。这种定价抬高了商品的身价，有利于在消费者心目中树立高价优质的形象，满足消费者求名求新的心理。适用于高档耐用消费品、贵重商品、时髦商品和消费者不大了解的商品。

（3）小计量单位定价

小计量单位定价，某些价格高的商品用一般的计量单位表示，会使消费者产生太贵的感觉，抑制消费者的购买欲，这时可改变计量单位，采用化整为零的方法，用小计量单位来计价。例如，黄金每克 286 元、人参每 10 克 300 元等。小计量单位定价给消费者一种相对便宜的感觉，从心理上比较容易接受。这种定价策略主要适用于量少值大的商品。

（4）声望定价

声望定价，是一种根据产品在消费者心目中的声望和产品的社会地位来确定价格的定价策略。它是对那些有较高声誉的名牌高档商品或在名店销售的商品制定较高的价格，以满足消费者求名和炫耀的心理。高价显示了商品的优质，也显示了购买者的身份和地位，给予消费者精神上的极大满足。例如，LV 的皮具、劳斯莱斯的轿车、爱马仕的丝巾都是采用声望定价策略，这些产品都成为使用者身份和地位的象征。采用声望定价策略，要求企业有优质的产品、良好的声誉及优质的服务，特别适宜于质量不易鉴别的商品的定价。

（5）招徕定价

招徕定价，是零售商利用消费者的求廉心理，特意将某几种商品的价格定得较低以招徕顾客，如某些商店随机推出降价商品，每天、每时都有一两种商品降价出售，吸引顾客经常采购廉价商品，同时也选购了其他正常价格的商品，借机带动其他商品的销售，以扩大销售业绩。商店的特价商品、酒店的特价菜等都属于招徕定价。这种定价策略成功的关键是招徕定价的商品必须是消费者生活必需的、购买频率高且价格对消费者有吸引力的商品。另外，这些招徕定价的商品的品种和数量要适当，降价的幅度要适中。

（6）习惯性定价

由于市场上这种商品一直维持在某个水平，并在消费者心中形成一个习惯性标准。如果价格稍有变动都会让消费者产生抵触心理，因此对这类商品企业可以采取消费者习惯的定价。比如，日常生活用品都几乎采取这种定价模式。

定价战略和战术是企业市场营销组合中的一个重要内容。企业必须在选择价格之前谨慎地考虑多方面因素，使制定的价格能够为企业在目标市场中带来更大的竞争优势。因此，制定出正确的价格是维护厂家、经销商、顾客利益的重要因素，也是战胜竞争对手，巩固和开发市场的关键。

3. 产品组合定价策略

产品组合定价策略是指处理本企业各种产品之间价格关系的策略。店铺通常都要销售产品的大类，就是相关联的产品，而不是一组产品。它包括系列产品定价策略、互补产品定价策略和成套产品定价策略，是对不同组合产品之间的关系和市场表现进行灵活定价的策略。一般是对相关商品按一定的综合毛利率联合定价，对于互替商品适当提高畅销品价格，降低滞销品价格，以扩大后者的销售，使两者销售相互得益，增加企业总赢利。对于互补商品，有意识降低购买率低、需求价格弹性高的商品价格，同时提高购买率高而需求价格弹性低的商品价格，会取得各种商品销售量同时增加的良好效果。

常用的产品组合定价形式有以下几种：

（1）产品线定价

产品线定价是根据购买者对同样产品线不同档次产品的需求，精选设计几种不同档次的产品和价格点。

（2）任选产品定价

即在提供主要产品的同时，还附带提供任选品或附件与之搭配。

（3）附属产品定价法

以较低价销售主产品来吸引顾客，以较高价销售备选和附属产品来增加利润。如美国柯达公司推出一种与柯达胶卷配套使用的专用照相机，价廉物美，销路甚佳，结果带动柯达胶卷销量大大增加，尽管其胶卷价格较其他牌号的胶卷昂贵。

（4）副产品定价法

在许多行业中，在生产主产品的过程中，常常有副产品。如果这些副产品对某些客户群具有价格，必须根据其价值定价。副产品的收入多，将使公司更易于为其主要产品制定较低价格，以便在市场上增强竞争力。因此，制造商需寻找一个需要这些副产品的市场，并接受任何足以抵补储存和运输副产品成本的价格。

（5）捆绑定价

将数种产品组合在一起以低于分别销售时支付总额的价格销售。如果出售的是产品组合，则可以考虑采取如下定价策略：搭配定价是将多种产品组合成一套定价；系列产品定价指的是不同档次、款式、规格、花色的产品分别定价；主导产品带动是把主导产品价格限定住，变化其消耗材料的价格；以附加品差别定价是根据客户选择附属品不同，而区别主导产品价格。此外，还要考虑价格心理因素，如折扣、价格尾数、优惠等。

4. 折扣折让定价策略

很多企业都会调整其基本价格用于报答顾客的某些行为，并在特定条件下，为了鼓励消费者及早付清货款，大量购买或淡季购买，以低于原定价格的优惠价格销售给消费者。消费者经常会在节假日看到各大商场的促销广告，如劳动节、国庆、元旦等大促销，买多少送多少。再如最近京东商城、苏宁易购和国美电器搅动的“电商促销大战”。我们先不谈其目的何在、结果如何，单单这种价格战往往都是以折让折扣的形式存在。

产品定型之后，营销力是关键的关键

市场营销的思想要求企业应该从市场需求出发，生产出能满足消费者需求的产品，并通过一定的营销策略与消费者达成交易，以实现自身目标。在企业产品定型之后，企业究竟能不能赢利，以及赢利的多寡，关键在于企业是否具有营销力。企业营销力的大小直接反映了企业生存和发展的能力和潜力。

现代市场经济下消费行为日趋理性化和个性化，企业要在竞争激烈的市场环境中求得生存和发展，必须真正树立以消费者为中心的市场营销观念，有效开展市场营销活动。企业要有效开展市场营销活动，就必须强化和提升营销力。所谓营销力的强化，指的是企业在动态环境下对某种竞争优势进行深化和维持的过程，其主要目的是保护既有竞争优势，而不是创造新的竞争优势。所谓营销力的提升，指的是企业在原有的竞争优势被侵蚀之前，在强化的基础上创造新的竞争优势以获得持续增长的过程。

营销力是营销资源在整合配置中形成的，并在动态环境中强化和提升的，能给企业带来持续竞争优势的核心营销能力。营销力理论建立在战略营销理论的基础之上，强调有效整合企业营销资源，由企业最高层指导的在全企业各个部门内开展的营销活动。

营销资源是营销力形成的基础要素，也是企业构筑市场竞争优势的最初来源。所谓营销资源是指企业内外一切可利用的，能转化为支持、帮助和优势，以实现营销目标的一切物质和非物质。管理者须结合企业外部环境因素、行业与竞争因素对企业资源进行深入的分析评估，以营销资源的价值性和相对独特性为标准，对企业现有和欠缺的营销资源的类型和重要程度进行辨析。

营销资源只有得到充分的激活，并经由集中、关联、匹配等融合，才能形成营销能力。企业要有效整合营销资源，就要了解企业现有资源状况，对企业现有和欠缺的营销资源的数量、类型和重要程度进行辨析和评价，寻找企业现阶段以及未来需要挖掘、培育和提升的营销资源，使营销资源的配置更有方向性、针对性。

营销能力是企业营销资源融合的结果和表现，代表了企业调度和配置营销资源以获得一种期望的协调和创新状态的目标能力，包括代表协调水平的营销基本力和代表创新水平的营销力两种基本类型。营销基本力只能产生竞争优势，唯有营销力作为核心营销能力，体现为营销能力内在创新力量，才能实现可持续竞争优势。

另外，营销资源及资源的整合与运用方式应随着动态环境的变化做出相应的调整，通过对营销力的强化以及提升，将企业带入一个新的上升通道，保证企业竞争的持续发展。可持续竞争优势不仅丰富了企业的营销资源，并且强化了企业营销资源配置能力，在动态环境的能量转换过程中，企业的营销创新活动会创造出更多、更强的专用性新营销资源，形成一个营销竞争优势循环圈。

1995 年，巨人脑黄金以引导消费的市场操作方式，取得了巨大成功。但是，“巨人大行动”运用这种营销模式却遭到了惨败。当时史玉柱奉行的是“无论做什么事情先做起来再说，甚至做起来了也不说”的做事原则。事实证明，消费时代已悄悄变革，产品定型后，提高营销力才是关键中的关键。

脑白金完全遵循了追踪消费模式，一切以消费者为中心，把消费者的需求放在了第一位，在策划产品与市场时，百分之百地按照消费者的需求去创意。因此，脑白金自 1998 年以来，以极短的时间迅速启动了市场，在 2 ~ 3 年内创造了十几亿元的销售奇迹。脑白金的成功不是保健品史上的偶然性，而是快速消费品市场的必然性。从脑黄金到脑白金，其策划方式正好反映出夸大海口的宣传不可能带来真正的营销力，要想提高营销力一是要靠产品质量，二是要靠精准的产品诉求，如果缺少了这两点，无论多么轰轰烈烈的宣传，结果只能是脑黄金式的悲剧。

市场在变，企业战略也要变

企业传统的战略是以假定企业可以通过科学的工具和方法来预测任何业务为前提的。然而，随着科学技术的飞速发展，企业所面临的市场环境也在不断变化，这使得战略规划的可预见性大打折扣。

1. 环境变化对企业的重要影响

(1) 外部环境的多变性导致战略决策的风险提高

企业在经营过程中受到很多外部环境因素的影响，如政治、经济、社会和文化等。而这些外部环境因素经常变化，有着高度不确定性，导致企业没有战略决策的环境基础，战略决策的风险提高。

(2) 内部管理的复杂性使企业战略调整的过程更为复杂

为了应对环境的变化，企业往往对其组织结构、激励制度、绩效管理系统、技术创新管理、部门协作等方面进行调整。而这种调整往往和企业已有的战略发生冲突，迫使企业在战略调整过程中必须考虑未来内部管理很有可能发生的变革。这就使得战略调整不仅要关注现有的影响因素，还要关注未来的可能影响因素，导致调整过程变得极其复杂。

（3）竞争环境的复杂性导致企业的竞争地位发生变化

由于环境多变使得企业的行业竞争优势、竞争地位发生变化，而企业却无法及时把握这些变化的信息，还是根据过去的竞争优势和竞争地位来制定企业战略，这显然不适合企业当前的实际情况；客户需求的复杂化使企业越来越难以面对，导致其竞争地位发生变化。由于客户需求的复杂化，企业必须在客户分析方面投入大量的人力物力。如果企业没有与竞争对手可以比拼的实力，那么竞争对手将会更好地满足客户的需求，使客户转向竞争对手；技术进步和技术创新的加快，改变了竞争者之间的技术优势，影响企业的持续竞争优势。

既然环境的变化对企业有着以上重要影响，企业战略如果因循守旧的话，显然会阻碍企业的发展。因此，企业战略应该随着市场的变化而调整。

2. 企业在进行战略调整时应注意遵循的原则

（1）及时反应原则

由于环境是不断变化并且具有不确定性，企业战略必须针对环境变化及时进行调整。企业战略调整的这种决策能力不同于一般的决策能力，它不仅要求保证决策的正确性，而且要求有较大的决策范围和速度，滞后的战略调整会让企业遭遇较高的风险。

（2）局部调整原则

企业可以根据具体的需要对战略进行局部的调整。由于战略决策本身要求具有较强的稳定性，随时进行全面的调整将使企业的工作完全陷入战略调整之中而无法进行正常的经营活动。同时，各种环境因素对企业的影响往往也是从一个个方面开始的，因此，企业应该先对影响最大的方面进行调整。如企业的战略可以分为总体经营战略、业务单元战略和职能战略。企业可以先对其职能战略进行调整，当需要调整的内容增加到一定的程度时，再对其业务单元战略和总体经营战略进行调整。

（3）动态适应原则

在战略调整过程中，增加战略决策的柔性，使其可以根据新信息加以修正。因为环境的快速变化要求使企业不断地接收新的信息，这就要求企业战略既有一定的稳定性，又要有一定的适应性，进而要求战略具有动态适应的能力，战略方案具有一定的柔性。

（4）有效控制原则

企业的控制性是指在一定环境变化条件下，企业能通过控制内部管理系统的方法，影响和控制环境受控系统，以达到预期企业战略目标的能力。因为，企业与环境实际上是互相影响、相互制约的关系。当企业对自己进行了积极改变的时候，将使企业在环境的变化中处于比较主动的地位，对环境的变化将有更好的预测，进而有助于企业战略调整的成功。

3. 企业在进行战略调整时应采取的策略

（1）要建立环境变化预警系统，提高战略调整的前导性

企业对环境变化做出正确反应的前提是及时正确地感知环境的变化，这要求企业要建立战略预警系统。战略预警系统是指监控企业外部环境的变化，并分析不确定性的层次，准确、及时评价阶段性战略完成情况以及完成的效率的一个系统。企业经营环境监测预警系统是管理和决策的一个重要组成部分，功能完善和安全可靠的应用系统可以大大提高企业决策的效率，降低由于不确定性给企业战略实施带来的风险。在进行战略预警之前，企业要根据环境构建战略预警的指标体系。企业环境检测预警指标体系分为宏观和微观两个层次。宏观可以从法律、社会文化、经济和科技等方面进行构建；微观要围绕企业自身的特点，从供给、需求和竞争三个方面来建立。通过以上指标体系的建立和各种指标的检测结果，根据不同指标的变化程度及警兆因素对企业行为造成压力的大小或强弱，确定警戒线，分析报警并采取必要的措施，使战略调整具有一定的先导性。

（2）增强环境变化的感知力，提高企业战略自适应能力

企业作为开放系统，通过组织边界与外界环境进行着能量、物质、信息的交换。即使外界环境中的微小变化都可能会对组织绩效的取得产生影响。提高企业对环境变化的感知力不仅需要企业时刻监控外围环境，注重企业战略对环境的适应性，还要求企业对内部各要素和外部各种资源进行有效集成，使企业整体适应环境变化的能力得到提高。具体来说，企业可以通过以下工作增强自身对环境变化的感知力：首先，管理者要了解环境对组织战略的影响程度。由于环境的多变性和不确定性，管理者要随时随地利用各种渠道与方法去认识、了解和掌握环境，研究其变化规律，预测环境变化的趋势及其可能对组织战略产生的影响。其次，在了解和掌握了各种环境因素的基础上，对其进行分析研究，确定各种环境因素对组织产生的影响。最后，管理者在对环境因素进行了一定的分析之后，要对各种环境因素所产生的影响做出反应。充分利用环境中对企业战略有利的方面，对企业产生正面作用。对于环境中不利于组织发展的因素，一方面可通过组织变革使其与企业战略相适应，另一方面可通过组织行为调整环境，使其有利于战略。

（3）制定柔性组织结构，适应企业的战略调整

组织结构的功能在于分工和协调，是保证战略实施的必要手段。企业为应对外部环境的变化或不确定事件的影响，往往需要调整内部组织结构，如果某些结构的调整成本太高，代价太大，企业就难以对变化做出相应的反应，这意味着企业的组织结构是缺乏柔性的。战略柔性是企业内部结构所具有的属性特征，是结构在一定范围内的可调整性、可变革性。比如，企业在市场需求发生变化时，需要调整产品的品种结构或产量结构。而品种结构或产量结构的调整依赖于设备、技术、人力、组织等结构的调整。如果企业能够较为容易地实现结构调整，那么企业就具有较高的战略柔性，相反，战略柔性较低。所以，企业战略要想适应外部的环境变化，就要使组织结构由刚性变为柔性，因为组织柔性化能取代业务处理过程专门化、任务专业化的同时，还可以减缓陈旧性，提高决策合理性。

（4）运用目标管理方法，局部调整建立短期优势

企业的成功并非单纯依靠静态的长期战略，还需要许多动态的战略做补充以建立起一系列的短期优势。新型竞争战略就是不仅追求长期优势，还追求短期优势，它是以未来赢利性为主、以适合更多的不确定性为追求方向，使其具有更多的机会。同时，企业的战略制定和实施过程其实就是目标分解过程，并且遵循从上而下的原则。企业制定战略目标后把它进行分解，逐级确定目标的责任主体，以确保目标的实现。当外部环境产生变化时，企业就要对战略目标进行调整，进而要调整战略措施。但是，如果外部环境变化不是很大，只需对战略目标进行局部的调整，也就是局部领域的微调。战略局部微调的好处是：一方面能使战略的发展具有延续性，确保企业按照既定的方向发展；另一方面确保员工对战略产生信赖感。知道自己工作的方向，从而愿意为战略目标的实现而努力。

（5）运用平衡计分卡，构建战略管理系统

平衡计分卡是从财务、客户、内部业务流程、学习和创新四个方面来考察企业战略绩效的系统。利用它可以对关键过程进行有效控制，对资源进行优化配置，使考评和战略有效衔接起来，解决传统管理体系中公司长期战略与短期行为脱节的问题。运用平衡计分卡来构建战略管理系统，要求企业做到以下几点：首先，在全盘考虑企业现有资源和外部因素的基础上制定企业的远景规划与战略目标；其次，把战略目标转化为关键成功因素和关键业绩指标，并根据这些指标来制订战略行动方案；再次，根据战略行动方案及各部门工作的重要性分配资源，并尽量使部门间的资源产生协同效应；最后，在外部环境发生变化时，对战略进行反馈和调整，并调整其考核指标体系。通过以上各个环节的实施，可以确保企业的战略目标、战略行为、战略资源和绩效管理成为一个联系紧密的整体，使企业的战略调整和战略决策获得成功。

在企业战略调整方面，美的电器在战略动态调整方面做得很成功。美的集团整体上市后，产业链协同优势明显。美的集团充分整合了旗下四大业务板块，实现了资源充分共享，提升了各业务板块的协同效应。

除此之外，公司还主动推动自身战略从成本优势向效率优势、产品优势转变。美的从 2011 年下半年开始调整战略，从优化产品结构和提升运营效率角度出发，逐步提高中高端产品比例，削减部分低毛利产品的销售，经营全面从追求规模向利润转变，战略转型获得了成效。

初创企业赢利是关键，赢利之后维护是关键

从企业发展的目标来看，企业从事经营活动的直接目的是最大限度地赚取利润并维持企业持续稳定的经营和发展。对于初创企业来说赢利是关键，而对于一些已经获利的企业来说，赢利只是一方面，更重要的是赢利之后的维护工作——持续赢利。

一个企业能否持续赢利，要看企业的赢利能力。企业赢利能力对企业的重要性不言而喻。现代社会中，无论是什么类型的企业，赢利能力强的企业总比赢利能力弱的企业具有更大的活力和更好的发展前景。

赢利能力，是指企业在一定时期内赚取利润的能力。企业持续赢利能力是指企业持续赚取利润的能力。持续稳定地经营和发展是获取利润的基础；而最大限度地获取利润又是企业持续稳定发展的目标和保证。那么，企业怎样才能持续最大限度获取利润呢？

1. 专注于明确的核心业务

企业的核心业务是由该企业最具有竞争优势的产品组合、目标客户、销售渠道、技术及其地区优势来确定的。核心业务明确对企业的发展意义重大，因为它可以为企业的发展提供一个稳固的增长平台。如果对业务范围没有明确的概念，就很难确定企业的竞争定位、各竞争对手的相对重要性或各种增长机遇的相对战略的重要性。

相关研究发现，有近 80% 的持续增长企业只有一项核心业务，并在其自己的市场中独占鳌头。另外 17% 的持续增长企业虽有着多项核心业务，并均在业内占据领先地位。而那些没有明确的重点或核心业务的竞争对手的市场

表现远远落后于业务专注企业。

企业一定要有所专注，建立自己强大的核心业务。因为高度多元化的多重业务通常会分散管理层的精力，使其不惜牺牲建立竞争优势而一味追求所谓的高增长率行业，从而实现持续赢利增长的概率要小得多。

2. 充分发掘核心业务的潜力

企业建立了自己的核心业务之后，还要不断努力发掘其核心业务的全部潜力。重要的衡量标准是该企业是否为市场领导者，而这由其相对市场占有率所决定。

而那些没有充分发挥其核心业务优势的企业、忽视了使核心业务达到其全部潜力且成为市场领先者，目前需要重视以下三个重要方面：①建立市场领导地位，增加收益，创造高利润率。②增加可投资资金，建立竞争优势。③拓展更大的利润源，发掘相邻业务领域内极佳的利润增长机会。为了实现以上三个方面，最常用的方法是提高生产力，降低成本，开发新产品，为最高利润客户优化产品和服务，强化和扩展销售网络，提升客户的忠诚度，以及选择性地收购竞争对手等。事实上，多数持续增长企业是通过以上多种方式的组合来强化其核心业务的。

3. 将核心业务拓展到紧密相邻的产业

持续增长战略的第三个关键要素是向紧密相关的相邻业务扩展。通过涉及与企业相关的细分市场或业务，企业可强化或共享核心业务并赢得新的利润空间。根据与核心业务在这些方面的“共享”程度，一项相邻业务可以被归类成为 1 级、2 级、3 级、多级甚至多元化分散业务。

4. 紧随市场的变化重新定义核心业务

随着新技术、客户喜好的变化、低成本商业模式的推出，以及政府规定的改变等，行业出现动荡，迫使企业面对新情况重新确定自己以求生存。因此，紧随市场的变化来重新定义其核心业务是确定企业持续增长战略的第四个关键要素。

利润下滑，从模式入手解决

每个利润下滑的企业都会感到惶恐不安，因为持续利润下滑影响的不仅仅是企业的利润，还关乎企业的生死存亡。其实，企业利润下滑也不是不能解决的问题，这要从模式入手进行解决。

有人认为细节决定企业成败。熟悉商业模式系统的人都不认同这一观点，因为他们知道决定企业成败的因素在于企业特有的商业模式的核心要素或者薄弱环节。核心要素决定了企业何以成功，薄弱环节决定了企业何以失败。

一个企业如果能够发现并把握好商业模式系统的核心要素，企业就可以获得竞争优势，获得持续赢利，走向成功；同样，如果一个企业不能及时发现并把握好商业模式系统的薄弱要素，企业就很可能在竞争中处于劣势，陷入亏损，走向灭亡。

发现并把握好决定企业成败的关键因素——商业模式、核心要素和薄弱环节，是每一个企业领导者的基本功和必杀绝技。遗憾的是，由于商业模式系统创新理论是一个新生的经营理论，尚没有得到广泛的传播，因而成功的企业家的系统经营思想大都出于企业家在黑暗中的摸索和商业禀赋。对于先接触到商业模式系统创新理论的企业家来说，如果他有着良好的经营历练和敏锐的商业思维，他一定会产生强烈的共鸣，并积极应用这一理论指导自身的经营实践。而对于那些缺乏比较全面的经营历练，单纯从企业某一部门或领域出身的企业领导者而言，如果总是习惯于将复杂系统分割成可以处理的片段来思考（这种先分割再组合的思想曾经是当代思潮的主流），就很难打破传统管理理论熏陶下形成的分割式的思维方式，接受商业模式系统创新理论会遇到很多困难。因为，分割的思维方式使人们丧失了更深入观察商业模式与其结构性要素以及结构性要素之间的互动关系及其形成的复杂现象。

《持续赢利靠模式》一文分享了在多年实践中获得的商业模式系统创新的感悟：

商业模式系统创新理论是一个全新的发现，掌握这一理论无疑会获得强大的精神力量和物质力量。但是，同时，在这一理论尚未被绝大多数企业经营者和管理学家所接受的前提下，也必将面临一切先知先觉者所共同面临的困扰，不可避免地要遭到不知不觉者们的嘲弄和围剿。

如果你对商业模式进行细致研究就会发现：企业持续赢利的关键不在于企业所处的产业环境和竞争环境，而在于企业能否发现产业环境和竞争环境中的利润区；不在于企业拥有的资源与能力，而在于企业对自身资源与能力运用的方式；不在于企业是否有优势，而在于企业的优势在哪些环节；不在于企业经营管理是否存在问题，而在于问题出现在哪里，程度如何；甚至不在于企业是否赢利，而在于企业是否在赢利的同时为顾客创造价值；不在于企业在竞争中是否拥有与竞争者的比较优势，而在于顾客是否认为你有优势等。这些发现可以归结为一点，就是企业的产业环境、顾客、人才、产品、技术、资源与能力、战略，甚至核心竞争力、领导力、执行力等任何一个因素都不是持续赢利的关键，企业持续赢利的关键是通过为特定顾客创造价值以实现企业价值的内在逻辑，即商业模式。

重视商业模式的企业经营者，需要以系统思考为快乐，以特立独行、打破常规为快乐，以在古今中外一切管理理论、思想、方法基础之上，探索企业持续赢利之道为快乐。对商业模式重新认知和思考，掌握更多识别、规划、评价、创新企业商业模式的知识和技能，以便为企业塑造成功的商业模式，阻止企业利润下滑，以至于挽救整个企业。

第八章

赢利实现

——结构和类型

各种关键元素的组合并发生作用

企业赢利的实现离不开各种元素的组合并发生作用，因此，企业要持续健康的发展，必须具备一定的能力。而这种能力本身又是多种能力的聚合，具体来说包括十大能力。

1. 决策能力

这种能力是企业辨别发展陷阱和市场机会，对环境变化做出及时有效反应的能力。如果企业不具有这一能力，发展也就无从谈起。决策能力与企业决策力是一种统一关系。没有决策能力的企业，也就是企业决策力薄弱。如果决策频频失误，企业根本无法获利。

2. 组织能力

企业参与市场竞争，最终得通过企业组织来实施。也只有当保证企业组织目标的实现必须完成的事务工作，事事有人做，并且达到一定的标准时，才能保证由决策能力所形成的优势运用到实践当中去。并且，企业决策力和执行力也必须以其为基础。因为，企业组织能够明确而恰当地界定企业组织成员相互之间的关系，并选择恰当的人员承担并完成既定工作目标，给决策力和执行力提供有力的保障。

3. 员工竞争力

人才是企业的关键要素，企业的一切事务，必须靠人来完成。只有当员工的能力充分强，做好工作的意愿充分高，并且具有耐心和牺牲精神时，才能保证事事都做到位。否则，企业的决策力和执行力也就成了无源之水的空话。保障企业决策力和执行力的活动要有效率和效益，也就是保证活动的主体——员工具备与之相适应的能力、意愿、耐心和牺牲精神。

4. 流程竞争力

流程就是企业组织各个机构和岗位角色个人做事方式的总和。它直接制约着企业组织运行的效率和效益。企业组织各个机构和岗位角色个人做事方式没有效率和效益，企业组织的运行也就不会有效率和效益。

5. 品牌竞争力

品牌需要以质量为基础，但仅有质量却不能构成品牌。它是强势企业文化在社会公众心目中的折射，因而它也直接构成企业整合内、外部资源的一种能力。没有品牌竞争力，企业组织内部和外部都不认同企业的做事方式和行事结果，企业也就谈不上有什么竞争力，更谈不上有核心竞争力。品牌一旦形成，又直接是一种资源，因而它是构成企业支持力的一个重要内容。

6. 创新力

创新是企业不竭的动力。没有创新力的企业，在市场竞争中必然处于被动挨打的境地。所以，企业要发展就必须要有创新力。创新力既是企业支持力的一个重要内容，又是企业执行力的一个重要内容。

7. 渠道竞争力

企业要赚钱、赢利、发展，就必须有足够多的客户接受自己的产品和服务。如果没有宽阔有效的渠道沟通企业与客户之间的关系，导致企业与客户隔离，企业必然会惨败。因而，渠道是一种资源，渠道竞争力也就直接构成了企业支持力的一个内容。

8. 价格竞争力

所谓“货比三家”“质优价廉”，每个人在购物的时候都会对同类产品进行比较，选择出性价比较高的产品，其中价格就是一个比较关键的要素。在质量和品牌影响力同等的情况下，价格优势就是竞争力。没有价格优势，最终都会被消费者淘汰。因而这一竞争力也就直接构成企业支持力的一个内容。

9. 文化竞争力

文化竞争力就是由共同的价值观念、共同的思维方式和共同的行事方式构成的一种整合力，它直接起着协调企业组织的运行，整合其内、外部资源的作用。在企业文化的号召下，企业员工会形成共同的价值观念、共同的思维方式和共同的行为准则。因而企业的决策力和执行力也都必然直接受制于它。共同的价值观念、共同的思维方式和共同的行事方式不统一，并且腐朽落后，决策就难免频频失误，工作就难免效率低下。

10. 伙伴竞争力

在当今社会，企业就和个人一样，不可能什么事情都能自己解决，所以需要建立广泛的战略联盟。如果一个企业失去了合作伙伴的支持，就无法适应客户价值满足集中化的要求，必然在残酷的市场竞争中处于不利地位。因而，它的增强直接体现为企业支持力和执行力的提升。

这十种能力是企业赢利的必备要素，作为一个整体，缺一不可。任何一个方面的缺乏或者降低，都会影响企业的赢利。

创造出客户所需要的产品，并卖出去

任何一种产品都是为了满足客户需求而产生的，没有需求的产品没有销路，就不会给企业带来利润。快速多变和不断细分的市场，以及多样化和个性化的客户需求，形成了新的动态竞争环境。面对这样的环境，美国麻省理工学院 Nam P. Suh 教授提出了公理化设计理论，他认为产品设计是客户需求域、功能域、物理域和过程域之间的映射过程。按照这个设计方式创造出来的产品，才能被客户所需要，并能卖出去。所以，客户需求作为产品设计的输入，对产品设计、生产起着决定性的作用。企业在创造产品的时候，一定要先了解客户需求。

由于多数客户不是技术专家，对产品了解得不全面、完整，因此客户需求常常存在着各种各样的问题。

- 不明确——客户自身不能明确需要哪些产品的功能，往往造成需求过多或需求过少；
- 不准确——不能确定对产品的某项功能需求的程度，造成该项功能过剩或不足；
- 不合理——客户需求存在大量的冗余，又或者需求之间互相排斥、冲突；
- 动态性——客户需求有可能随着产品定制的进行或环境的影响适时变化；
- 表述模糊——不同客户对需求描述语义差别大，不能准确表达自己的需求。

面对这些问题，企业应该怎样做才能满足客户的需求呢？

1. 通过科学的分析替客户识别自己的需求

有时候，客户只是模糊地感觉到自己的需求，但是并不是确切地知晓自己最需要的是什么。有效的解决方法是将客户所有可能的需求进行分解、排序，进而找出简便具体的满足客户需求的新方法或新途径。

由于市场竞争加剧，美国一家跨地区商务连锁酒店经营业绩已经几年徘徊不前，在明确了不改变主业以及依旧以商务人士作为自己的目标消费群的前提下，公司对商务人士的就餐需求进行了多维度的分解分析。经过细致的调查分析，他们了解到，这些商务人士对于就餐需求最关注的竟然依次是味道、环境、交通便利性、服务质量稳定性、价格等，依据这样的事实，他们在改进饭菜质量的同时，为各地的连锁店的单间用最好的隔音材料进行了重新的装修，配备了舒适的桌椅，在提供稳定的服务水平的同时将价格重新统一定位在中档水平，而在其他方面只满足最低水平，不加重点关注，改变以后，饭店的营业额不但攀升。

2. 在不能有效满足客户需求的时候，可以尝试转换客户需求

转换客户需求，其实就是从产品或服务上下功夫。

一家装备制造企业一直为居高不下的库存问题所困扰，针对解决库存问题这个需求，常规方法很难令用户满意，在具体分析了行业相关情况和客户的具体业务流程的基础上，该企业引入了战略合作联盟的方式转换客户需求，在生产线两旁根据所需配件的情况建立数个独立的小型仓库，并对相关的供应商统一公开招标，收取一定的租金，根据生产情况，实行现用现结的方式实现零配件的“零库存”，实际运作效果非常好。

3. 拆分或合并客户需求

拆分需求是指专注于满足客户的一部分需求，有时也能达到事半功倍的效果。美国西北航空公司将传统意义上的飞行移动需求中的供应饮食等附加服务取消，只专注于满足顾客的短途飞行移动的核心需求。事实证明，这种创造性地满足客户需求的方式是极其成功的。

合并客户的需求也是一种同样的思路，在其他的竞争对手都采用同样的方式满足类似的客户需求的时候，增加相关的服务，从单纯的提供产品转变为提供综合的解决方案，从而确立自己的竞争优势。

企业创造被客户需求的产品时，需要注意的是客户的需求是无止境的。由于客户需求的多样性和随着时间不断地发生变化，事实上不存在一劳永逸的客户解决方案，聪明的做法是一点点地满足客户的需求，根据企业自身资源的情况和外部环境的变化趋势，不断扩展产品的新类别和品种花色。

另外，企业要时刻记住满足客户的需求是为了把产品卖出去。企业创造性地满足客户需求的最终目的是通过争取到更多、质量更高的忠实客户群而为企业带来更高的利润水平，或使企业获得并保持持久的竞争优势。

被动赢利——先做产品，再为产品找市场

究竟是先做产品，还是先找市场，就像是“鸡生蛋，蛋生鸡”的问题，没有人说得清。在这里先说一下先做产品，再为产品找市场的做法。这种做法是一种被动赢利方式，因为它不能预知产品的售量。

在我国钢铁行业流行着一句话，即“没有疲软的市场，只有疲软的产品”。所谓疲软的产品就是品种不适销对路，满足不了市场需要的产品。

产品的质量代表着企业的市场形象。“质量是生命”充分说明了在市场经济条件下产品质量与市场的关系。市场经济条件下，市场是产品质量优劣的最权威的评判官，用户的满意程度是检验产品质量的根本标准，达到了质量标准的产品，如果用户不满意就不是好产品。所以，产品的好坏是由市场说了算。因此，先做产品，再找市场是一种被动的赢利方式。

那么，对于采取被动赢利方式的企业来说，应该怎样做产品呢？

1. 做好产品质量

质量是产品的生命，新产品更要依靠高质量来树立口碑。要做高质量的产品，企业必须全员参与，每位员工都有义务和责任做好产品质量，并牢固树立质量意识，严格控制和执行好产品的操作流程。要求领导和每位员工全身心地投入到产品质量管理当中，把质量目标灌输到每个员工的心中。主要从进料检验、生产过程、出厂检验、售后服务等方面去控制，从而确保产品的整体质量。

2. 控制好产品的成本

决定产品价格的基本因素是成本。如果企业能够有效地控制成本，就可以在市场竞争中灵活自如地运用其价格策略调控市场，从而获取最大的利润。当然，市场对企业的产品成本也有强大的影响力。当整个市场价格水平较高时，会推动企业成本的上升；当整个市场价格水平下降时，企业产品成本也会随之下降。市场价格是由社会平均劳动时间和市场供求关系决定的，企业

产品成本的上升或下降，意味着企业利润的减少或增加。对单个企业来讲，如果产品成本高于市场价格，无情的市场机制就会迫使企业降低成本，不降低成本企业就难以生存；如果产品成本低于市场价格（这个市场价格是垄断价格），这个企业获得了高于平均利润的超额利润，市场机制又会引导其他企业转移资本或通过技术革新、技术革命来降低同类产品的成本，从而保持市场的均衡。成本与市场息息相关，企业要把握住市场的主动权，必须采取有效的措施控制成本。一是强化成本管理，将成本控制指标层层分解，落实到车间、班组，形成全员、全方位、全过程的成本控制体系；二是要依靠科技降低成本，优化产品的技术经济指标，使产品成本在同行业中达到最低水平。

3. 做好服务工作

这里指的是一种狭义的服务，即企业在销售产品后向用户提供的服务，实质是产品销售过程的一种延伸。企业服务质量的好坏，关系到企业的信誉和产品竞争力。

市场是企业产品服务质量的最公正的评判官，因此，企业在产品销售过程中，必须高度重视服务，依靠优质的服务占领市场、开拓市场。

综上，被动赢利的企业，要想提高自己的销售额，必须要善于辩证地处理好诸多关系，做好质量、成本、服务等几方面的基本功，做到质优价廉、服务客户，主动地占领市场、开拓市场，紧紧把握市场的主动权。

定向赢利——先发现市场，再做产品

先发现市场，再做产品就是企业在进行细致的调研之后对市场的未来消费群体进行准确的分析，然后大胆地开发出适合于该群体的新产品，且敢于采用各种营销手段把其推向市场。通过发现市场，企业就为自己的生存和发展开辟了更新的道路，有时甚至会使企业通过这种行为在很短的时间之内推出一个具有强大竞争力的品牌，一举走上名牌之路。

企业发现市场之后，根据市场需求做产品是一种有目的的生产行为，其赢利具有可预见性，是一种定向赢利的方式。

有句话说得好，有人的地方就有江湖，同样，有人的地方就有市场。市场机会无处不在，只要通过规范的营销技术发现、引导、开拓、扩大和满足这些需求，就会找到市场机会。

有关人士经研究发现，发现市场机会的方法有很多种，常用的包括预测消费需求和填补未满足需求等。

1. 预测消费需求

善于赢利的企业，常常能够通过对宏观社会、经济、文化等环境的研究，预见消费者的需求，从而及时抓住这些市场机会。也有的企业能够通过改变消费者的观念、生活方式，让消费者逐渐形成对某些产品或服务的需求。苹果手机就是一个突出的例子。随着苹果新品的不断推出，人们对手机的概念也随之不断改变。

消费需求预测是在营销调研的基础上，运用科学的理论和方法，对未来一定时期的消费需求的量及影响需求的诸多因素进行分析研究，寻找市场需求发展变化的规律，为营销管理人员提供未来市场需求的预测性信息。

预测内容包括：对某一种或几种产品潜在需求的预测；对潜在供应的估计；对拟设计的产品市场渗透程度的估计；某段时间内潜在需求的定量和定性特征。除了全部和大部分供出口的产品以外，对产品的潜在需求主要以国内市场为基础进行预测。

2. 填补未满足的需求

填补未满足的需求就是指一部分消费者可能对某物有一种强烈的渴求，而现成的产品或服务又无法满足或无法完全满足这种需求，那么企业的任务就是开发纯新产品或提供更新层次的服务来满足这种需求。

现今满足人们的衣食住行、文化、娱乐的产品琳琅满目，以至于形成了产品过剩。然而，人们的需求会随着时代的发展、生活水平以及消费水平的提高而改变。产品种类众多，但不一定全是消费者喜爱的产品。并且不同消费者的需求是不同的，消费者这一方面的需求满足了，又会有另一方面的需求显现出来。比如，饮料市场，消费者对饮料的认识也有一个逐步变化的过程，饮料最初的功能是解渴，而味道好是其立身之本，因此市场上的大部分饮料都能满足消费者解渴、味美之需求。现代人更注重保健，因此，厂家又抓住机会推出纯水、蒸馏水、太空水，还有营养丰富的纯果汁。而以“解口渴更解体渴”为口号的“佳得乐”，以“渴了喝红牛，累了困了更要喝红牛”为口号的“红牛”更是突出了饮料的实际功能，抓住了消费者日益增长的保健倾向和功能需求。那么是不是可以说，饮料市场再无机会可寻了呢？否也。有一家合资企业又在筹划一种饱腹型饮料，它的原料是纯天然稻米的胚芽和种皮，经过专门的加工处理，制成罐装饮料，营养丰富，喝一罐肚子会饱，可当早餐或点心，又可减肥，同时还可节省工作繁忙者的时间。相信其他的饮料生产企业也会在深入研究消费者的需求后，抓住良机，适时推出成功的产品。

总之，企业要想在市场竞争当中取得优势，获得更多的利润就必须进行深入的市场调研，预测未来的消费者市场。无论是利用现有市场的空隙，还是预见未来市场的方向，从而把握市场机会，都要把研究消费者需求作为首要任务。深入、全面地进行分析研究，弄清哪些是已满足的需求，哪些是未满足的需求，哪些可能是将来会出现的需求，这样才能及时发现市场机会，做企业营销的主人。

在全球经济环境不佳时期，海尔的海外市场份额不减反增，就是得益于其“先市场后工厂”的策略。海尔在海外市场开拓过程中奉行的是“海外创牌”而非“海外创汇”的理念，先树立品牌，使市场能力提高了，再去启动新兴市场。在“先市场后工厂”的理念下，海尔在海外市场力求“三位一体”。以欧洲市场为例，2001 年 6 月 19 日，海尔并购了意大利迈尼盖蒂冰箱工厂，加之在法国里昂和荷兰阿姆斯特丹的设计中心，在意大利米兰的营销中心，海尔在欧洲实现了“三位一体”的本土化经营。这也是之后海尔在欧洲市场实现增长的原因所在。

海尔在海外销售中 90% 是海尔自有品牌，即便 OEM，也是 GE 这样的品牌。截至2012年，海尔在全球建立了10个设计研发中心、24个制造工厂、61个营销中心。随着国内劳动力及原材料成本的快速上升，海外布局对企业越发重要，全球化采购能帮助企业将成本拉平。海尔一直本着“先有市场后有工厂”的理念在海外布局，所以基本屏蔽了海外工厂亏损的风险。海尔意大利的迈尼盖蒂冰箱厂最近两年一直是满负荷运营，工人实行三班倒，这在国外很少见。

海尔“先有市场后有工厂”的理念，正是先发现市场，再做产品，实现定向赢利的完美体现。

生产和营销始终是企业的两大主题

市场经济体制下的企业要关注的不仅仅是营销方面的问题，还要重视生产问题，甚至需要考虑产前决策，新产品的开发。因为，市场经济要求企业要树立正确的营销观念，以社会需求为中心，以产定销，坚决克服无目标的生产模式。所以，企业一定要一手抓生产，一手抓营销，两手抓，两手都要硬。

这就要求企业在重视生产的基础上，善于拓展市场。在对市场需求充分调研的基础上，精细分析，深谋远虑，准确定位，独辟蹊径，勇于走别人没有走过的路，善于开拓别人未涉及的“真空地带”，瞄准业务发展和市场需求中的短板和空白，开发新市场，扩大产品市场占有率。

总体来说，现代企业生产和营销的发展方向就是利用当今最适用的信息技术、计算机网络技术、计算机控制技术、自动机械工程技术等同现代企业先进的管理、生产、营销手段和方法、思想有机结合起来，最大限度地满足市场需求的综合的人机系统，它能最大限度地满足个性化顾客的需要，是一种真正实现“心想事成”的生产和营销模式，被人们称之为“柔性销售生产模式”。

这种模式的优点就在于：

①所需人力资源能大大减少。采用先进的自动化设备，有利于提高生产效率和节约人力成本。它无论在产品开发、生产系统，还是企业的其他生产部门，与传统企业相比均能减少人力资源。

②利用现代信息技术和 Internet 的协同工作技术，企业产品开发人员可以同顾客联合开发新产品，大大缩短了新产品的开发周期，并减少了开发新产品的风险，节约了新产品的开发成本，缩短了新产品投放市场的时间，从而赢得了顾客和市场。

③由于采用先进的机电一体化生产控制设备，可以大大节约工厂占用空间，节约厂房建设投资费用，减少折旧，降低产品成本。

④真正实现了零库存生产。因为生产完全按用户需要临时组织，实现了产品零库存，节约了大量的仓储费用，并加速了流动资金的周转，提高了资金利用率。

⑤提高了产品质量和服务质量。因为企业完全按顾客要求组织生产，最大限度地满足了顾客的需求。

⑥避免了决策风险、决策失误带来的损失。企业生产、销售什么完全由顾客决定。企业只是组织生产者，没有决策生产产品的权力，只有组织生产的权力，因而就谈不上承担因决策失误而造成的损失。

⑦完全杜绝了假冒伪劣产品的发生。实现了按用户意图的订单进行组织生产，使假冒伪劣产品无生存之地。

⑧为固定客户提供了有利条件。企业可根据顾客的消费行为特征，建立相应的顾客档案、促销手段、服务方式，做到有的放矢，满足个性消费，达到扩大用户的目的，从而为企业带来效益。

⑨减少了中间流通环节，降低了销售成本，进而降低了产品的最终销售价格。这不仅有利于企业扩大销售，最终也使消费者从中受益。

⑩使传统的企业管理模式发生了深刻变化。企业的生产、组织、控制、销售等一切经营活动都是以满足顾客需求为中心而临时组建的，因设备的高度自动化、智能化，减少了人为的控制因素，使生产得以按用户要求实现自

动化生产。

随着网络技术的不断发展，柔性销售生产模式也迅速发展。网络把整个地球变成了地球村，用户不受时间和空间的限制，也不受国家体制、政策的限制，完全能实现自由的商务活动，企业同客户之间是一种协同关系，完全是以提高客户的满足度为目的。企业发展的核心是市场，市场的核心是消费，而消费正朝多样化、个性化的方向发展。柔性销售生产模式是用现代的一切最新科技成果同消费进行动态结合的一种方式，是以最大限度地满足消费需求为目的的未来企业生产和营销发展的一种新趋势。

总之，柔性销售生产模式改变了传统企业以产品生产为中心的被动模式，它是以满足顾客最大需求为中心的并主动适应市场的动态模式，是一种“按需生产”的主动模式，它能适应社会的发展，适应市场以顾客、消费为核心的需要，且将人们的消费需求带入一个自由飞翔的境界。

丰田喜一郎提出的只有在需要的时候，才生产刚好满足顾客需求数量的产品的刚好及时（JIT，及时生产，后来改称刚好及时，以匹配后来 JIT 向其他非生产领域的延伸应用的需要）策略，恰好说明了生产和营销是企业必须兼顾的两大主题。

丰田喜一郎提出的这个策略，对于当时的丰田，实施起来有很多的困难，所以只是停留在“概念”阶段而已，对丰田汽车厂而言尚未有太多的实际影响。第二次世界大战后丰田汽车再次投入生产，大野耐一主管生产，几年后由于生产过剩、产品（卡车）滞销、资金链断裂，被迫将生产和销售分拆经营（产销分离）。又过了两年，大野耐一才体会到“有需要才生产”这个 JIT 核心概念的重要性，于是下决心更深入地去实现 JIT。

在实现 JIT 的过程中遇到的第一个难点是客户无法忍受漫长的生产周期。大野先生将时间都浪费在了等待上，这个问题出现最严重的地方就是流程的断裂点，他以“制程合并”策略来清除制程中的断裂点。但是，如何让断开的制程能够更紧密的“合作”起来的问题一直困扰着大野，后来他在“超市概念”上获得启发，“以看板来拉动”（传递需求信息及物料搬运指令）的机制终于让整条制程完全流动了起来。如果周期缩短了，库存、重复搬运作业也会随之减少，就连以前因为周期时间太长必须冒险提前投产、制造超出需求数量的产品库存（积压资金）的风险也大大降低了。

但是至此，丰田的 JIT 并没有完全实现。大野很快就发现供应链中存在许多改进的机会，于是便开始了“供应链 JIT 改善”旅程，当年，大野优先采取了一个运用自己的日平均排产计划的特征，制订了给供应商“每天的零部件需要量都一样”（只会出现小幅波动）的采购计划，并借此要求供应商拨出特定的设备，来为丰田生产和供应“每天数量几乎都相同”的零部件。这一策略非常巧妙地解决了“与供应商的其他客户共享设备资源，大家共同接受供应商的排产计划”的排队问题，大大地缩短了采购的周期，并因此而降低了丰田与供应商之间的“零部件库存”。

后来丰田又成立了以指导供应商导入 TQC 为重点的团队，开始向其上游供应链发力。到 1968 年所有一级供应商基本上都已成功建立了 TQC 系统，供应商质量问题获得解决，进料检验的多余环节也随之清除掉了。丰田又乘胜直追，再建立“工位零件需求排序表”，开始以供应商看板，每天分时段循环拉动供应商的零件供应，取消仓库的中间环节，实现了“以同步化物流直接供料到指定工位”的理想。

1973 年丰田这套系统通过石油危机的考验之后，大野宣告其 JIT（含上游一级、二级供应链的 JIT）已大体实现！

丰田用其足足走了 30 年的 JIT 之路，充分证明了生产和营销始终是企业的两大主题。

实现赢利需要创造性思维

技术创新是企业发展的主动力，人们对技术创新的研究已取得了相当深入的进展，包括对其概念、特征、过程和促进对策的研究。但是，技术创新不仅是表面或实质性的具体化过程，更主要的是在各个阶段都包含了创造性思维，正是技术创新过程中创造性思维的存在，才不断地促进技术创新的实质性发展。从这个意义上来说，企业要想赢利就离不开创造性思维。

有人把创造性思维称为“变革性思维”，是指反映事物本质和内在、外在有机联系，具有新颖的广义模式的一种可以物化的思维活动。它是包括抽象思维、形象思维、发散思维、收敛思维、直觉思维和灵感思维等多种思维形式的协调统一，是智力和非智力因素的和谐统一。即通过思维，不仅能揭示事物本质，且能在此基础上提出新的、具有社会价值的产物，不断满足人类的精神和物质需求。美国学者托兰斯认为“创造性思维”是一系列过程，包括对问题的缺陷、知识的鸿沟、遗漏的要素以及不和谐等的察觉，进而发觉困难，寻求答案，进一步求证，然后获得结果提出报告，传达给别人。

创造性思维的目的是寻找解决问题的创新点。一般来说，逻辑思维和形象思维是创造性思维产品的基础。大多数人思考问题时，要么采取逻辑思维方式——分析对象的有关因素，从中寻找突破口，沿着突破口，运用分析、判断、推理和归纳等思维方法找到创新点；要么采取形象思维方式——通过对对象的理解，凭借一种感觉运用联想、想象和直觉等思维方法较直接地在头脑里捕捉创新点。在找到创新点之后，要从创新点出发，理性地向思维对象返回，以寻找到两者之间合理的、可行的途径。这就基本完成了一个创新思维过程。

利用创造性思维赢利的例子很多，洛杉矶奥运会的创意就是一个典型的案例。由于奥运会规模大、奢华、浪费，1984 年美国洛杉矶奥运会之前的主办国家几乎全部严重亏损。1976 年加拿大主办奥运会亏损达 10 亿美元。1980 年苏联由于主办奥运会产生的债务更是一个黑洞。1984 年美国洛杉矶奥运会，由商界奇才尤伯罗斯接手主办，才创下了首次巨额赢利的纪录。

尤伯罗斯将经济理论、创新思维引进体育事业，用经济手段操办体育比赛。他一方面节流：宣传奥运光荣，招募数万名义务服务员，仅此就节省数千万美元工资。全部使用现成的体育馆，并以当地大学宿舍作为奥运村，节省了大量的建筑费用；另一方面开源：首先出售奥运圣火接力权。圣火在希腊点燃后到美国境内接力达 1.5 万千米，每千米的赞助费为 3000 美元。其次，限制赞助厂商的数量，提高单位赞助数额，每家厂商赞助不得少于 500 万美元。再次，不仅获得 7000 万美元的奥运广播电台转播款，还竞买独家电视转播权，从美国全国广播公司取得 2.25 亿美元的转播费。最后，出售奥运吉祥物获得了可观的收入。

由此可见，尤伯罗斯的创新思维使洛杉矶奥运会获得了巨额收入。此后，他的这种奥运会赢利模式不断被他国复制与创新。

企业要想赢利离不开合适的赢利模式，而适合的赢利模式的设计正体现出了创造性思维。因为赢利模式是有规律、有节奏、有整体结构性的赢利方式，正因为有了这种规律性和结构性规划，它才能够在一段较长时间内稳定维持，并为企业带来源源不断的利润。

众所周知，沃尔玛采取的是低价格赢利模式。因为它通过全球化采购，在全球市场上选择成本最低、价格最低的供应商，通过扩大订货量来压低价格，最后获得了成本最低，相应价格也最低的一个大卖场，这也是沃尔玛成为全球第一大零售商的秘密之一。沃尔玛实施的全球化采购，不得不说是一种创新。和全球化采购类似的，在分摊领域，全球化生产经济一体化，企业靠降低生产制造成本来获得超额利润，扩大竞争力取胜，这就是全球化生产赢利模式，是对赢利模式的一种创新。

商业模式的创新，还可以从其他很多方面进行，如市场创新、赢利创新、资本市场创新等，总之企业要实现赢利，就离不开创造性思维。

第九章

企业价值

——提升利益相关者的依赖度

企业价值管理

相关学者对价值管理的定义是：通过培育和确立符合时代发展潮流的思想观念，形成企业的价值理想、价值追求和价值共识，并在实践中牢牢把握正确的价值导向，正确选择价值创造和价值实现的方式、方法及路径，形成全面、系统、稳定且共同遵循的价值判断和价值表达的原则、标准、方式和方法，进而形成体现企业价值的产品和服务。由此可见，价值管理的目的是通过培育价值共识，引导全体员工形成符合员工自身和企业发展实际的先进的价值理念，形成强烈的价值凝聚，调动全体员工的积极性、主动性和创造性，使员工在正确价值理念的引领和驱动下，正确地做事、做正确的事，自觉自愿、尽心尽力地发挥自身的潜能，推动并实现全体员工和企业的共同发展。其实质是持续不断的价值变革，是对传统的落后的价值理念的破除，是新的思想观念、正确的思维方式、高效的组织方式和良好行为习惯的逐步培育，是企业价值的不断确立和价值链条的不断更新再造，是企业管理最深层次的变革。

从全球范围内来说，价值管理经历了两个大的发展阶段：

第一阶段是20世纪90年代之前。这一阶段的价值管理有两大特点：一是只有少数企业在实践中阐述并运用了价值管理的方式，但没有形成较为全面系统的价值管理思想和理论。如沃尔玛、壳牌石油公司等业绩优异的世界知名企业的管理者都曾撰文或出版著作，阐释公司的核心价值观；二是价值管理更注重企业的经济价值，主要是关注企业经营成本的高低和利润的大小，把利润最大化作为价值管理的最终目标。

第二阶段是20世纪90年代至今。价值管理在这一阶段开始得到国内外企业管理学界和企业管理者的普遍重视。从1997年的亚洲金融危机到2008年下半年以来的国际金融风暴，都暴露出大量知名企业不择手段地过度追求自身的经济利益、过分追求大股东的利益而不顾其他相关者利益的倾向。从安然公司重大舞弊案到麦道夫金融诈骗案，近年来美国上市公司发生的一系列舞弊案，无一例外。从国内实践看，从三鹿奶粉案到黄光裕案，再到足球行业的赌球和电信行业企业放任互联网、手机黄色信息泛滥等，都暴露出一些企业价值管理方向的迷失和混乱。由此可见，价值管理已经成为我国企业面临的一个十分急迫的课题。

就拿海尔来说，它无疑是价值管理理念的典范。张瑞敏的砸冰箱事件使全体员工悟出一个简单而又深刻的道理：质量是企业的生命，生产劣质产品等于砸自己的饭碗。增强质量意识是海尔价值管理的开端，全体员工牢记“质量至上”这一经营理念，以产品零缺陷为基本目标，从而创造了海尔品牌。此外，海尔实行“三全服务”，将海尔彩电的服务提高到一个全新的水平，有力地促进了彩电行业的发展。正是海尔正确的价值理念，每一个员工都以提高企业价值共识为目标，能够正确地做事并且做正确的事，尽心尽力地发挥自身的潜能，推动全体员工和企业的共同发展。海尔的价值管理理念不仅使其产品质量更优，而且树立了海尔品牌的美誉度。

国美的黄光裕案是价值管理方向的迷失和混乱的例子。国美电器大股东黄光裕利用上市公司挪用资金并且违反公司董事的信托责任及信任，严重侵害了中小股东的利益。国美的控制权之争成为权威人士分析和讨论的焦点，它的经历纷扰使企业价值大大下降。这说明黄光裕并没有树立企业价值理念，没有基于国美的整体利益考虑，仅仅是为追求一己之私，受伤的却是自己一手壮大的家族企业。

总之，企业价值管理是顺应经济时代发展要求的一种全新企业管理模式，它通过一套系统的管理体系，变革、规范和引导企业行动方式，调整和规范企业行为，促进企业高效、健康地快速发展，是一种新的管理思想、管理理念、管理方法和管理手段，其目的是通过对价值的有效管理，实现企业长期持续的有效经营。在现代企业制度提倡科学管理的前提下，价值管理不再是企业的某种职能管理，而是企业经营管理的全部，是一种以价值视角看待企业的管理，是一种战略意义上的管理理念。

企业如何创造价值

人们普遍认为，价值创造就是指企业生产、供应满足目标客户需要的产品或服务的一系列业务活动及其成本结构。企业增加销售收入就是在创造价值，而实际上并不一定是这样。

Marakon（马拉康）是一家总部位于曼哈顿的咨询公司，凭借其推出的管理模式——VBM，在世界 500 强企业中闻名。这家公司的创办理念很简单，就是帮助客户最大化股东的价值。VBM 就是由 Marakon 推出的一种集成的、依靠数据的企业规划和决策方法，目的是实现价值创造最大化。但是，对于国内企业家来讲这家美国顶尖咨询公司及其价值管理之道显然还是一个巨大的秘密。

在国内企业家看来一个企业的头等大事是增加营业收入，而 Marakon 认为，一个企业必须有一个统领全局的宗旨，那就是为股东创造价值。所有的战略、所有的管理、所有的系统、所有的决策都必须服务于这个宗旨。对于这个问题，Marakon 公司的联席董事长吉姆（Jim McTaggart）说：“收入增长非常重要，但我们实际上还是集中在股东价值增长这一个角度。因为只有进行获利性投资，收入才能真正增长。”吉姆解释说，“如果投资所得大于资本成本，那么资本增长会相应驱动收入增长。你或许看到公司收入增长 10%，但价值增长可能是 15%，因为获利能力在上升。反之，如果公司不能赚取高于资本成本的回报，那么会出现这种情况，即收入增长了 10%，但公司的实际价值却在萎缩。”管理学大师彼得·德鲁克曾在《哈佛商业评论》中所指出的：“只要一家公司的利润低于资金成本，公司就处于亏损状态。”也是说明了这个道理。实践证明，Marakon 这个管理理念是正确的。过去几年，Marakon 的客户在总股东回报（Total Shareholder Returns，TSR）方面高出同行 5%。

吉姆认为 Marakon 的竞争性优势就在于：“其一，我们的业务重点，我们是世界上唯一一家集中于价值创造的咨询公司，这意味着我们有着不同于其他公司的独到方法；其二，我们帮助客户发展他们自己的管理能力和技巧，换句话说，我们转让知识，但许多咨询公司只是做些研究，然后进行推荐。”

但是，事情往往没有说得那么简单，现代企业由于组织日益庞大、日益复杂，管理价值的目标变得比以前更难以实现，因为高层管理人员甚至不能获得有关战略决策或资源分配的最基本信息。VBM 就是基于这个原因诞生的，它从战略角度规划资本的投资，使股东价值获得长期性增长。这套工具大致分为三个方面。

第一，公司重组。这有助于在公司内部强化以创造股东价值为首要目标的共识。另外，将公司重新分拆成几个业务单位，每个单位的总经理因此可以直接负责价值的最大化。

第二，分析。分析的核心是“对公司每个业务单位进行客观评估，界定价值创造之处及流失之处”。首先做一个非常详尽的成本利润分析——了解公司哪里赚钱，哪里赔钱，为什么赚钱，为什么赔钱，竞争对手表现又如何？

第三，管理。在分析每个业务单位的价值创造情况之后，便进入价值管理的阶段。这要求各级主管不断寻找能最大化价值的战略方案并加以执行，同时坚决砍掉那些侵蚀价值的项目。

Marakon 认为以上做法仅能让一个公司获得阶段性的竞争优势，如何将这种价值最大化的策略保持下去，需要从组织的角度来思考这个问题。吉姆说："在一个生命周期日益缩短的时代，大多数产品不能像以前那样将其固有竞争优势一直保持下去。很明显，当今最持久的优势来自于这样一种组织性能力，即它能帮助公司做出更好更快的决策，从而和最佳的业绩标准保持一致。"并认为："产品和顾客的优势可以被模仿，但组织性的优势是难以模仿的。"

首席执行官引领公司创造价值的能力、动力和决心是组织性因素中的核心要素，同时，他还必须获得组织的支持。这意味着许多关键性的管理机制必须得到重大修改，其中包括公司的治理结构、战略规划、资源分配、业绩管理以及最高管理层的报酬机制等方面。"一旦组织性因素被公开纳入价值管理系统，那么有效管理价值的能力就明显成为公司里里外外竞争性优势的来源所在"。Marakon 的合伙人 Michael Mankins 说，GE 便是一个很好的例子，其组织性功效相当发达，这正是它在现代企业中鹤立鸡群最关键的原因。

VBM 的管理之道已被西方公司所普遍接受。与此相应，这些公司都拥有相当完善的公司治理结构，而且背后有相当成熟的股票市场。近几年来，基于价值的管理（VBM）已经演进为以价值为导向的管理（MFV）方式。名称有些变化，但实质内容并无多大差异，只不过后者要求公司管理层同时关注股东和客户的价值，因为他们是相互关联的。但是中国的大多数企业还不是真正以价值为导向，国内企业是时候应该考虑企业如何创造价值了。

企业如何将价值最大化

企业价值最大化是指通过财务上的合理经营，采取最优的财务政策，充分利用资金的时间价值和风险与报酬的关系，保证将企业长期稳定发展摆在首位，强调在企业价值增长中应满足各方利益关系，不断增加企业财富，使企业总价值达到最大化。

随着经济的发展，企业之间的优胜劣汰、公司并购、重组等已屡见不鲜。

在竞争中，企业的经营目标发生了变化，由原来追求利润最大化转变为追求企业价值最大化。企业价值最大化内涵比较深刻，其宗旨是把企业的长期稳定发展放在首位，强调必须正确处理各种利益关系，最大限度地兼顾企业各个利益主体的利益。企业的价值所在就是它能够带给所有者未来报酬，包括获得股利和出售股权换取现金。

企业只有围绕价值最大化目标，进行价值管理，才能实现价值最大化。企业可以通过对投资机会的把握，合理配置企业资源，其中包括战略性投资和结构性的战略性调整，采取兼并收购、资本重组等超常方式，提高组织的灵活性和环境的适应性，以增加社会和民众对企业的收益和增长的预期，最终为投资者创造更多财富。

企业要实现价值最大化，首先要弄清楚企业价值的计算方法。企业价值的计算方法有多种，其中股票市价法和贴现现金流量法最为流行。股票市价法是以发达成熟的证券市场为前提的，对于我国目前还很不规范成熟的证券市场来说，这个方法还不太适用。我国目前使用较多的是贴现现金流量法。其计算基本模式为：

$$V_0 = \sum_{t=1}^{n} \frac{CF_t}{(1+k)^t} \tag{1}$$

式中：V_0——企业价值，它可以是总价值，也可以是某一时期的价值；

CF_t——企业第 t 年获得的现金流量；

k——每年所获现金流量进行贴现时所用的贴现率；

t——企业取得现金流量的具体时间；

n——企业取得现金流量的持续时间，当计算企业总价值时 n 取 ∞（假设企业持续经营）。

由上述计算模式可知企业价值是由企业第 t 年获得的现金流量（CF_t），每年所获现金流量进行贴现时所用的贴现率（k），企业取得现金流量的持续时间（n）三个因素决定的。因此，企业要实现价值最大化，就要从资金成本最小化、现金流量最大化、持续发展能力最大化三个方面着手。

1. 资金成本最小化

企业价值（V_0）与贴现率（k）成反比，降低贴现率（k）能增加企业价值（V_0），因此资金成本最小化将促进企业价值最大化。

$$K_w = K_b \frac{B}{B+S} + K_s \frac{B}{B+S} \tag{2}$$

要实现资金成本最小化可以从优化资本结构和降低负债成本以及股权成本来进行。优化资本结构的实质就是寻求加权平均资金成本率最低。企业可通过确定现有资本结构条件下的资金成本，再计算预资本结构变化范围的资金成本变化情况，实现以资金成本最小化为目标来选择适宜的资本结构。

由式（2）可知，K_s 和 K_b 的减小会直接引起 K_w 的减小。因此，努力降低负债成本和股权成本，对实现资金成本最小化和最终达到企业价值最大化具有重要意义。

2. 现金流量最大化

从上面的计算公式可知，提高公式中的 CF_t，可以增加企业价值 V_0。也就是现金净流量数额越大，企业价值越大。现金流量可以通过提高企业收益水平、合理投资、优化利润分配政策等来提高。

增加企业生产经营性收入的主要途径是扩大销售量，增加营业利润率。在其他条件不变的情况下，企业销售数额增加，就可以增加销售收入，提高企业收益水平。同时，还要注意成本控制。在现代市场经济条件下，企业的成本控制不能再局限于传统的主要针对生产领域的成本控制，而应从战略的、多视角、多方位来寻求拓展降低成本费用的途径和方法。

现金流量的计算避免了一些人为因素的干扰，具有一定的客观性，而且体现投资资金投入和回收的时间性，并能全面体现投资的经济效益。所以，无论是企业一般项目投资，还是证券投资；无论是营运资金投资，还是固定资产投资，现金流量都是投资决策的重要指标，也是进行投资决策的重要依据。同时，进行正确的投资决策，选择最优的投资方案，带来的直接结果就是增大现金流量，使企业保持良好的运行状态，减少企业发生偿债危机或支付困难所产生的风险，从而使企业资金能高效地运转，产生最大效益，进而实现企业价值的增长。

我国资本市场环境发育不成熟、不完善，公司股利分配政策与公司价值高度相关，股利政策直接影响公司价值。因而要设计最优股利分配政策，实现企业价值最大化。

3. 持续发展能力最大化

由式（1）可知，随着企业存续期 n 的增大，企业价值 V_0 也增大。因此，努力实现企业持续发展能力最大化，也是实现企业价值最大化的一个重要途径，具体可以从提高市场竞争能力、抵御风险能力、偿债能力、获利能力等方面来实现。

市场占有率是市场竞争力的最重要因素，因而也是持续发展能力最大化的首要内容。

企业要追求赢利能力的提高，就必须承担风险。企业理财的艺术就在于使风险性、赢利性二者得到最佳统一，达到资源配置的最优化，即在承担既定风险的条件下，争取收益最大化；或在收益一定的情况下，实现风险最小化。

偿债能力与企业的持续发展能力密切相关。如果企业不能积极主动地把偿债能力转化为行为，及时足额地偿还债务，就会失去债权人的支持和配合，这也会对企业的持续发展能力产生不利的影响。

赢利是市场经济下企业生存和发展的基础，因此获利增值能力是衡量和评判企业持续发展能力大小的又一重要因素。

资产管理能力是用来衡量企业资源使用效率的一项指标。一般情况下，资产管理能力越强，表明企业的经营状况良好，并处于正常的发展状态。反之，企业很难做到持续、稳定、健康的发展。

创造顾客价值

由于在过去的价格战中受伤，越来越多的企业开始转变竞争视角，“为顾客创造价值”理念日益盛行。有专家学者提出“为顾客创造优异价值是企业获得竞争优势的重要来源”。一些企业已将创造顾客价值注入自己的经营理念，开始抛弃价格战，实施价值战。

顾客价值是由于供应商以一定的方式参与到顾客的生产经营活动过程中而能够为其顾客带来的利益，即指顾客通过购买商品所得到的收益和顾客花费的代价（购买成本和购后成本）的差额。在顾客价值实现过程中，企业利益与顾客利益得到完美的统一：顾客的需求得到满足，企业得以生存发展。那么，如何创造顾客价值呢？

1. 创造产品价值

产品价值是为顾客创造价值的核心。产品价值的创造是建立在产品对顾客的有用性基础上的，即对产品使用价值的创造。正如经济学中所说的，没有实用价值的产品也就没有价值。要创造产品价值，一种方法是通过技术创新实现产品创新，增加产品技术附加值，提升产品的核心竞争力。另一种方法是立足于创造差异化的产品价值，即企业认真研究消费者需求，通过不断地市场细分，识别出不同消费者群体的需求差异，开发出满足不同需求的新产品，为顾客创造价值。如前文所提到的宝洁公司产品为其顾客带来了对生活的全新体验。宝洁根据顾客需求，不断进行新产品开发工作，以此来满足不同顾客的需求，即使是同一品种产品，宝洁也会造就不同品牌来满足差异化的顾客需求。

2. 创造服务价值

服务价值是指伴随产品实体的出售，企业向顾客提供的各种附加服务，包括产品介绍、送货、安装、调试、维修、技术培训、产品保证等所产生的价值。服务价值是构成顾客总价值的重要因素之一。随着消费水平的提高，人们对服务内容和质量的要求也越来越高，服务在整个产品的构成中所占比重也不断提高，服务价值的创造，对提升顾客价值变得非常重要，通过创造服务价值，可以拓展顾客价值的空间。

服务价值是以产品价值的存在为基础的，因为顾客要享受服务首先要进行产品购买活动。现代市场中产品同质化现象越来越严重，因此，服务在市场竞争中的作用也越来越重要。许多企业越来越重视附加在实体产品上的服务价值，甚至有些企业认为，在顾客价值中服务价值比产品价值更有决定性意义。

海尔在以创造服务价值为基础为顾客创造价值方面做得非常出色。海尔在全国30多个城市设立了电话服务中心，500多家电脑服务网点，这样海尔可以根据不同的顾客情况，不同的服务要求，提供快速准确的服务。海尔为了满足顾客的潜在需求推出了“主动式服务”，这种服务使海尔与顾客能够很好地交流和沟通，从而为顾客提供更优质的服务，更好地为顾客创造价值。

3. 创造个性化价值

客户的性格不同、爱好也不一样，尤其是在这个彰显个性的时代，企业如果能够采取不同方式为顾客创造个性化价值，就会赢得顾客的支持。

DELL公司建立的个性化服务流程满足了顾客对电脑的个性化需求，形成了自身的核心竞争力，进而不断增强和扩大了自身的竞争优势，创造了“DELL神话”。

满足顾客的个性化需求，为顾客创造个性化价值，还可以提升产品的竞争能力。联想公司曾就其PDA产品采取“个性化定制”策略，使得掌上电脑的新年市场红火起来。这个个性化的服务，在很大程度上满足了顾客的差异化需求，使得掌上电脑的市场竞争从广告战、价格战提升到比拼应用和服务的层面，从而争取到更多客户，占领了更大市场，形成了自身的竞争优势。

4. 创造成本价值

客户价值是“失与得”的权衡，产品价值、服务价值和个性化价值都是顾客利得的表现，而成本则是顾客利失的体现。从这种意义上来说成本对顾客价值起着负面作用，然而换个角度来理解，我们会发现，成本也是顾客价值的一股强劲的驱动力，也存在一定的价值。它迫使企业重新认识顾客对成本的理解，驱使企业为顾客提供合理的价格，降低顾客成本，创造成本价值，以获得最大化的顾客价值。

前面讲过以低价格闻名的沃尔玛为顾客创造价值采用的就是降低成本的策略。沃尔玛打出“为顾客节省每一美元”的口号，其提倡的低成本、低费用结构、低价格，无疑是其成为零售终端之王的根本所在。

降低顾客的时间成本、精力和体力成本也是创造成本价值的重要途径，世界著名的“花王公司”在销售其产品的商场中设置摄像头，以此来记录每位消费者在决定购买“花王”产品时所用的时间。

5. 创造品牌价值

创造品牌价值，首先要塑造一个品牌，赋予这个品牌独特的内涵，使顾客从品牌中获取到独一无二的价值。品牌是企业发展壮大的根本，良好的品牌形象也可以为顾客创造价值。品牌具有较高的知名度和美誉度，顾客会因此产生信赖感，可以帮助顾客节省时间、精力和体力成本，从而降低成本价值，提升顾客价值。在品牌为王的时代，品牌也是一种顾客身份的标志，它可以在无形中暗示出一种顾客体验，从而使顾客价值得到提升。

只要企业做好以上几个方面的工作，就能够创造出丰富的顾客价值，从而吸引更多的客户，同时也会给企业带来丰厚的利润。

分析价值链是制胜之匙

价值链是1985年哈佛商学院的迈克尔·波特教授首次提出的，他认为价值链是：“每一个企业的功能都是进行设计、生产、营销、交货以及对产品起辅助作用的各种活动的集合。所有这些活动都可以用价值链表示出来。”在价值链理念下，企业的概念由单一的企业转变为以核心企业为中心，上延至最初供应商，下延至最终客户的企业战略联盟。价值链理论认为，企业在考虑问题时不再单纯地从自身利益出发，而是从整个价值链的角度出发，通过在价值链上的多方共同努力达到整体的价值增值，整体的竞争力的提高，实现“多赢”的格局。价值链分析是指从价值链角度研究，影响成本的生产经营活动各个环节、各个方面及过程，寻求进一步降低成本的途径。通过对核心企业的上、下游价值链中的生产经营活动进行分析，找到影响成本的因素，从而达到控制成本、提升企业竞争力的目的。

价值链分析法是一种寻求确定企业竞争优势的工具，需要注意的是产业价值链分析与企业价值链分析的重点有所不同。企业内部的价值链分析目的是寻找产生价值的关键环节（如采购、库存、研发、生产、营销、销售、服务等），最终提高企业的生产效率。而产业价值链分析的目的除了分析产业价值产生的关键环节（如开发商、原材料供应商、生产商、分销商、零售商等）之外，还要分析产业价值分配模式，进而确定企业在所处产业的价值链条中的竞争地位，以及制定相应的竞争策略。

下面就看一下 PC 制造业价值链分析和电子交易所的价值链的分析。

PC 制造业的产业结构大致可分为上、中、下游三个层次。上游是整个 PC 业的龙头，是产业的技术和工业标准发布地，属技术密集型，具有很强的行业壁垒。位于上游环节的是极少数掌握了 PC 关键技术，其产品已被视为产业内不可缺少的标准部件的企业，全世界只有那么几家属于上游层的企业，而且都在 PC 业的发源地美国，其典型代表就是英特尔公司和微软公司。

位于产业中游的是 PC 各配件生产厂商，由于 PC 的各配件已实现标准化、模块化，故利于专业化分工。中游环节的技术含量不高，不能与上游厂商相比。中游厂商生产的 PC 配件除向下游供货外，也有相当一部分自己组装成机，并打出自有品牌，即通常我们所说的品牌机。中游厂商一般不介入最终消费品市场，不直接与最终消费者接触。

下游对技术、资金、规模的要求极低，几乎不存在进出壁垒，近似于完全竞争市场。为数众多的下游商家是在最终消费品市场上专门从事销售业务的企业。下游商家的规模一般较小，少则几个人，多则数十人；规模实力大到一定程度，也可能向中游整合。如联想多年来走的就是一条“贸工技”的路子。在激烈的市场竞争中，下游商家往往处于一种“两头被夹”的境地。

从以上产业结构的分析可以看出，PC 制造业的各层面有着截然不同的价值链构成。通过价值链分析，我们可以看出 PC 制造业上、中、下游各层面企业的竞争优势所在。

上游竞争优势。上游技术密集型的特点决定了企业的战略环节集中在辅助活动的技术开发上，技术开发以良好的人力资源管理为后盾，同时也离不开属于基本活动的市场营销的支持和配合。

中游劳动密集型的特点决定其竞争优势主要体现在若干成本驱动因素上。所谓成本驱动因素，是指成本行为取决于影响成本的结构性因素。企业的成本地位源于其价值活动的成本行为。若干个成本驱动因素可以结合起来决定价值链中一种既定活动的成本。与成本驱动因素紧密联系的活动或环节即为中游的战略环节。这些战略环节分别为：属基本活动中的企业基础结构和采购管理。它们所体现的重要的成本驱动因素有专业化分工、规模经济、学习、合作共享、整合、时机选择、自主政策、地理位置等。

下游的价值链活动比较简单，竞争优势主要体现在辅助活动的采购和基本活动的市场营销、售后服务三个环节上。

电子交易所的价值链分析。电子商务的价值链也可以叫做虚拟的价值链和实体的价值链的紧密结合，两者缺一不可。信息流自始至终贯穿着整条价值链，电子商务价值的创造取决于价值链中各个环节的参与者的一些活动，还取决于在这一价值链上的信息量。其中与以往不同的是，信息不再像传统的价值链一样起着辅助作用，而是起着战略性作用。

信息化时代，客户需求多样化和多元化，竞争加剧，单个的企业是无法快速地满足客户的需求的，但是基于互联网的开放性、即时性、互动性和匿名性，通过研究消费者的信息，公司可以和消费者建立和营造长期的客户关系（即客户关系管理），即时生产客户需求的产品，以留住原来的客户；同时这条链条上的参与者都可以通过信息共享来提高办事效率和降低成本，而该价值链的关键点就是建立一个战略联盟，以互联网和信息技术为支撑。一个典型的基于电子商务的价值链框架如下图所示。

客户需求分析是从客户的角度将其需求和想法用文字、图片，或者数字的形式，从公司的角度来说是将林林总总的客户需求进行汇总。在制订公司

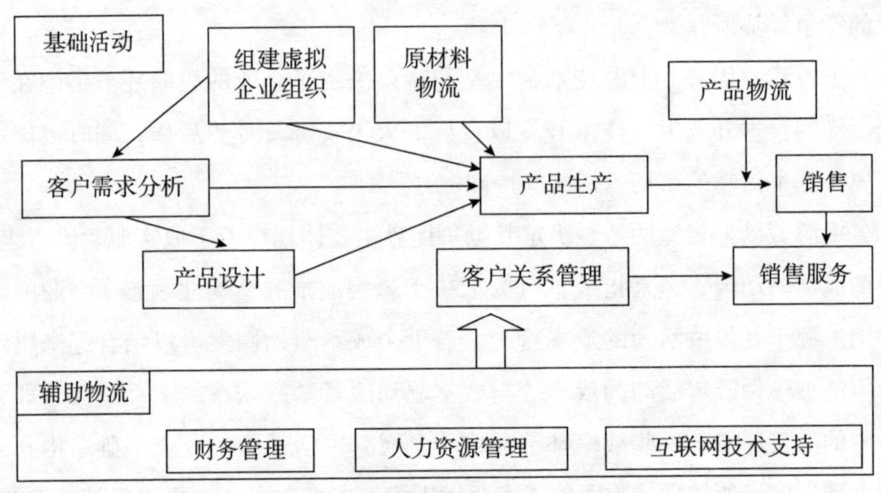

电子价值链分析框架

战略的时候用以参考，同时产品生产的订单可以通过互联网发给供应商，而且产品生产商可以通过销售的业绩来计划自己的生产数量，从而减少产品积压过剩。而所有这些都离不开辅助活动的支持，没有互联网，信息就无法顺畅地在各个参与者中流动和共享，没有人力资源的管理，工作就会乱成一团，没有秩序，没有财务的管理，就不会以较低的成本更快地实现这一价值链。

第三部分

商业创新领导力

——领导能力决定输赢

第十章

使命管理

——领导力的基石

新经济时代的使命感

马克思曾说过："作为确定的人，现实的人，你就有规定，就有使命，就有任务，至于你是否意识到这一点，那是无所谓的。这个任务是由于你的需要及其与现存世界的联系而产生的。"由此可见每个人都有自己的使命，不管你是否意识得到。

做一个人，必须要明白自己这一生要承担怎样的使命。这些使命对于自己人生的意义是什么？人应该通过怎样的努力，以怎样的实际行动去实现自己的使命？如果有了这样的思考，就会形成一种认识。这种认识就是使命感。一个人应该在这种使命感的指导下，完成自己的使命，实现人生的价值。

使命感，即人对一定社会一定时代，社会和国家赋予的使命的一种感知和认同。每个人都需要使命感，企业家更是如此。一个人如果缺少了使命感，那么他就缺少了做人的内在激情与动力，缺乏做人的责任心与感恩精神。尤其是在新经济时代，如果企业领导者没有使命感，根本不能带领企业在激烈的市场竞争当中立足。

使命感是人的内在的永恒的核心动力。一个人的使命感越是强烈，那么他的人生希望也就越强烈；他的工作激情与生活热情越强烈；他的人生责任感也越强烈。有强烈使命感的人，是一种自觉的人，是一种奋斗的人，是一种百折不挠的人，是一种任劳任怨的人。所以，随着新经济时代的来临，市场环境的日益复杂和动态化，不仅需要企业领导者有使命感，企业的每一位员工也都要有使命感。只有企业上下所有人员都把实现企业发展目标当成自己的使命，同心协力，劲往一处使，拧成一股绳，企业才能在激烈的市场竞争当中取胜。

成功的企业往往非常注重培养每一个员工的使命感。使命感可引导他们明确目标、方向和机会，使之朝着同一个组织目标而工作。当公司使命成为一个“几乎不可能的梦想”（看起来难以置信，但公司却有实力把它当成使命去实践），并被这一前景所引导时，则可达到最高境界。

要让员工具有使命感，就要把员工日常的工作与企业宏大的经营目标紧密联系，赋予普通工作以不普通的意义。这需要引导员工理解企业的基本价值取向，明白身上承担的责任，以及自己的工作为企业创造的价值，自己的行为对于企业意味着什么。德鲁克曾用一个小故事来说明这个问题。

一个游客路过一个工地看见三个工人在垒砖。游客问第一个工人：“您在干什么呀？”工人没精打采地说：“垒砖。”他又问第二个工人，工人自豪地说：“我在砌一堵高墙。”他又接着问第三个工人，工人满怀憧憬地说：“我在建造一座本地最宏伟的大教堂。”

故事说明，具有使命感的员工能够在工作中得到更多的满足感，由此也就具有更高的主动性和积极性。因此，员工在遵循企业基本价值观的前提下，实现自动自发，自我管理，将为客户和企业创造更大的价值。所以，在新经济时代，使命感是企业制胜的重要法宝之一。

界定使命是领导者的任务

管理就是界定企业的使命，并激励和组织人力资源去实现这个使命。领导者作为企业的管理者，界定使命就是他的任务。对于领导者来说，一个最基本的任务就是确保组织中每个员工都知道自己组织的使命，能够理解并认真加以贯彻。有效领导的基础是对组织使命进行全面思考，并且清晰、准确地界定和建立组织使命。

领导者在界定企业的使命时可参考许多因素，如可向股东、顾客、经销商等有关方面广泛征求意见，并且必须考虑如下诸因素。

1. 企业历史上的突出特征

每个企业都有自己的目标、方针和成就的历史。为实现一个新的目标，企业必须尊重自己过去历史上的卓著的特征。一家向来以大众市场为服务对象的零售企业，一夜之间转向高档市场，即使这里有一个有利可图的机会，但是这一突然的变化对顾客来说多多少少会有一些难以接受。

2. 企业资源的情况

企业的使命很大程度上由企业的资源来决定。每个企业的资源条件都是不同的，资源条件的限制，决定了一个企业能够进入哪些领域，不能开展哪些业务。比如，一个在服装制造方面有雄厚资源的企业，想要搞机械制造，显然有些行不通。

3. 企业业主和高层管理者的意图和想法

企业的业主或董事会，对企业的发展和未来会有一定的考虑和打算；企业的高层管理人员，也会有自己的见解和追求。这些都会影响到企业使命的界定。

4. 企业周围环境的发展变化

市场环境不是一成不变的。企业周围环境的发展变化会给企业造成一些威胁或市场机会。企业要抓住机会，避开威胁。考虑企业的使命，自然是为了顺应时代潮流。如根据对外部环境的观察力，与制造业签约共同发展，耐特斯蒂尔（Natsteel）电子公司实现了其使命“与供应连锁关系的全球电信领袖做合作伙伴”。

5. 独特的能力

企业应把它的使命放在自己能最好地为其工作的业务上。每个企业都能从事很多业务，但是只有最擅长、拿手和肯定优于竞争者的特长，才能够成为自身的优势所在。界定企业的使命必须结合它独有的能力（核心能力），使之能够扬长避短，倾注全力发展优势。

但是，领导者在界定企业使命时需要注意，企业的使命不是一成不变的，它要随着企业的经营环境、市场定位、高级管理人员、所采用的技术与资源供给、政府法规和消费者需求等方面的变化而变化。一般有经验的领导者，会在日常经营活动中隐约意识到需要重新评价企业使命的某些信号，如市场占有率下降、产品销量减少等，这意味着企业使命重新订立即将开始。

三一集团创始于1989年，秉承“创建一流企业，造就一流人才，做出一流贡献”的企业宗旨，倡导“先做人，后做事”的核心价值观，以“品质改变世界”的信念，在工程机械行业名列三甲，在工程车辆行业异军突起，另有租赁、金融房地产三方协同，持续稳健发展。然而谁也没有想到，这个辉煌的企业起步时只在一个山村大队部的平房里。车间是由他的帮手带着一群村里的青年，将曾是牛棚的自留地改造而成的。

为什么三一能够在这么艰苦的条件下迅速成长为屈指可数的知名企业？这和领导者制定的企业使命分不开。

三一集团把“创建一流企业，造就一流人才，做出一流贡献”作为企业的使命，然后又用“过去、现在和将来”的管理策略来引导员工实现企业使命。“过去”指的是对三一历史的了解，这甚至被部分人戏称为“洗脑过程”。一位从三一离职的司机对此颇有感触：“看过三一历史的员工都会由衷地产生一种自豪感，为自己是三一人而骄傲。”但这种自豪感维持的时间似乎不太长。由于严格的绩效考核，很多员工都背负了一定的压力。这种挫折教育其实是三一集团“现在”的管理模式。对于“将来”，例如2012年前，梁稳根立下的新目标是：“2012年三一集团销售额必须突破1000亿元。”他还承诺，实现这个目标时，重奖各级有功员工。

由此可见，三一集团的成功离不开企业使命的界定，正是在企业使命的指引下，三一才具有了明确的发展方向，建立了统一的企业氛围和环境，不断走向辉煌。

如何在新环境、新技术时代确定使命

制定企业使命对企业的生存和发展至关重要，不仅要考虑到企业使命的内容，还要考虑到企业内外部环境变化的影响，不断修正和完善使命的事宜；不仅要将企业使命与愿景很好地融合在一起，而且还要考虑到企业长远的发展战略，将企业使命融入到发展目标中。

随着新时代的来临，在全面、激烈的市场竞争中，我国企业的生存压力越来越大，各种问题相继出现，如企业家精神的缺失、战略缺位、盲目多元化、低信用危机、企业短命现象、无视社会责任等，企业生存危机加重，与国外企业的差距逐渐拉大……更需要明确企业的使命。

那么，在新环境、新技术时代，怎样才能确定好一个企业的使命呢？一是要明确企业生存和发展的目的，目的越明确、清晰，企业使命越容易制定。二是既要宽泛，以便于企业创造性的发展，又要有所限制，以避免企业可能出现的不理智的冒险行为。三是要区别于其他同类的企业，反映出本企业的特征。四是应成为评价和衡量企业全部活动的标准，要用企业的全部活动来兑现企业的使命。五是应在高度概括的基础上，做到表述清楚明白，易于为整个企业内部和外部有关人士了解和理解。六是必须把企业使命同企业目标联系起来，绝不可割裂。

一个与企业相适合的使命，必须能够回答下面的问题：

一是经营范围。企业是经营什么的？业务是什么？业务应该是什么？经营范围可以从三个方面加以确定：顾客群、顾客需要和技术。

二是潜在客户。企业的客户是谁？

三是所能提供的价值（产品和服务）。企业的产品或者服务有哪些？我们对顾客创造什么价值?

四是发展前景。企业将来的业务是什么?应该是什么?

这些问题看上去很简单,也很常见,但是这都是一个企业或者公司必须做出回答的问题。每个成功的企业都会向自己提出这类问题,并慎重及全面地作出回答。企业使命是对企业是什么企业、为什么存在的界定和定位,它规定了企业应当做什么、不做什么。企业使命反映了企业的目的、特征和性质,是企业存在的意义和价值,或是企业所肩负的最大责任。确定企业使命是制定企业战略目标的前提,是战略方案制定和选择的依据,是企业分配资源的基础。因此,只有先明确企业的使命,才能制定正确的发展战略,引导企业走向成功的发展道路。

新环境、新技术下的领导者使命

管理的基本职能是计划、组织、人员管理、指导与领导、控制。企业领导者的使命就是利用管理的基本职能对企业的各项工作作出决策,这就要求领导层掌握的信息资料的准确性和完整性以及真实性,只有准确、完整、真实的信息才会作出最正确的决策。

在新环境、新技术下领导者的使命就是要采用计算机管理系统,利用网络所有的控制和决策能力,将信息系统所保留的目标信息和系统所获得的当前信息进行对比,找出差异和问题,然后进行决策并执行。

除了采用新技术以外,领导者要想做出正确的决策,还需要具备以下能力:

1. 敏锐的洞察力

所谓洞察力就是要求领导者能够全面地、历史地、本质地、发展地看问题,慧眼独具、善辨真伪。洞察力,就是以批判的眼光,准确地观察,并认知复杂多变的事物之间的相互关系的能力。领导者的决策是为解决领导工作中的问题而探索其规律和方法的,只有通过对现实的认真观察、分析、思考,才能及时发现问题，切中要害地找到解决问题的方法。只有具备敏锐的洞察力，才能及时、准确地抓住机遇，对来自四面八方、错综复杂的信息资源迅速做出反应，创造性地解决新情况、新问题。

2. 丰富的想象力

想象力是人脑在感性形象的基础上创造出新形象的过程。创造性想象不是对已有形象的描述，而是根据一定的目的和任务，对已有的表象进行选择、加工和改造，从而产生新形象的过程。创造性想象的特征在于新颖、独特。领导者丰富的想象力对于打破时空局限，开阔视野，从不同角度、不同层次、不同侧面去分析、研究问题起着很重要的作用。

3. 准确、及时的判断能力

判断能力表现在领导者确定方向、衡量是非、选择方案时的鉴别与决断，这种能力是关系到领导工作创新成败的重要之举。判断的准确和及时，是对新环境、新技术下领导者工作能力的一个基本要求。这是因为我们面临的国内外环境，机遇与风险共存，时间的延误就意味着风险的加重和机遇的丧失。

4. 逻辑推理能力

逻辑推理能力是领导者创新能力不可缺少的重要条件。领导者要在宏观上把握发展时机、发展方向，发现主要矛盾和关键性问题，这些因素必须经过分析、综合、抽象、概括、比较等，使其去伪存真、去粗取精、由此及彼、由表及里，只有具备严谨的逻辑推理能力，才能使领导工作不偏离正确的轨道。

领导者的任务从根本来说就是一种不断解决新问题、追求新目标、开拓新世界的创新活动。在新环境、新技术下，更需要企业领导者具有良好的素质，以便顺利地完成历史赋予当代领导者的神圣使命。

乔布斯在执掌苹果公司的时候，非常出色地完成了作为一个领导者的使命。乔布斯带领苹果横跨 IT、手机和多媒体三大产业，其在电脑、电影、音乐与手机四大领域影响与改变着人类生活方式的力量更加卓著——“活着，就是为了改变世界！”乔布斯的声音响彻天堂！

乔布斯是在创意和完美主义二者的结合下，一再创造奇迹，不断改变世界的。例如，iPhone 用硅铝酸盐玻璃做屏幕。对这种新型材料，苹果公司的描述是：硅铝酸盐玻璃面板，即直升机和高速列车使用的玻璃，硬度是塑料的 30 倍，耐刮划。当质量跨越到品质之后，下一步就是向完美的迈进。当然，前提是创意和态度。这种创意和对自己产品几乎狂热的热爱，造就了乔布斯的苹果，甚至在他去世后，有消息称，乔布斯已经对未来五年的苹果产品线布局完毕，而苹果更将在下一个十年中引领世界消费电子乃至人们消费生活方式的浪潮。

iPhone 4S 的推出已经开始印证这一点，一位叫 Siri 的女士或许是人类真正大规模民用人工智能的开端者。在海外版的 iPhone 上，只要你说的是不太离谱的英语，这部手机里的 Siri 女士都能做出合理的对答，甚至还能根据你的问题和语气加上自己的理解，当然，这都是程序事先设定好的。但即便如此，这种名为 Siri 的语音程序已经将市面所有的手机语音功能远远抛在身后，天气，餐饮，娱乐，日常你需要问到的功能 Siri 都能迅速地回答你，响应速度超乎想象。而发短信搜索手机内容开启程序之类更是不在话下。最极端的例子是：一位海外玩家发布的视频中，Siri 解开了他用语音输入的数学方程式！而在另一位用户开玩笑似的对 Siri 说：I love you！Siri 想了想，说了一句：我想你对所有的苹果设备都会这么说吧？

乔布斯带领的苹果公司就是靠创意和完美主义引领变革的，人们永远不知道苹果的引领者们还会做出什么来。

领导者使命和企业使命的区别

有人认为企业领导者的使命就是企业的使命，这种观点是错误的。领导者使命与企业使命有很大的区别。

企业使命是对企业“存在原因”的具体阐述，是企业一切行为的依据。每个企业的使命都是独一无二的。企业的使命反映的是企业的特征，它界定产品生产和经营领域，随着企业的发展壮大和外部环境的不断变化，企业使命也会随之变化。企业使命具有丰富的内涵，具有塑造企业特征、引领企业成功、明确企业目标及探寻企业本质的重要作用，没有使命，企业就失去了生存意义。

企业使命反映企业的目的、特征和性质。明确企业使命，也就是对本企业是干什么的？为哪一类顾客服务？我们对顾客的价值是什么？我们的业务是什么等这些问题进行思考和作出回答。

事实上，企业使命并不只是为企业规定出了一种任务，或经营范围、业务领域。积极、有效的企业使命及其说明书，可以提高全体企业成员对企业方向、意义、成就和市场机会的共同认识。明确的企业使命还是一只“无形的手”，它指引广大而分散的职工、各战略业务单位在实现企业使命的共同目的下独立工作。

领导者是企业使命的界定者，企业的使命由企业的领导层来确定，但是企业的使命并不是领导者的使命。企业使命针对的是产品和服务提高的价值，而领导者的使命是在实现企业使命的过程中作出正确的决策。

具体来说，领导者的使命是领导者的个人行为，企业的使命是团体行为。领导者的使命就是建立共同愿景，感召其他人为共同的愿景奋斗，而这个共同愿景就是实现企业的使命。所以，在实际工作当中，千万不要把领导者使命和企业使命混为一谈。

使命管理与目标管理的区别

使命管理就是企业通过使命的制定和强化，从而引领和影响企业成员为实现企业目标而努力的过程，它体现了一种人本主义管理哲学。目标管理是以目标为导向，以人为中心，以成果为标准，而使组织和个人取得最佳业绩的现代管理方法。烽火猎头专家认为目标管理亦称“成果管理”，俗称责任制，是指在企业个体职工的积极参与下，自上而下地确定工作目标，并在工作中实行“自我控制”，自下而上地保证目标实现的一种管理办法。

由此可见，从定义上来区别，使命管理是实现企业目标的过程，而目标管理是实现业绩的过程。使命管理是从宏观上来讲的，而目标管理具有具象性，是从微观上来讲的。

企业使命管理和目标管理的任务有很大的不同。使命管理的概念由来已久，但是一直以来没有得到企业的重视。其实，无论是政府、企业，还是其他非营利性组织，都应该有自己的使命，并且只有有效地履行了自己的使命才能称作是有效的组织，才能有存在的必要和意义。企业使命管理的关键任务，就是通过使命分解、量化、实施等过程实现使命与实践的统一，由此获取企业的竞争优势。

实行使命管理就是要求企业把使命当成为组织发展指引方向的灯塔，为组织成员提供值得追求的目标，同时把组织成员塑造成具有使命感的人。使命管理意味着组织真正以使命为导向，把实现使命作为一切工作的出发点、原则和最高目的，组织的重大决策应该符合使命的要求；意味着组织的员工可以反对而且必须反对那些他们认为与使命无关的指令；意味着不断思考、不断明晰使命是每一个员工的职责。可以说，使命管理可以集当前的管理理论于一体，称为管理理论的本质或纲。这是因为，第一，无论政府、企业、非营利性组织，都必须有自己的使命，并且只有有效地完成自己的使命，才能称为有效的组织，才有存在的必要和意义；第二，各种管理理论，无论从哪个角度研究管理，其最终目的都是为了更有效地促进组织完成自己的使命；第三，组织是由人组成的，组织中的成员必须都具有使命感，才能更自觉地去为组织的使命而努力，这使得使命管理成为各种管理理论的重心，因为管理的核心是人际关系，培养人的使命感已成为组织现实需要和长久之计；第四，“使命管理”的理念可以适用于全球，无论哪个国家和地区，无论你采取何种管理模式，运用何种管理理论作指导，你的最终目的无非是实现你的使命。

目标管理是由美国管理大师彼得·德鲁克于 1954 年在其名著《管理实

践》中最先提出来的。他认为并不是有了工作才有目标，恰恰相反，只有有了目标才能确定每个人的工作。所以“企业的使命和任务，必须转化为目标”，如果一个领域没有目标，这个领域的工作必然被忽视。因此，管理者应该通过目标对下级进行管理，当组织最高层管理者确定了组织目标后，必须对其进行有效分解，转变成各个部门以及各个人的分目标，管理者根据分目标的完成情况对下级进行考核、评价和奖惩。目标管理的任务是使组织中的上级和下级一起协商，根据组织的使命确定一定时期内组织的总目标，由此决定上、下级的责任和分目标，并把这些目标作为组织经营、评估和奖励每个单位和个人贡献的标准。

使命宣言——用一句话体现核心使命

企业使命宣言就是企业的立业宗旨以及经营理念，就像人的座右铭一样，是企业存在目标、价值以及达到目标的手段。在外界环境不断变化的情况下，企业的使命宣言可以指导企业把握好营运的大方针。使命宣言包括两大部分：第一部分是告诉别人，你的企业究竟在做什么；第二部分则必须说明，企业要用什么方法，以及在什么样的价值观下完成企业工作。

企业使命管理的首要任务就是需要明确一个成功的使命宣言。企业在制订自己的使命宣言时，一定要科学地确定使命宣言中所应包含的内容。在《全球 500 强企业使命宣言实证研究》一文中，作者得出结论：“使命宣言中最应包含的 9 项重点要素分别为顾客、产品和服务、公司目的、社会责任、价值观、对员工的关心、行为准则、对赢利增长的关注以及核心技术所在。企业在制订使命宣言时应着重强调这 9 项重点要素。”以下是一些世界顶级公司的使命陈述：

微软——创造优秀的软件，不仅使人们的工作更有效益，而且使人们的生活更有乐趣。

苹果电脑公司——公司致力于为全球 140 多个国家的学生、教育工作者、设计人员、科学家、工程师、商务人士和消费者提供最先进的个人计算机产品和支持。

联邦快递——通过提供运输服务、高附加值的后勤服务以及相关信息服务使股东获得丰厚的回报，在我们服务的每一细分市场上，让顾客的需要都得到最好的满足。

可口可乐公司——我们致力于长期为公司的股东创造价值，不断改变世界，通过生产高质量的饮料，为公司、产品包装伙伴以及客户创造价值，进而实现我们的目标。

福特汽车公司——制造人人都买得起的汽车，不断满足顾客的需要，为股东和公司所有者提供合理的回报。

从以上世界著名公司的使命陈述来看，它们都是用一句话体现了核心使命。一个成功而富有激情的使命宣言是企业取得长久的持续的竞争优势的利器，是企业长寿的关键。因此，企业一定要认真对待使命宣言。然而，许多企业都没有明确的使命陈述，口号喊了一大堆，还是不能让人知道他们是做什么的。西南财经大学与电子科技大学联合进行了一次社会调查，调查对象为350家国内企业。调查层面涉及国有企业、三资企业、私营企业、股份制企业及其他性质企业。被调查行业涉及高科技企业、制造业、服务业及其他行业。从调查结果来看，我国企业使命表述还存在以下缺点：一是使命表述喜欢宣扬某种社会责任或政治口号。比较典型的就是那些“借口型”或“口号型”的企业使命，比如：“捍卫或振兴民族工业”“争当中国第一纳税人”。虽然这些使命让人精神振奋，但实际上没有表述清楚自己的使命，有些不切实际。二是使命表述一般很难体现对专业化的执着。在很多企业的使命表述中，很难看出它所专注的是哪一个领域，自己独特的优势在哪里。三是使命表述与股东关联较少，在价值取向上比较模糊，从中我们很难看出公司对其出资方所应当做出的承诺，这些都很难体现出自己的核心使命。

企业使命陈述要用一句话体现出核心使命，简单明了，浅显易懂，才能被众人了解或遵守。很多企业的使命宣言大都长篇大论、啰啰唆唆，而美国通用公司的使命宣言只有 3 个词：无垠（Boundaryless）、速度（Speed）、延伸（Stretch）。所以，使命宣言不在于多，而在于精，一句话说到点子上就可以了，说的再多不能突出重点上也是枉然。

第十一章

创新思维与系统思考

——本质是整合资源

资源的质量和数量决定企业生命

企业资源理论认为，企业是资源组成的集合，企业的竞争优势源于企业所拥有的内部异质性资源。企业是资源的集合体，其成长过程实际上是自身资源的动态演化过程。

不同的时代，对企业资源的理解不同。现代社会所说的企业资源，一般是指企业在向社会提供产品或服务的过程中所拥有、控制或可以利用的、能够帮助实现企业经营目标的各种生产要素的集合。现阶段，凡是能转化为支持、帮助和优势的一切物质和非物质都是企业的资源。

具体来说，企业资源有广义和狭义之分。广义的企业资源把能力也纳入其中；而狭义的企业资源是把资源和能力分开来说的。这里的能力是指资源组合的能力，包括管理、创新、风险承担以及应用分析等方面。狭义的资源是指企业可以全部或者部分利用的、能为顾客创造价值的一切要素的集合。需要注意的是，企业资源除了广义资源之外，还包括那些不归企业所有，却可以被企业利用的“合作”组织的资源和公共资源，我们称之为边缘性资源。企业对它们不拥有产权，但可以通过契约、付费或者公共关系活动获得对它们的暂时的或者部分的使用权。企业所能够利用的这类资源的多少，取决于企业的需要和能力。

对于企业的成长来说，资源非常重要，是其成长的基础。企业资源的利用率、资源价值的发挥程度是影响企业业绩的关键因素。没有充分的优势资源，企业是很难生存和发展的。很显然，企业成长的过程，也是企业资源聚集的过程。企业市场的竞争优势，多表现在企业资源优势的竞争之上。企业聚集优势资源，首先必须明确企业聚集优势资源的目标。一般来说，企业聚集优势资源的主要目标有：为了更好地满足企业发展的需求，拥有与众不同的资源，满足企业差异化经营的需要；拥有较大数量的资源，增强企业竞争的基础；想方设法增强企业有效资源的寿命，提高其含金量。从这个意义上来说，资源的质量和数量决定了企业的生命。

企业资源的内涵是不断扩大的。随着经济的发展，越来越多的新要素被纳入资源的范畴，如信息资源正在变得越来越重要。因此，企业要尽量多地掌握资源，以便适应时代发展的需要。

随着企业的运营，资源的数量和质量处于不断变化的动态过程中。而且企业所拥有或控制的各种资源是一个有机的整体，各种资源相互联系、相互影响，共同支撑着企业的运营。因此，企业必须打破孤立的、僵化的资源观念，以动态的、系统的观念分析和开发利用资源，实现资源的动态优化。

例如：Sam Walton 创立的沃尔玛之所以能走到今天，不仅仅是因为 Sam Walton 创业之时正确的选择，还在于沃尔玛在进一步发展的时候，有效整合了资源，建立了统一战线。

沃尔玛深知“天天平价”之道需要广泛地同其产业链各个合作方建立良好的战略合作关系，比如：沃尔玛进入中国很好地利用了自己的品牌影响力同中国政府建立了广泛而有深度的关系，从政策上赢得了各个地方政府的广泛支持，这为沃尔玛快速地进入中国市场奠定了基础，同时，沃尔玛通过中国的办事机构广泛地同地产商、社区、品牌商、制造商，包括农产品基地等建立了长期的战略合作关系。

沃尔玛“消灭”员工，将所有的员工变成合伙人，同时大幅度提高员工的工资，还让员工能分到企业的利润。这些举措的实施保证了沃尔玛在快速发展过程中对人才的需求。

沃尔玛的供应链与信息管理也是非常高效的，其为了满足全球当地采购当地供应链的低成本模式建立起来的信息与供应链体系是很多同行企业一直模仿与学习的榜样。依靠强大的信息与供应链管理平台让沃尔玛抵抗住了很多大的危机！

对待资源问题，要有开阔的视野和独到的眼光

资源观念是企业领导者经营企业的重要组成部分，应与市场观念、竞争观念、用户观念、服务观念等经营观念同等看待。这能反映出经营者对资源的认识和态度，将直接影响到对资源所采取的行为。企业领导者只有用开阔的视野和独到的眼光来对待资源问题，最大限度地发挥资源优势和潜在价值。

首先，企业应全面地分析自己的资源。从内部到外部、从有形到无形分析自身资源的优势和劣势，然后采取“有所为、有所不为”的策略，有效地经营资源。从企业内部看，企业总是习惯于把自己的资金、设备、厂房、原材料、能源等看做是宝贵的资源，特别是企业亲自出资投入的、直接看得到的，就十分重视。这些企业资源无疑是重要的，但如果仅仅局限于该类资源的价值取向却忽视其他有形或无形资源的倾向对企业的发展则非常不利。但是，目前企业对自身经营中形成的新资源，往往不够重视或者不能充分进行管理和利用，还存在严重的“浪费”和“低效运营”现象。比如，企业的组织管理、管理优势、生产能力、技术、产品信誉和质量、品牌、商标的影响力、销售渠道、售后服务能力、社会关系、客源和客户忠诚度、行业地位、企业形象等，很多企业还没有提到资源的高度来认识，更缺乏系统规划。

目前，在企业的经验管理当中，领导者应该用独到的眼光来看待以下几种资源：

1. 时间资源

时间是一种不可再生的资源，它不像其他资源那样有的多，有的少。时间对于每个企业和每一个人都是公平的，都是每天 24 小时。关键是这 24 小时如何利用。不仅要重视时间的效率，更要重视时间的效益。在激烈竞争和市场变化迅速的今天，应加强对时间的计划，以有效地利用有限的时间资源。如有些工厂生产并不饱满，可是还在经常加班加点，有些管理者不善于利用时间，整天忙的都是一些重要性或紧迫性不强的事，工人们戏称“空忙”。从这个意义上讲，我们与发达国家的差距其实质就是时间资源的利用差距。

2. 员工资源

认识到人的重要性是企业管理成功的关键要素之一。毛主席说过，世间一切事物中，人是第一个可宝贵的。在共产党的领导下，只要有了人，什么人间奇迹都可以造出来。人是最重要的资源，这是开发利用资源的资源，应该也有投入和产出的问题，有规划、培养、管理和合理利用的问题。不仅要善于发挥人的体能和技能，而且要善于发挥人的潜能。可是不少企业，对人力资源的重视程度和管理水平远不如其他有形的资源那样强烈。当企业效益下降、出现滑坡时，不是采取“以人为本”的观念，而是只重物质不重人，不知道如何发挥人的积极性。有些企业只顾眼前利益，打着“减员增效”的旗帜，让许多有能力的人下岗或退休，这些人又被同行其他企业聘请去，这无疑会增加竞争对手的实力，而自己却失去了宝贵的资源。即使在岗的员工因担心自己何时也会下岗，便出现不安心工作的现象，在这种心态影响下，怎么能够做到人尽其才呢？

3. 信息资源

在知识经济时代，这也是一项十分重要的资源，信息系统构成企业的神经系统，决定企业的运转质量和效率。但是很多企业的信息观念实在令人担忧，面对复杂多变的市场风云，总是慢半拍，如何适应发展？许多企业都只有销售部却没有市场部，不重视对市场信息的收集及分析利用，不少企业按部就班地开发新产品，因为信息不灵，一厢情愿地设计、制造，新产品上市之时却是企业难过之日。真是辛辛苦苦创造悲剧。

4. **顾客资源**

现代社会“价格战”“广告战”都已不是企业获胜的关键，企业获胜的关键在于客户资源。有人说，低层次的经营不考虑顾客，层次稍高的看看顾客需要什么，层次再高一些的知道追求顾客满意，更高的层次应该是把顾客作为一种“资源”来进行规划、培育、照管。网络经济给人们的一个重要的启示就是，他们的经营不是直接从“销售产品”开始的，谁将顾客资源培育得多、培育得好，谁就能占有优势。我们的企业应该调整自己的思维方式，把顾客当做企业发展的共生资源去开发、培养，在为顾客服务的过程中，实现自己的效益。计划经济的利润是企业减少成本、增加销售额获得的，市场经济的利润是消费者给企业的奖金。

5. **自然地理资源和社会人文资源**

如企业所处的地理位置、土地、物产、气候条件、矿藏、人文景观、历史文化遗迹等。我们既不能忽视对这些资源的开发利用，也不能过度使用、粗放经营、浪费资源。

6. **市场资源**

市场经济下的资源不一定非要自己占有，相关企业甚至竞争对手的资源，如品牌、技术、资金、管理经验、资产、经营条件、场地、市场容量、市场渠道以及其他经营关系，都可能经过一定的手段成为企业经营的重要资源。在《三国演义》中，诸葛亮通过草船借箭成功地把曹操的资源变成自己的资源。现在，企业可以通过虚拟经营、特许加盟、合作、资产重组等，扩大自己的实力。

企业只有用开阔的视野和独到的眼光来对待资源，才能提高资源的利用率，才能不断地发现和利用新资源来增强自身的竞争优势。

人才是第一资源，善于整合人才资源

在市场经济条件下，竞争的实质是资源竞争。在物质能源经济时期主要表现为自然资源的竞争，在知识经济时期主要表现为人力资源的竞争。现代社会企业竞争的焦点主要是人力资源和企业运作的有效性，即企业如何利用人力资源以及如何综合运作物质、资金、时间等资源，使其产生价值。

企业的运作靠的是人才，因为先进的技术和管理是要靠人去掌握，人才对于企业的生存发展关系极大。一个企业如果拥有一批一流的人才，会产生出一批出类拔萃的第一流领导，从而生产出称霸市场的一流产品，最后获得第一流的经营业绩。企业一定要将人才开发放在突出的地位，制定合理的人才开发战略。

当今世界已经进入人才资本为依托的经济发展时期，世界资源开发的重心已由物力资源开发向人才资源开发转移。人才资源已经成为新经济发展过程中最为稀缺的资源，如何开发人才资源成了企业成功与否的关键。如何整合人才资源，发挥人才队伍整体效能，是一个单位、一个地区尤其是领导层人才队伍建设方针的重要工作。

作为社会科学意义上的人才资源整合，是指人才资源的优化配置，使其发挥出大于个体总和的效用和价值，是“1 +1 =2”的概念。其内涵，既有战略性，也有战术性；既有刚性，也有柔性；既有定性的判断，也有定量的分析；既有静态的划定，也有动态的修正调整，应当看作是一项系统工程。

企业整合人才资源的原则是人才资源优化配置。从静态上讲，是按照现有事业的需要，将不同层次、不同年龄、不同知识专长，包括不同性格的人才组织成一个群体，并明确界定岗位、职务目标、责任，保证顺利运行。从动态上讲，是按照事业发展的战略计划和长期目标，吸收培养人才，凝聚现有人才，充分利用群体人才，并发挥间接人才资源的作用。

整合人才队伍应该形成一个高效运转的群体，也就是健康的群体，否则，就是涣散的无效甚至反效的群体。根据国内外管理科学的研究成果和国内高新区人才梯队建设的实践效果，我们可以设计一个在高新技术发展背景下人才群体的健康标准，用以检查我们的人才队伍是否健康有效。

一个企业的人才群体是否健康有效，可以参考下表来进行评定。

人才群体健康标准

序号	标　　准
1	整个群体（包括部门和个人）主动地、创造性地依照组织的目标和计划来行动
2	由近期、中期、长期任务和目的决定人力资源的清晰布局和相互契合
3	每个人都能适应环境变化，灵活机动地解决问题，并能准确掌握和解决关键问题
4	平行的和上下方向顺利沟通，允许发表各种不同意见，个人目标和组织目标趋于一致
5	个体和群体之间、组织内各部门之间不合作、不协调的情况减少到最低程度
6	每个人的专长都能得到充分发挥，对不合组织意图的创新得到理解和妥善处理
7	组织内信息共享，促进个人和群体的知识更新和技能发展
8	奖励、激励是平等的、公正的
9	组织内的人员自我感觉和组织外其他人对这个组织的认知基本一致
10	组织是一个开放系统，人才能进能出

注：在实际运用中，企业可以根据自己的实际需要进一步细化子指标，并采用分值量化方式等。

人才战略设计的关键在于建立一套合理的激励制度。具体包括以下几个方面：

1. 激发工作动机

动机代表了个人欲望的追求，一个有强烈动机的人会有良好的工作态度，且抱有积极的工作精神。根据心理学家的实验研究：工作态度与工作效率之间虽无绝对的关系，但大致的结论是：持积极工作态度的员工多为高效率者，而持消极工作态度的员工多为低效率的工作者。因此，企业要提高员工士气及其工作兴趣和对管理者配合的积极性，激发工作动机实为首要的课题。

2. 提高薪酬待遇

薪酬的多寡，时常代表个人地位的高低或工作成绩的优劣，管理者应在尽可能的范围内，定出较高的薪酬标准，提高薪酬的基数，颁发工作奖金，以振奋人心。此外，薪酬标准的核算是否公平，对员工工作情绪的影响也很大。所以，管理者要考虑各方面的资料，以作出科学化、公平化的考核，实现同工同酬，并在公平合理的基础上，拉近上下的差距，免得招致部分员工的不满情绪，抵消原来的工作成果。

3. 健全升迁制度

职务高低影响员工的工作情绪与态度，这是非常明显的。一般而言，担任管理层的工作人员对工作满意的程度，比一般事务人员要高。合理的人力资源制度，除甄试合格人员以吸收新进人才外，应设置一定升迁标准及优先次序，建立由下而上的升迁制度，给予充分升迁的机会。同时，应做到人事公开、公正而合理，使员工对工作的神圣性有较深刻的体会，且有助于基层员工工作精神的改善，激发其向上奋发的精神。

4. 运作绩效考核

考核是升迁的依据，也是制定薪酬的标准。考核贵在公平合理。不合理的考核制度，必然影响员工的工作态度。因此，考核的方法与结果，必须应使考核人了解，以作为员工自我改进的依据。并聘请专家担任考核设计以及进行考核后与员工会谈的工作，以消除员工对考核的疑虑。这样员工可以积极地配合，使考核产生积极的激励作用。

现代管理理念——任何资源都是可用的

我们在前面已经讲过，资源是指能潜在地或实际地影响企业价值创造的所有事项，不仅包括企业拥有或能够控制的资源，而且包括那些不能或不易为企业所控制的资源；既包括企业内部资源，也包括企业外部资源。根据资源对维持和提升企业竞争优势的作用不同可将其分为传统资源和新资源。其中传统资源是指自然资源、物质资源和一般人力资源，它仅提供企业比较竞争优势；而新资源是指传统资源之外的呈边际收益递增的诸如知识、信息和教育等资源，它是企业持续竞争优势的源泉。知识、信息和教育等新资源是人类在这个物质资源相对稀缺的世界得以生存和发展的决定性因素，现已成为决定社会经济发展的主要资源，对社会进步和经济发展起决定性作用。

企业资源是企业在向市场提供产品或服务的过程中，拥有或可控制与利用的，能够为企业自身带来好处的各种要素，不仅指有形资源和无形资源，而且还包括企业能力。在现代企业管理过程中，只要是有利于企业发展的资源都可以拿来利用。

有形资源是指那些能够用价值指标或货币指标直接衡量的，具有实物形态，并可以说明其数量的资源，通常包括实物资源和财务资源。有形资源具有以下特征：一是完全的交易性，企业可以通过市场交易而获得有形资源，也可以通过市场交易把其售出；二是排他性，有形资源一旦被某个企业占有或使用，那么其他企业就不可能在同一时间占有或使用该资源；三是较弱的累积性，指有形资源一般不需要企业花费太长时间积累，随时都可以通过市场交易而获得；四是独立性，指有形资源一般不必与其他资源同时使用来实现其价值；五是具有边际收益递减的特征。

无形资源是指能够为企业创造收益，但不具有独立实物形态的资源，主要包括商誉资源、人力资源、技术资源和企业文化。无形资源具有以下四个重要特征：一是无形性，是指无形资源没有固定的实物形态；二是很强的积累性，无形资源一般无法通过市场直接购买，而需要企业通过长时间悉心培育、积累和维护而获得；三是非排他性，指同一种无形资源可以同时被许多不同企业使用，或者被同一个企业多次使用；四是无形资源的价值在使用中一般不会减少，反而还可能会增值，也就是说可能出现边际效益递增。

企业能力是指以整合的方式，通过组织活动过程来配置资源以实现预期目标的活动，它是企业专有的，并通过企业资源间复杂的相互作用逐渐发展起来的。企业能力主要包括研发能力、生产能力、营销能力和管理能力。企业能力可能存在于企业的单个员工中，也可能存在于企业的团队中。企业能力一般会表现出以下四个特征：一是无形性；二是具有很强的积累性，企业能力可以在使用中不断积累，如能恰当运用，它的价值会不断增长，企业无法从市场中通过交易获得它，必须在内部经过长时间培育才能形成；三是排他性，由于企业能力具有因果模糊性、路径依赖性、暗默性和社会复杂性等特征，所以企业能力在企业内部形成后，其他企业很难模仿，也不可能同时应用相同的能力；四是相关性，企业能力必须依赖于有形资源和无形资源才能形成和被利用，不能游离于有形资源和无形资源之外。

资源本身不一定能直接给企业带来利益（或某种优势、利润），拥有众多资源的企业不一定就是经营业绩好的企业，更不一定就是成功的企业。只有发挥自身能力，充分利用各种资源，才能给企业带来利润。所以，企业在有了资源之后，就要以最小的成本管理资源，并善于将资源以各种形式迅速有效地变为有用资源，不能变为有用资源就不可能产生效益。由此可见，资源的有用性是资源发挥作用的不可缺少的环节。资源能不能发挥作用、愿不愿意发挥作用（特别是人力资源）、是否按照市场需要发挥作用，这不但是企业生存发展的关键，而且也是现代企业管理的重要课题。在现代企业管理过程中，企业要本着一切资源都是可用的原则，充分发挥资源的有用性。

整合制度资源，建立规范的运行机制

制度是指一种行为规范或规则，其作用在于规制、指引、评价和预测自己和他人的行为。制度可以分很多类，如政治制度、经济制度等。如今，我国经济体制深刻变革，社会结构深刻变动，利益格局深刻调整，思想观念深刻变化，加强和完善各项制度建设，优化和整合各种制度资源，对于增强企业竞争力，建立规范的运行机制，具有十分重要的意义。

马克思认为制度属于社会上层建筑，它对于社会具有反作用，良好的制度能有效促进社会进步，经济发展和人的全面发展，落后的制度则会极大地阻碍社会发展。对于企业来说，制度也发挥着同样的作用。具体来说：一是规制作用。这是制度的目的所在，意指通过制度本身的效力来规范和制约员工的行为，使员工在制度范围内行为。二是指引作用。意指制度通过其确定性指引员工该如何行为，告诉员工应该为或不为某一行为。三是评价作用。即员工可以通过制度所规设的行为模式来判断自己和他人的行为是否违规。四是预测作用。意即通过制度的明确规定，员工可以对自己的行为作一种有效预期，从而可以判断下一步该如何行为。制度通过充分发挥以上四种作用，可以形成一种良好的秩序，从而有效推动和促进企业的发展。所以，企业要整合制度资源，用制度来规范企业的运行。

良好的企业运行机制，是企业发展、积蓄能量必须做好的一项基础工作，是提高企业整体运行效率的必备条件之一。没有良性的运行机制，企业的效率则无从谈起，因此，建立企业法制化的、规范化的运行机制，由此创造出高质量的企业效率，已是国内、国际市场竞争规则对每个企业提出的课题，也是每个企业必须研究解决的首要问题之一。

运行机制是一个组织体系中最基本的管理机制，主要指组织基本职能的活动方式、系统功能和运行原理。创建企业的运行机制体系是指创建各种活动体系的组织结构、功能状态、运作原理和规律性变化所构成的有效运行体系。创建企业运行机制，既包括企业与社会宏观的管理性、外在性的和谐运行机制，也包括企业与外部相关利益者的合作性、关联性的和谐运行机制，还包括企业内在性、操作性的运行机制。

1. 企业运行机制的特点

一是系统性。创建企业运行机制是企业内部精神、制度、行为、经营、物质、人才等元素或子系统协调优化的结果，是一个具有内在规律的运行机制系统。

二是互补性。组成企业运行系统各子系统的职能不同，各子系统的运行机制在功能上是互补的。既重视各子系统运行机制职能的发挥，更追求各子系统的优势互补，力求整体效果最优。

三是动态性。企业的经营与环境是动态变化的，创建企业运行机制体系也是随外部环境和内部发展的变化而不断优化的。

四是一致性。各运行机制作为机制体系的一部分在总的价值取向与目标上是一致的。

2. 企业建立运行机制的类型

（1）决策性运行机制体系

包括和谐企业的战略分析运行机制、战略评价、运行机制、战略决策运行机制等。

（2）企业的体制与制度性运行机制体系

包括组织结构调理运行机制、管理体制优化运行机制、制度健全运行机制等。

（3）企业的内外部保障性运行机制体系

包括竞争与合作运行机制、激励与动力运行机制、人才开发的运行机制、物资与资金保障的运行机制、促进与创新的运行机制等。

（4）企业的自组织性运行机制体系

包括控制性运行机制、监督性运行机制、制约性运行机制、预警性运行机制、处置性运行机制、自适应性运行机制等。

（5）企业的精神文化性运行机制体系

企业文化凝练的运行机制、企业文化借鉴的运行机制、企业文化养育的运行机制、企业文化建设活动的运行机制等。

（6）企业的评估运行机制体系

包括社会评估运行机制、行业评估运行机制、企业内部评估机制等。

第十二章

领导决策优化
——用活分析工具

SWOT 分析——显著的结构性和系统化

著名的竞争战略专家迈克尔·波特提出的竞争理论从产业结构入手对一个企业"可能做的"方面进行了透彻的分析和说明，而能力学派管理学家则运用价值链解构企业的价值创造过程，注重对公司的资源和能力的分析。SWOT 分析法，在综合了前两者的基础上，以资源学派学者为代表，将公司的内部分析（即 20 世纪 80 年代中期管理学界权威们所关注的研究取向，以能力学派为代表）与产业竞争环境的外部分析（即更早期战略研究所关注的中心主题，以安德鲁斯与迈克尔·波特为代表）结合起来，形成了结构化的平衡系统分析体系。

SWOT 分析法是一种将企业内部优势因素、劣势因素和企业外部机会因素、威胁因素识别出来，依照一定的次序按矩阵形式排列，通过系统分析法，把各种因素相互匹配并加以分析，从而得出最佳经营战略的方法。其中，S 代表 Strengths（优势）、W 代表 Weaknesses（劣势）、O 代表 Opportunities（机会）、T 代表 Threats（威胁）。因此，SWOT 分析实际上是将对企业内外部条件各方面内容进行综合和概括，进而分析组织的优劣势、面临的机会和威胁的一种方法。通过 SWOT 分析，可以帮助企业把资源和行动聚集在自己的强项和有最多机会的地方，并让企业的战略变得明朗。SWOT 分析模型如下图所示。

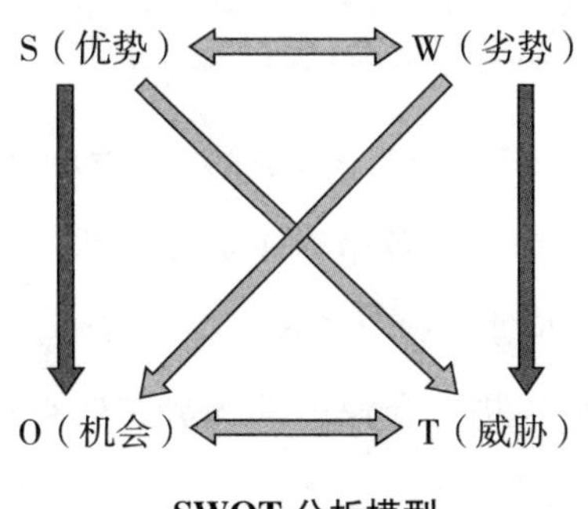

SWOT 分析模型

SWOT 分析法与其他分析法相比有着明显的结构化和系统化的特点。从结构化方面来说，首先在形式上，SWOT 分析法表现为构造 SWOT 结构矩阵，并对矩阵的不同区域赋予了不同分析意义；其次从内容上来讲，SWOT 分析法的主要理论基础强调从结构分析入手对企业的外部环境和内部资源进行分析。另外，早在 SWOT 诞生之前的 20 世纪 60 年代，就已经有人提出过 SWOT 分析中涉及的内部优势、弱点，外部机会、威胁等变化因素，但只是孤立地对它们加以分析。SWOT 方法的重要贡献就在于用系统的思想将这些看似独立的因素相互匹配起来进行综合分析，使得企业战略计划的制订更加科学全面。

SWOT 分析法自诞生以来，就被广泛应用于企业战略研究与竞争分析，成为战略管理和竞争情报的重要分析工具。分析直观、使用简单是其重要优点。即使没有精确的数据支持和更专业化的分析工具，也可以得出有说服力的结论。但是，正是这种直观和简单，使得 SWOT 不可避免地带有精度不够的缺陷。例如，SWOT 分析采用定性方法，通过罗列 S、W、O、T 的各种表现，形成一种模糊的企业竞争地位描述。以此为依据作出的判断，不免带有一定程度的主观臆断。所以，在使用 SWOT 方法时要注意方法的局限性，在罗列作为判断依据的事实时，要尽量真实、客观、精确，并提供一定的定量数据弥补 SWOT 定性分析的不足，构造高层定性分析的基础。

企业在利用 SWOT 分析法时，可以采取以下基本步骤进行：

首先，分析企业的内部优势、弱点，既可以相对企业目标而言，也可以相对竞争对手而言。

其次，分析企业面临的外部机会与威胁，可能来自于与竞争无关的外部环境因素的变化，也可能来自于竞争对手力量与因素变化，或二者兼有，但关键性的外部机会与威胁应予以确认。

最后，将外部机会和威胁与企业内部优势和弱点进行匹配，形成可行的战略。

例如海尔 SWOT 分析：

发挥优势——海尔有 9 种产品在中国市场位居行业之首，3 种产品在世界市场占有率居行业前三位，在智能家居集成、网络家电、数字化、大规模集成电路、新材料等技术领域处于世界领先水平。海尔热水器防电墙技术、海尔洗衣机双动力技术还被纳入 IEC 国际标准提案，这证明海尔的创新能力已达到世界级水平。

弥补弱点——海尔在传播和公关技巧方面十分欠缺，这将使中国未来的收购企业十分困难。海尔在公关方面欠缺很大一部分原因在于海尔在聘任机制上存在一定的问题，只注重对技术、知识的考察而忽略了对个人能力的考察。

利用机会——以海尔的企业文化为基准，同时注重科技创新实现企业信息化。伴随着国际化的趋势越来越强，海尔面临着巨大的机遇和挑战。海尔的发展机会在于要把握住时代脉搏，与时俱进，不断创新。海尔未来的发展方向主要依靠三个转移。一是内部组织结构的转移；二是国内市场转向国际市场，不是指产品出口，而是说要海外建厂、办公司；三是要从制造业转向服务业，做到前端设计，后端服务。在这种情况下，应抓住机会，迎接挑战，创世界名牌。

对付威胁——海尔必须不断地提高科学技术创新水平，不断实现外部信息化，进而提高自己的优势。此外还应该向多产业方向发展，以提高自己的竞争力。

另外，SWOT 分析法由麦肯锡提出已久，随着时代的变化，逐渐显示出了一些局限性。以前的企业可能比较关注成本、质量，现在的企业可能更强调组织流程。例如，以前的电动打字机被印表机取代，企业该怎么转型？是应该做印表机还是其他与机电有关的产品？从 SWOT 分析来看，电动打字机厂商有着机电的优势，而发展印表机又显得比较有机会。结果有的朝印表机发展，输得很惨；有的朝剃须刀生产，发展得很成功。这就要看你要的是以机会为主的成长策略，还是以能力为主的成长策略。SWOT 没有考虑到企业改变现状的主动性，企业是可以通过寻找新的资源来创造企业所需要的优势，从而达到过去无法达成的战略目标。

所以，现代企业在运用 SWOT 分析法的过程中，难免会遇到一些问题，这就是它的适应性。有太多的情况可以运用 SWOT 分析法，但是，又不是完全符合企业的实际情况，所以企业一定要用变化发展的眼光来看待 SWOT 分析法，灵活应用。

PEST 分析——宏观环境分析方法

PEST 分析是战略咨询顾问用来帮助企业检阅其外部宏观环境的一种方法，是指宏观环境的分析，宏观环境又称一般环境，是指影响一切行业和企业的各种宏观力量。分析宏观环境因素，不同行业和企业根据自身特点和经营需要，分析的具体内容会有差异，但一般都应对政治（Political）、经济（Economic）、社会（Social）和技术（Technological）四大类影响企业的主要外部环境因素进行分析。从总体上把握宏观环境，并评价这些因素对组织目标和战略制定的影响。PEST 分析模型如下图所示。

企业在运用 PEST 分析模型时，需要注意以下几个影响因素。

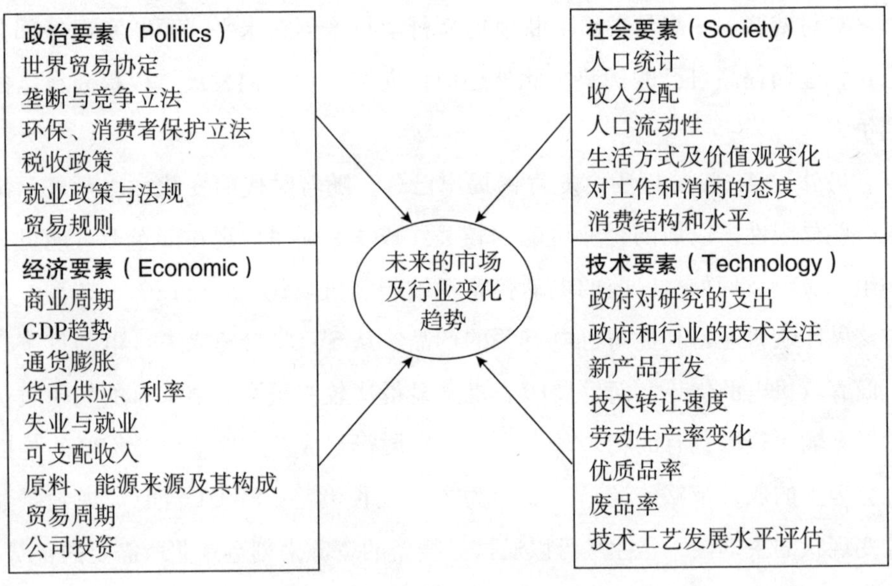

PEST 分析模型

1. 政治要素

政治要素是指对组织经营活动具有实际与潜在影响的政治力量和有关的法律、法规等因素。当政治制度与体制、政府对组织所经营业务的态度发生变化时，当政府发布了对企业经营具有约束力的法律、法规时，企业也必须随之调整自己的经营战略。法律环境主要包括政府制定的对企业经营具有约束力的法律、法规，如反不正当竞争法、税法、环境保护法以及外贸法规等，政治、法律环境实际上是和经济环境密不可分的一组因素。处于竞争中的企业必须仔细研究一个政府和商业有关的政策和思路，如研究国家的税法、反垄断法以及取消某些管制的趋势，同时了解与企业相关的一些国际贸易规则、知识产权法规、劳动保护和社会保障等。这些相关的法律和政策能够影响各个行业的运作和利润。

2. 经济要素

经济要素是指一个国家的经济制度、经济结构、产业布局、资源状况、经济发展水平以及未来的经济走势等。构成经济环境的关键要素包括 GDP 的变化发展趋势、利率水平、通货膨胀程度及趋势、失业率、居民可支配收入水平、汇率水平、能源供给成本、市场机制的完善程度、市场需求状况等。由于企业是处于宏观大环境中的微观个体，经济环境决定和影响其自身战略的制定，经济全球化还带来了国家之间经济上的相互依赖性，企业在各种战略的决策过程中还需要关注、搜索、监测、预测和评估本国以外其他国家的经济状况。

3. 社会要素

社会要素是指组织所处社会中成员的民族特征、文化传统、价值观念、宗教信仰、教育水平以及风俗习惯等因素。构成社会环境的要素包括人口规模、年龄结构、种族结构、收入分布、消费结构和水平、人口流动性等。其中人口规模直接影响着一个国家或地区市场的容量，年龄结构则决定消费品的种类及推广方式。

每一个社会都有其核心价值观，它们常常具有高度的持续性，这些价值观和文化传统是历史的沉淀，通过家庭繁衍和社会教育而传播延续，因此具有相当的稳定性。而一些次价值观是比较容易改变的。每一种文化都是由许多亚文化组成的，它们由共同语言、共同价值观念体系及共同生活经验或生活环境的群体所构成，不同的群体有不同的社会态度、爱好和行为，从而表现出不同的市场需求和不同的消费行为。

不同的国家之间有人文的差异，不同的民族之间同样有差异，我国有众多民族，虽同是中华民族但却存在着较大的人文差异，如藏族的生活方式和藏传佛教的宗教色彩联系紧密，牛是藏族的吉祥动物，在西藏地区的越野车辆市场中日本丰田越野车占据着绝对的市场份额，原因是其标识形似牛头，因此广受藏族人民的欢迎。可见，文化对于战略的影响有时是巨大的。

自然环境是指企业业务涉及地区市场的地理、气候、资源、生态等环境。不同的地区企业由于所处自然环境的不同，对于企业战略会有一定程度的影响。我国是一个幅员辽阔的国家，这种影响尤其明显，如同一种产品在我国东南部的广东地区其市场的营销战略和西藏等西北高寒地区有较大差距，但很多时候此点会被忽略。

4. 技术要素

技术要素不仅仅包括那些引起革命性变化的发明，还包括与企业生产有关的新技术、新工艺、新材料的出现和发展趋势以及应用前景。在过去的半个世纪里，最迅速的变化就发生在技术领域，像微软、惠普、通用电气等高技术企业的崛起改变着世界和人类的生活方式。同样，技术领先的医院、大学等非营利性组织，也比没有采用先进技术的同类组织具有更强的竞争力。

波特模型——战略制定五力分析

波特五力分析模型，又称波特竞争力模型，是迈克尔·波特在20世纪80年代初提出来的，用于竞争战略的分析，它可以有效地分析客户的竞争环境。之所以称为五力模型，是因为它是由供应商的讨价还价能力、购买者的讨价还价能力、潜在竞争者进入能力、替代品的替代能力、行业内竞争者现在的竞争能力五种竞争力所组成的。如下图所示。

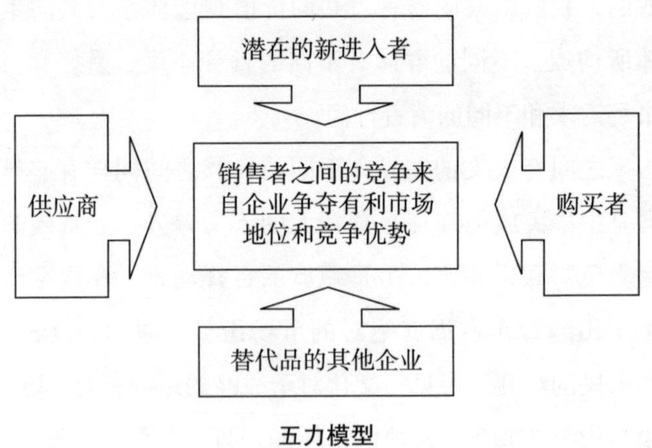

五力模型

在商界，供应商和客户是企业的知识提供者，企业应该与他们实现知识共享，丰富企业的知识资源，增强创新的知识基础。因为依靠资金或实物资源建立起来的优势地位是不可靠的，资金是可以慢慢积累的，实物资源则是会消耗殆尽的，所以这种优势只是暂时的；而依靠知识建立起来的竞争优势却是持久的、稳固的，用知识铸就企业的竞争优势可保证自己更好地生存和发展，避免被淘汰出局的危险，其他三类竞争者对行业内企业进行知识创新发挥了压力和推动的作用。波特五力分析模型阐明了企业所处的竞争环境，有利于企业从不同侧面提高自己的竞争能力。

企业要想增强自己的市场地位与竞争实力，可以依据五力分析，尽可能地将自身的经营与竞争力量隔绝开来，努力从自身利益需要出发影响行业竞争规则，先占领有利的市场地位再发起进攻性竞争行动等手段来对付这五种竞争力量。

波特五力模型与价值链模型（Value Chain）和一般战略模型（Generic Strategies）一起构成了完整的波特战略模型。通常一个完整的波特战略分析的顺序为：价值链分析，波特五力模型分析，一般战略分析。波特的竞争力模型的意义在于，在五种竞争力量的抗争中蕴含着三类成功的战略思想，即大家所熟知的总成本领先战略、差异化战略、专一化战略。

实际上，关于五力分析模型的实践运用业界一直存在许多争论。目前较为一致的看法是：该模型更多的是一种理论思考工具，而非可以实际操作的战略工具。

该模型的理论是建立在以下三个假定基础之上的：

一是制定战略者可以了解整个行业的信息，显然现实中是难以做到的；

二是同行业之间只有竞争关系，没有合作关系。但现实中企业之间存在多种合作关系，不一定是你死我活的竞争关系；

三是行业的规模是固定的，因此，只有通过夺取竞争对手的份额来占有更大的资源和市场。但现实中企业之间往往不是通过吃掉对手而是与对手共同做大行业的蛋糕来获取更大的资源和市场的。同时，市场可以通过不断地开发和创新来增大容量。

在现实中，企业并不具备或者不全部具备以上三个假设条件，所以要将波特的竞争力模型有效地运用于实践当中，常常会使操作者要么束手无策，要么头绪万千。

GE 矩阵——吸引力和实力分析

GE 矩阵法又称通用电器公司法、麦肯锡矩阵、九盒矩阵法、行业吸引力矩阵，是美国通用电气公司（GE）于 20 世纪 70 年代开发的新的投资组合分析方法。其目的是分析各细分市场之间的投资风险。这种方法认为，除市场增长率和相对市场占有率之外，还需要考虑更多的影响因素，这些因素可分为市场吸引力和企业相对竞争实力两大类。根据各因素对市场加以定量分析、评价，划分出九种类型，针对每一种类型列出相应的发展、维持及淘汰等对策，可以调整产品结构，确定企业发展方向。

GE 矩阵分析为市场竞争环境分析提供了详细的结构框架，它一方面使用指示图测算了细分市场吸引力的大小，另一方面估算了企业的竞争实力，为企业进入细分市场及制定相应的细分市场营销战略提供了依据。如下图所示。

强	中	弱	
成长—渗透	发展性投资	选择性投资或剥离	高
选择性收获投资	细分市场或选择性投资	有控制地退出或剥离	中
收获现金	有控制的收获	快速退出	低

竞争地位

GE 战略矩阵

企业采用 GE 矩阵分析，对其业务选择和定位具有重要的价值和意义。GE 矩阵可以用来根据企业在市场上的实力和所在市场的吸引力来对其进行评估，也可以发现企业的优势和不足。如果企业想要对产业吸引力和业务实力做广义而灵活的定义，可以以 GE 矩阵为基础进行战略规划。也就是从市场吸引力和业务自身实力两个维度上来评估现有业务，每个维度分三级，分成九个格，以表示两个维度上不同级别的组合。两个维度上可以根据不同情况确定评价指标。

1. 在战略规划过程中，企业应用 GE 矩阵的步骤

第一，确定战略业务单位，并对每个战略业务单位进行内外部环境分析。根据企业的实际情况，或依据产品（包括服务），或依据地域，对企业的业务进行划分，形成战略业务单位，并针对每一个战略业务单位进行内外部环境分析。

第二，确定评价因素及每个因素权重。确定市场吸引力和企业竞争力的主要评价指标及每个指标所占的权重。市场吸引力和企业竞争力的评价指标没有通用标准，必须根据企业所处的行业特点和企业发展阶段、行业竞争状况确定。但是从总体上讲，市场吸引力主要由行业的发展潜力和赢利能力决定，企业竞争力主要由企业的财务资源、人力资源、技术能力和经验、无形资源与能力决定。确定评价指标的同时还必须确定每个评价指标的权重。

第三，进行评估打分。根据行业分析结果，对各战略业务单位的市场吸引力和竞争力进行评估和打分，并加权求和，得到每一项战略业务单元的市场吸引力和竞争力最终得分。

第四，将各战略单位标在 GE 矩阵上。根据每个战略业务单位的市场吸引力和竞争力总体得分，将每个战略业务单位用圆圈标在 GE 矩阵上。在标注时，注意圆圈的大小表示战略业务单位的市场总量规模。有的还可以用扇形反映企业的市场占有率。

第五，对各战略单位策略进行说明。根据每个战略业务单位在 GE 矩阵上的位置，对各个战略业务单位的发展战略指导思想进行系统说明和阐述。

2. 企业运用 GE 矩阵须注意的问题

一是评价指标尽量定量化。对于每项评价指标尽量定量化，没法定量化的要划分量级，对每个量级的得分进行统一规定。

二是不同业务之间每个评价指标的权重应该有所不同。由于每一项战略业务单元所处的生命周期不同，每一项业务的特点不同，企业关注每项业务的侧重点也不同，比如，对于成长型业务，企业可能更关注该业务的增长潜力和发展速度；对于成熟型业务，企业可能更关注市场总量和赢利能力。因此，评价指标权重的确定，必须根据每一项业务的特点来进行。不同业务单元之间，企业竞争力评价指标的权重也不相同，因为对于不同的战略业务单元，企业所处的市场地位不同，企业关注和追求的目标也不相同，所以评价指标的权重也不同。

BCG 矩阵——企业产品组合分析

产品组合是指一个企业生产或经营的全部产品线、产品项目的组合方式，具体包括四个变数：宽度、长度、深度和一致性。

波士顿矩阵是由美国大型商业咨询公司——波士顿咨询集团（Boston Consulting Group）的专家学者耗时近 3 年、调查了四千多个公司及其管理者于 20 世纪 70 年代初期开发的一种规划企业产品组合的方法。因波士顿咨询集团英文全名为 Boston Consulting Group（简写为 BCG），故称此法为 BCG 矩阵法。BCG 矩阵—波士顿矩阵（BCG Matrix），又称市场增长率—相对市场份额矩阵、波士顿咨询集团法、四象限分析法、产品系列结构管理法等。问题的关键在于要解决如何使企业的产品品种及其结构适合市场需求的变化，只有这样企业的生产才有意义。同时，如何将企业有限的资源有效地分配到合理的产品结构中去，以保证企业收益，是企业在激烈竞争中能否取胜的关键。

BCG 矩阵将公司中每个单一业务或相关业务的组合（亦称战略业务单位）标在一个二维的矩阵图上，从而让人们比较直观地看出哪个战略业务单位能获得高额潜在收益，哪个战略业务单位是公司应该摒弃的，哪个战略单位是公司现有资源未涉足的。BCG矩阵示意如下图所示。

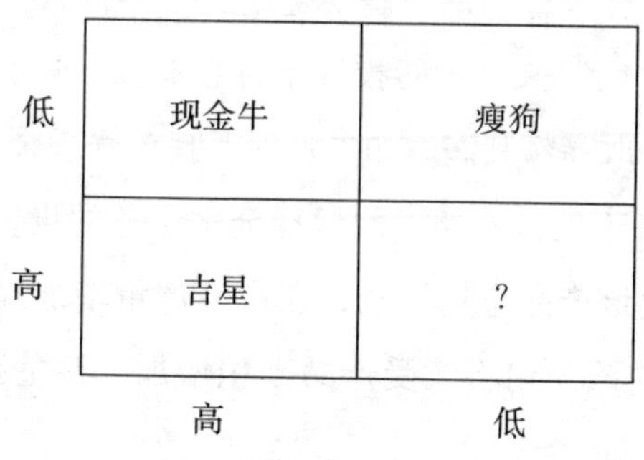

BCG 矩阵示意

图中横轴代表市场，纵轴代表低预计的市场增长率。高市场占有率表示该业务在所在行业占有主导地位，占高市场增长率表示该业务销售额一般为两位数的年增长率。

其中：现金牛：是指低增长率、高市场占有率。在这种情况下，产品畅销且在该行业中占主导地位，但增长速度渐缓，市场接近饱和，未来增长前景看差。吉星：是指高增长、高市场占有率。在这种情况下，该业务产品处于快速增长的市场中，该种产品消费者需求渐旺，并且在本行业中市场占有率高，但产品产量低（未达到规模经济），销售额有限，现金流量较小。问号：是指高增长、低市场占有率，在这种情况下，开发这项业务带有投机性，具有较大风险，可能带来高利润。瘦狗：是指低增长、低市场份额。在这种情况下，开发这项业务既没有较高市场占有率，也没有较高的市场增长率，产品处于衰退期。

如何运用BCG矩阵科学地选定企业战略业务单位呢？据西方经济学中“累积学习曲线效应”原理，如果一个企业能够适当组织生产经营，则在产量渐增过程中，单位产品成本将逐步下降。波士顿咨询集团多年实例调查也表明：如果一个企业销售量翻一番，单位产品成本一般要下降20%～30%，这就是说占有最大市场份额的战略业务单位将有最低成本。因此，一个英明的管理者应敢于牺牲短期利润获取较大市场份额，以期产生最大的长期利润。由此看来，现金牛身上虽能产生大量的现金流量，但由于预计低增长，故获得利润期限下长，管理者应尽量限制现金牛业务再投资，从“现金牛”身上尽可能挤出更多的“奶”来，大胆投资于吉星业务，只有对吉星业务的大量投资才可望在未来获取高额利润。如果管理者躺在“现金牛”身上自鸣得意，死抱“现金牛”业务不放，不断增加对现金牛业务的投资，则现金牛业务产品产量剧增，会加速该产品市场饱和，在产品产量增加而销售额低增长（甚至负增长）情况下，该公司将蒙受产品囤积增加、存量猛增的损失，“现金牛”将会过早地胀死。

现实中确有许多“现金牛”胀死的例子，如一家大型电器生产企业，起初其生产的家用电器在市场中名列前茅，产品供不应求，企业管理者当即决定扩大生产规模，扩建厂房，购进机械设备，家电生产流水线也扩大了几倍。由于当时家电生产厂家剧增，特别是沿海一带乡镇企业生产的家电大举进攻内地市场，导致家电市场迅速饱和，结果未等到该企业新生产流水线全部正式投产运作，该企业的产品就已经有大量囤积了，大量产品找不到销路，既没有及时地培育吉星业务，又导致一头好端端的“现金牛”过早胀死。所以，企业一定要注意吉星业务也有转变为现金牛的一天。至于瘦狗业务，决策者应瞅准机会尽快清理变现，不值得保留，更不应该继续追加投资，如果决策者怜惜舍弃“瘦狗”，则要当心被“狗”咬。出售瘦狗业务的财力可以用来收购或资助开发某些问号业务，问号业务是风险业务，决策者应根据自己组织的资源状况和环境确认那些确有高收益的业务才予以重视，追加投资促其转变成吉星业务，否则应予放弃。

4C 分析——以消费者需求为导向的营销分析

1964 年，美国营销专家鲍敦提出了市场营销组合概念，是指市场营销人员综合运用并优化组合多种可控因素，以实现其营销目标的活动的总称。这些可控因素被麦肯锡归为四类，即4P：产品、价格、渠道、促销，从此4P成为每一个商业人士的共用语言，几乎每位营销经理在策划营销活动时，都自觉、不自觉地从4P理论出发考虑问题。随着市场竞争日趋激烈，4P理论越来越受到挑战。20世纪80年代，以舒尔兹、劳特朋教授为首的一批营销学者从顾客需要的角度出发研究市场营销理论，针对4P存在的问题提出了4C营销理论，即消费者（Consumer）、成本（Cost）、便利（Convenience）、沟通（Communication）。

4C理论是在新的营销环境下产生的，它以消费者需求为导向，与产品导向的4P相比，4C有了很大的进步和发展。4C理论以消费者为导向，着重寻找消费需求，满足消费者需求。而市场经济还存在竞争导向，企业不仅要看到需求，而且还需要更多地注意到竞争对手，冷静分析自身在竞争中的优劣势并采取相应的策略，才能在激烈的市场竞争中立于不败之地。这显然与市场环境的发展所提出的要求有一定的差距。4C总体上虽是4P的转化和发展，但被动适应消费者需求的特色较重，根据市场的发展，参与竞争的企业不仅要积极适应周围的环境，而且在某种状况下，应创造环境。大市场营销理论的提出，即很好地说明了这点。4C以消费者需求为导向，但消费者需求有个合理性问题，消费者总是希望质量好、价格低，特别在价格上要求是无界限的，如果企业只看到满足消费者需求的一面，企业必须付出更大的成本，久而久之，必然会影响企业的持续发展，所以从长远来看，企业经营要遵循双赢原则，怎样将满足消费者的需求与企业利润较好地结合起来，这是4C需要进一步解决的问题。

4C理论强调企业要把顾客的需求放在第一位，强调创造顾客比开发产品更重要，满足消费者的需求和欲望比产品功能更重要。但是对于一个企业而言，首先要确定的是自己的消费者在哪里，哪些群体是自己的消费者，这样才能知道其需求和欲望。而网络营销可以为企业在了解消费者的需求和欲望之前如何赢得消费者提供途径。当企业采取了网络营销后，一些老顾客自然会通过网络关注这个企业，从而成为它的粉丝；而对于潜在的消费者，企业可以通过在网络上发布有诱惑的内容去引起注意，进而获得更多的客户。企业还可以在网上与客户探讨产品方面的问题，征求大家的意见，推出能够满足消费者需求的产品。

4C 理论第二个需要考虑的问题就是顾客的成本，这种成本是消费者愿意在获得满足时支付的。如何让消费者获得个满意的成本，同样可以通过网络营销实现。利用网络营销，企业可以在网上进行营销推广，但是如何吸引现有消费者来关注就需要企业以比较醒目的方式在网上发布信息以引起关注；对于潜在客户，网络营销能降低开发成本，企业可以将自己产品的信息以文字、视频等新颖的形式发布在网上，或者进行有奖转发，自然现有的客户会不断转发进而获得更多的粉丝；网络营销能降低产品调查成本，企业可以在网上进行有奖调查，不仅能吸引新的消费者，而且可以就调查的问题与访问者做直接的交流，提高调查的效果，还降低了调查研究费用；网络营销降低了企业的广告宣传成本，企业只需要将有创意的产品广告以视频的形式发布在网页上就会达到宣传的效果。

4C 理论第三个要考虑的是便利性，理论中所说的 Convenience 是指消费者够买产品更便利，即购买的便利性，也可以扩充到消费者获得该产品信息的便利性。不用多说，网络营销能够让消费者方便地获取企业的产品信息，能够提高企业的曝光度，企业第一时间将自己的产品信息发布到各大网站上，并可以最早的获得该信息，并可以对信息进行评论，这样企业就及时地获得了消费者关于该产品的评论建议，这样的平台给企业和消费者获取信息都带来了便利。

4C 理论第四个要考虑的是沟通，信息化时代的产品生命周期缩短，消费者的多样化和个性化要求企业时刻倾听消费者的声音。而借助网络，企业和消费者可以任意交流沟通，不管是产品信息还是研究调查都能获得最真实的来自消费者的声音。当然根据这些获取的信息，企业的营销人员要进行详细有效的分析，并及时与之进行沟通，针对性地服务于目标顾客群体，不断提高企业的品牌美誉度和顾客满意度。

企业在利用4C分析的时候，只要考虑好了以上四个问题，就能够发挥4C营销理论的优势，充分满足消费者的需求。

4R分析——以客户关系为核心的营销分析

21世纪的市场营销发生了很大变化，以顾客为中心，面向竞争、寻求合作、创造需求是市场营销发展的趋势。20世纪之初，《4R营销》的作者艾略特·艾登伯格提出一种新的营销，即4R，第一个R——关系策略，指在企业和企业的目标之间构筑一种独特的关系。它的核心能力是“服务”和“经历”。“服务”早就提出过，“经历”与《体验经济》一书的分析相似，强调根据消费者心理需求变化，企业应该适时地为消费者创造独特的购买经历，把购买经历变成一种战略资产；第二个R——节省策略，指为消费者节省时间。它的核心能力是“技术”和“便利”，通过技术把商品、品牌或服务带到顾客的家中或办公室里，为消费者提供便利；第三个R——关联策略，指把企业的品牌资产直接与主要的购买动机相联系。它的核心能力是“专业技能”和“商品”，专业是指：让你的公司成为你所在行业的最重要的思想和信息的来源；第四个R——报酬策略，指酬谢你的顾客。

4R理论的作者认为，人们正处于“后经济”时代。“后经济”是针对“新经济”而言的。4R的提出者认为：新经济是指从1994年到2000年的互联网迅猛发展时期，其运作基础是网络技术，并视其为新的价值来源。随着2001年互联网泡沫的破灭，新经济已经过去，后经济将于2006年来临，并持续到2020年，这一时期企业关注的不再仅仅是技术，而是更加人性化的技术，使其服务于个人，使顾客获得应有满足感和愉悦，同时，产品和服务的分销渠道变得越来越直接。

1. “4R营销理论”的特点及应用意义

建立“4R”（关联、反馈、关系、回报）营销理论的核心是“关系营销”，它具备以下四个特点：

第一，企业与利益关联方是命运共同体，且要和各方保持密切关联；

第二，企业的运作模式从推测性商业模式转换为高度反馈需求的模式，企业要站在顾客的角度及时倾听对方意见，并给予反馈；

第三，占有市场的关键已转变为与顾客建立长期而稳固的关系；

第四，合作双方均得到合理的回报既是正确处理营销活动中各种矛盾的出发点，也是营销的落脚点。

在激烈的市场竞争中，每个企业必须考虑如何在竞争中站稳脚跟并谋求发展。在企业的转型过程中，要有相适应的发展新思路来为企业“保驾护航”。借助“4R”营销理论，就能突破传统经营理念的束缚，冲击旧体制下营销发展的瓶颈，为新形势下的新发展带来契机。

企业最终的交易能否实现，关键在顾客，因此建立顾客关系和维系顾客关系是关系营销的核心。据统计，企业 80% 的利润是由 20% 的顾客创造的，同时企业吸纳一个新顾客要比维持一个老顾客高出若干倍的费用和时间。失去老顾客，就意味着失去市场，失去利润来源。因此，按照帕累托 ABC 分类管理法，企业应对 20% 的老顾客进行重点管理与维护，与他们保持长久稳定的关系，从交易变成责任，减少顾客的流失。建立良好的关系网，可为企业开拓市场，吸纳新客户。

企业采用“4R”营销理论，一方面能抢占先机，迅速发现潜在市场，并迅速开发、占领市场；另一方面可充分了解顾客需求，最大限度地减少抱怨，稳定顾客群，减少顾客流失，增强企业的竞争力。

在激烈的市场竞争中，顾客有很大的自主选择权。现在顾客长期购买某种品牌的产品和忠实于某一企业的情况越来越少，易变性和高流动性成为现代顾客的特点。因此，要提高顾客的忠诚度，稳定顾客，赢得长期市场，企业必须在业务、产品、需求等方面与顾客建立长期的关联，形成一种互助、互求、互需的关系，把顾客与企业联系在一起，这样就可以大大减少顾客的流失。

2. “4R”营销理论为企业建立顾客关联提供的理论依据

（1）出售方案

用户关联。传统的产品销售是一次性的，营销活动具有唯一特征，交易的孤立性，使得供求双方难以建立长期的交易关系。出售方案是一个连续交易的过程，它利用系统集成的模式为用户提供一体化、系统化的解决方案，以保证整体最优。出售方案是多角度的，它将顾客融入到企业的生产过程中，与顾客进行互动，以丰富和提高顾客价值为目的，提供给顾客以最具价值的产品、服务及信息的组合体，从而在企业和顾客之间建立长久而稳定的纽带。

（2）对位需求

产品关联。传统的营销活动主要是通过提高产品性能，以合适的价格和方便的营销渠道促进销售，需求以大众化为标准，其主要特征是产品的种类单一、缺乏个性，对顾客的需求层次对应程度低；而对位需求的产品关联，则是将产品层次与顾客的需求层次一一对应，提供符合客户特点和个性的具有特色的产品或服务，以满足不同层次的顾客需要。此时，企业的生产经营方式也应发生改变，一是采用“大规模量身定制”的生产方式，以成组技术、柔性制造系统和计算机集成制造系统为支撑，进行多品种流水生产，减少零部件变化，提高生产效率。二是通过网络进行全球范围的市场集成，将特殊转化为“常规”。三是集结与整合外部资源，扩展企业能力，实行业务外包，建立共生营销和关系营销。这样既可抢占市场，又可更有效地吸引和巩固客户。

（3）消费联盟

利益关联。消费者联盟，即消费者会员制，是企业以回报消费者利益为驱动机制的一种新型营销方式。它是消费者通过填表入会或持卡的方式取得消费资格，与企业以契约方式固定下来成为企业的长期稳定消费者，消费联盟是以消费者获得利益为直接关联手段，继而形成一个庞大的辐射状的消费网络，将传统营销方式中由中间商瓜分的利润通过消费者的重复消费、大规模消费而直接回馈给消费者，从而培养一批固定顾客。

企业营销的最终目的在于获利，它的价值体现就是带来短期或长期的收入和赢利能力，追求回报是企业营销的动力，是维持市场关系的必要条件。

追求回报，要求企业必须采取和融合更多的营销策略及策略组合，优化营销方案，节省消费者的时间，给消费者带来便利。一方面要求企业降低成本，充分考虑顾客愿意支付的成本，实现成本最小化，并通过提高市场占有率实现规模经营；另一方面又要为顾客提供优质的有个性的高附加值产品与服务，满足不同顾客的需要。

综上所述，4R 的最大特点在于以竞争为导向，主要体现在：一是整合内外资源，快速响应市场需求，建立多方关联，实现互动与双赢，同时也延伸了渠道，升华了便利性。二是体现并落实了关系营销的思想，通过关联、关系和反应，提出了企业如何主动创造需求、促进销售、建立关系、沟通顾客以保证长期利益的实现。三是回报兼容了成本、价格和双赢的内容。4R 是 21 世纪营销理论的创新与发展，它必将对营销实践产生积极和重要的影响。

7C 模式——企业管理模式

一般来说，企业管理模式就是面向企业具体管理实践的，当代管理理论和方法在一定情境中相对稳定的组合和综合应用范式。

“7C”管理模式是由美国管理学家罗伯特·沃特曼（Robert Waterman）在 1987 年出版的《创新经营——优秀公司如何赢得并保持竞争优势》一书中提出的管理理论。

7 个因素分别是：交流沟通（Communication）、机会与信息（Chance and Information）、事业和献身精神（Causes and Commitment）、危机点（Crisis Point）、控制（Control）、企业文化（Culture）、能力（Capability）。因 7 个因素的英语均以字母 C 开头，故称“7C”。其中“能力”处于中心地位，其他 6 个 C 都围绕着它进行活动。只有全部因素一起运作，企业工作才能处于最佳状态，才能不断增强能力和保持竞争的优势。

企业管理模式的运作是企业管理模式中的各构成要素协同作用于企业的投入资源，实现顾客价值创造的过程，如下图所示。在具体运作过程中，根据具体的管理情境和管理模式的支撑要素的特质，管理模式的各具体要素通过自我管理进行优化组合，在不同的过程和环节对投入资源进行开发和利用，创造出目标市场认可的客户价值及其价值的载体。而这样一种融合了管理理论、管理方法的管理模式各要素的优化组合方式通过一定时期的调整、适应和磨合后相对变得稳定，就形成了面向这一具体情境的富有特色的管理模式，并在所处的时代和环境中显示出强大的生命力和竞争优势。

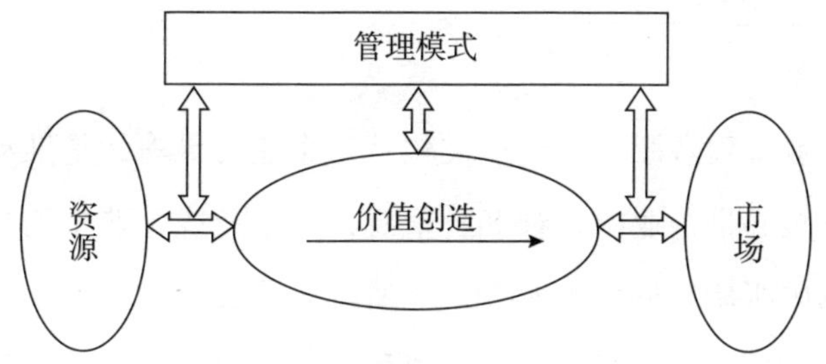

管理模式运作示意

美国国际商用机器公司（IBM）的成功，就是得益于企业经营管理新模式。奥尔森父子的经营理念可简化为“7C”管理模式。“7C”就是企业管理的七大要素。

第一，职责承担：企业职工必须忠于职守，个人利益必须服从于企业利益。

第二，合作：表现在良好的人事关系与集体协作精神。

第三，磋商：让职工参与企业管理，不采用命令的形式而采用协商的形式。

第四，竞争：有竞争才有创新，才能提高产品质量、降低成本；有一支实力雄厚、敢于竞争的队伍，才有机会在竞争中获胜。

第五，交流：企业领导与职工双方经常互相交流情况，让职工更好地了解企业的做法，从而减少差错。

第六，信心：信心十足地把工作搞好，提高效率。

第七，团体精神：企业如同一个大家庭，每个职工都是其中的成员，大家同心协力，企业才能在激烈的竞争中生存，并获得长足发展。

虽然奥尔森父子的“7C”管理模式中的7个因素与罗伯特·沃特曼“7C管理”模式中的7要素名称有别，但是仔细分析各要素的含义却大同小异。

总之，“7C”管理模式是目前比较新颖的管理模式，企业可以根据自己的实际情况选择使用。

7S 框架——企业文化管理

在现代企业管理者眼中，企业文化就是企业的灵魂，是推动企业发展的不竭动力，其核心是企业的精神和价值观，是企业或企业中的员工在从事商品生产与经营中所持有的价值观念。之所以企业文化这么为人关注，原因是其具有独特的效用，包括导向作用、凝聚作用、对员工的激励作用、规范作用和提高团队战斗力等。

麦肯锡咨询公司于20世纪70年代对企业组织结构经考察和研究后得出结论：任何一种明智的管理都涉及7个变量，分别是结构、战略、体系、员工、风格、技能、共同价值观，称之为“7S框架”，如下图所示。

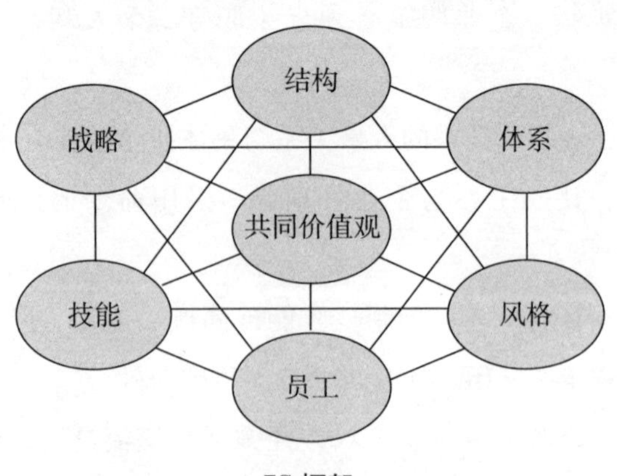

7S 框架

其中，战略是指一系列旨在取得超越竞争对手的持续性优势的行动；结构是指组织图与相关信息，显示的是谁向谁汇报工作、任务是如何划分和归总的；体系是指表明组织日常经营的过程和流程；风格是指管理者认为重要并愿意集体花时间和精力关注的事项，以及他们如何运用象征性行为。管理层的行为方式要比他们的语音更重要。

前麦肯锡咨询顾问 Thomas J. Peters 和 Robert H. Waterman 在所著的《追求卓越》一书中讨论了这一框架。该框架描绘了影响组织变革能力的一组相互关联的因素。这些因素之间没有等级差别，这告诫人们，如果离开了其他部分的合作，组织中的某一部分是很难取得显著进步的。

7S 模型指出了企业在发展过程中必须全面地考虑各方面的情况。也就是说，企业仅具有明确的战略和深思熟虑的行动计划是远远不够的，因为企业还可能会在战略执行过程中失误。因此，战略只是其中的一个要素。

在 7S 模型中，战略、体系和结构被认为是企业成功经营的“硬件”，风格、员工、技能和共同价值观被认为是企业成功经营的“软件”。麦肯锡的 7S 模型提醒世界各国的经理们，软件和硬件同样重要。两位学者指出，各公司长期以来忽略的人性，如非理性、固执、直觉、喜欢非正式的组织等，其实都可以加以管理，这与各公司的成败息息相关，绝不能忽略。这也就是说，企业在发展过程中一定不能忽略企业文化的管理，而企业文化正是形成共同价值观的核心因素。只要仔细观察，我们就会发现共同价值观在 7S 模型图中居于中心地位，这表明 7S 模型在现代企业文化管理当中发挥着非常重要的作用。

第十三章

创新领导力八大法则

——能力提升捷径

影响力法则——影响力决定领导力

美国著名学者詹姆斯·库泽斯、巴里·波斯纳指出：领导力，是领导者如何激励他人自愿地在组织中做出卓越成就的能力。有的学者从领导者与被领导者双方的互动关系来考察领导力内涵。王崇梅等人认为，“传统的领导力，就是领导才能。最新的观点是指获得追随者的能力”。有学者认为，领导力的实质是影响力，领导力发生作用的过程就是影响产生的过程。李林等人则认为，“领导力的实质就是影响力，任何人都可以使用领导力，只要能成功地影响他人的行为，就可被视为实施了领导力”。由此，我们可以认为领导力就是影响力。

企业领导者的影响力就是指影响并改变企业员工的态度、价值观、信念或行为的能力。企业领导者的影响力是领导者与员工互动的结果，在企业组织内部，表现在企业愿景目标、战略决策、经营运行、员工行为、企业文化等方面；在企业组织外部，表现在企业社会责任、企业品牌、生活方式、价值观取向和政府行为影响等方面。从实际效果看，企业被领导者能动地依据自己的认识和需要去接受或抵制领导影响，使得领导者个人的职务与影响力并不成正比，领导者职务提升，权力影响必然扩大，但个人影响力并不一定随之提升，甚至因道德或其他原因而失去威信和号召力，反之，有的领导者虽被贬职，他的威信和影响力却不一定减弱。这一现象在企业经营管理中大量存在，影响着对企业领导者能力的评价、权力的制衡、班子的选配等方面的工作。

如果细分的话，从领导者影响力的类型来看，有权力性影响力和非权力性影响力两种。

1. 权力性影响力

权力性影响力是随领导者的职位而来的，也就是说，由于领导者担任了某项职务，他就是有了相应的职权，这种职权一般称为“位置权力”或“地位权力”，它带有强制性，下级不能随意不接受他的领导。构成权力性影响力的主要因素有传统因素、职位因素、资历因素。

（1）传统因素

由于几千年的社会文化积淀，人们对领导者形成了一种心理观念，认为干部不同于普通人，他们不但有权，而且有才，总比普通人强，从而产生了对领导的服从感。服从领导作为一种传统观念，很早就影响着每个人的思想，这样就使领导者的言行增加了影响力。

（2）职位因素

居于领导职位的人，组织授予其一定的权力，权力使领导者具有强制下级的任务，凭借权力可以左右被领导者的行为、处境甚至前途、命运，并使下属产生敬畏感。职务越高，权力越大，别人对他的敬畏感越深，他的影响力也就越强。

（3）资历因素

资历是历史性的因素，它反映出一个人过去的经历情况，包括掌握的信息资源和工作经验、人生阅历。资历较深的干部比较容易在人们的心目中赢得尊敬，其一言一行容易在员工的心目中占有地位。

由传统、职位、资历三个因素所构成的影响力，一般存在于担任某项领导职务之前。不论谁当领导都可能有这样的影响力。这类影响力使人们心理上产生敬重感、敬畏感、服从感，其核心是“权力”。

2. 非权力性影响力

构成非权力性影响力的主要因素有品格因素、才能因素、知识因素、感情因素。

（1）品格因素

主要包括道德、品行、作风等。具有优秀品格的领导者会给人带来巨大的影响力，使人产生一种敬佩感，形成无形而巨大的影响力，而且能吸引人、激励人。古人曰：其身正，不令而行；其身不正，虽令不从。说明了领导者品格吸引力之强和影响力之大。无论职位多高的领导，倘若品行不正，使人反感，就会威信下降；倘若在作风上不正不直，就会与人拉开心理距离。心理距离是一种排斥力、对抗力，对影响力会产生负面作用。

（2）才能因素

一个人的才能不仅仅反映在他能否胜任自己的日常工作上，更重要的是反映在工作结果是否成功上。一个高才多能的领导者，能给组织或团体带来蓬勃向上的生机，并使人们产生一种信赖感，即使在非常困难和极端危急的情况下，也会使大家同心同德，团结奋斗，从而大大增强影响力。

（3）知识因素

知识是一个人最宝贵的财富，它本身就是一种力量，而且是科学赋予的力量。一个领导者有了丰富的知识和突出的专长，不仅在工作中可以运用和发挥自己的知识和专长，而且还会与被领导者有较多的共同语言，增加心理相通，使人们产生一种归属感，从而转化为影响力。

（4）感情因素

领导工作是在领导者与被领导者之间进行的，领导者与群众应有良好的关系，应该了解、尊重、关心和支持群众，同他们交朋友，为他们排忧解难，虚心听取和采纳群众的意见。一个领导者有了良好的群众关系，就会如鱼得水，从而扩大影响力。

由品格、才能、知识、感情等因素构成的影响力，产生于担任领导干部之后，它与权力没有直接的关系，而是领导者通过其行为方式、道德水准和精神面貌体现出来的内在素质，它是具体的、生动的、可感的。随着企业改革的不断深入和人们思维能力的不断提高，人们已冲破封闭时代的服从、顺应的束缚，因此，这种非权力性的影响力比之带有强制性的权力性影响力更有力量，更有领导效应。

企业领导者到底是靠权力性影响力还是靠非权力性影响力来完成领导任务，要因时制宜、因地制宜。综合运用与单纯运用，其结果截然不同。有的领导干部，想要利用自己的特殊地位来让人们服从、敬畏，结果人们是口服心不服。而那些以自己的诚挚、好的感情和魅力来煽动人心的领导者，往往能够凝聚起全体职工的向心力。

领导者能否成功地实施领导行为，关键是否具有领导力。领导力的本质就是影响力。影响力是一个人在与他人交往中，影响与改变他人心理与行为的能力。现代企业员工由于自主意识和受教育程度的日益提高，较少愿意接受企业领导者的角色定位、外部控制和程序化的权力性影响力，而更愿意接受企业领导者在眼光、思路、胆略、状态及人格等方面的非权力影响力。

导航法则——唯有领导者才能设定航线

探险队到达南极的故事，或许有人已经了解。1911 年，有两支探险队出发从事一项艰巨的任务——看谁第一个到达南极。一队的领袖是挪威籍的探险家阿曼森，另一队的领袖是斯科特。

队伍出发前，阿曼森花了许多时间细心筹划这次的行程。阿曼森设想周到，而且巨细靡遗。

他研究了爱斯基摩人和其他经验丰富的北极探险者的方法，决定探险队最好采用狗拉雪橇来运输设备和物资。在挑选队员时，他选择了滑雪能手和能训练狗的人。

他的策略非常简单。队伍每天走 15～20 英里，大约要 6 个小时，这期间体力活主要靠狗来完成。第二天，双方都有充足的时间休息。

在预定路线沿路都设立了补给站，储存了供应物资。这样，他们就不必把所有物资都带在身上，同时他还给每个队员都配备了最好的装备。

英国的斯科特曾服役于英国海军，而且有过南极地区的探险经验。他不是用狗拉雪橇，而是用带发动机的雪橇和矮种马。征程第五天，电机就停止了运转，他们的麻烦也从此开始。矮种马很不适应寒冷的天气，后来不得不把所有的马都杀死。因此，队员不得不自己拉着 200 磅的雪橇！

斯科特也疏忽了队员所需的各种装备，他们的衣服设计得不够暖和，以致每个人都长了冻疮。他们以十周走完八百英里艰辛的旅程，最后当这支精疲力竭的探险队到达南极时，发现挪威国旗已在那儿飘扬，还有 1 封信，另一支领导有方的队伍战胜了他们，前一个月就已经到达南极！

尽管斯科特队前往南极的旅程十分狼狈，但回程却更加凄惨、绝望。在回程中斯科特这一队人陷于饥饿的边缘，每个人都患了败血病。他们行进得越来越缓慢，有一个队员陷入昏迷最后死去。还有个叫劳伦斯的队员由于冻伤太严重，什么都干不了，为了不耽误队伍的行进，自己走进暴风雪中。斯科特和仅存的两位队友只好继续往前走，但没有走多远就放弃了，留下一本日志。

斯科特的例子是领导者无法正确指引团队的典型案例。斯科特有勇气，但却缺乏领导力。由于未能遵循导航法则，致使整个团队全军覆没。

追随者需要能够正确指引他们的领导者。当他们遇到生死攸关的情况时，这种必要性就更显而易见了。事实上，任何人都可以驾船掌舵，唯有领导者才能设定航线。

这就是导航法则！

导航法则的秘诀就在于事先预备，这比任何其他因素都重要。

通用电气公司前总裁韦尔奇说："好领袖会一直专注在焦点上，掌握你的方向胜于被方向掌控。"当组织越大，领袖越要有能力将前景看得清楚。因为规模越大，在中途改变会很困难。所以，有效率的领航者懂得先从经验开始，但不只限于以往的经验，如果领导者要成为优秀的引路人，就必须花时间对过去的经历进行反思，并且从中学习。

没有哪一位优秀领导者会在不仔细考虑当时情况的条件下制订行动计划，这就好比迎着潮水航行或者将船引向飓风。出色的航海家在为自己和他人作出承诺之前都会考虑到后果。所以，企业领导者在设定航线的时候，一定要慎重。

腾讯公司成立于 1998 年 11 月，是目前中国最大的互联网综合服务提供商之一，也是中国服务用户最多的互联网企业之一。腾讯之所以能够在短短的十几年当中有如此大的发展，与马化腾的成功导航分不开。

腾讯成立十多年来一直秉承“一切以用户价值为依归”的经营理念，把通过互联网服务提升人类生活品质作为腾讯公司的使命。

以前腾讯把为用户提供“一站式在线生活服务”作为战略目标，提供互联网增值服务、移动及电信增值服务和网络广告服务。通过即时通信 QQ、腾讯网（QQ. com）、腾讯游戏、QQ 空间、无线门户、搜搜、QQ 网购、拍拍、财付通等中国领先的网络平台，打造了中国最大的网络社区，满足了互联网用户沟通、资讯、娱乐和电子商务等方面的需求。随着一站式在线生活平台的实现，2011 年 6 月 15 日，腾讯又宣布将向第三方合作伙伴开放腾讯平台。腾讯是想借此建设一个没有疆界，开放共享的互联网新生态。

目前，在马化腾的导航下，腾讯正在树立民族品牌的道路上健康发展。

引力法则——吸引力弱的领导没有力量

领导者的个人吸引力，是指领导者在领导活动中所具有的对被领导者的吸引力、凝聚力和号召力。也就是说，领导者能让被领导者信任、心悦诚服，并自觉地拥护、配合和服从，对领导者所组织指挥的活动积极、愉快地思考和参与。

在现代企业当中，成功的领导者更多地强调采用个人的吸引力感召下属，让下属心甘情愿地追随。领导者的个人魅力比职务权力更重要，它常常在现实生活中发挥更重要的力量。因此，如果一个领导者吸引力弱，那么他就没有领导力量。

吸引力又有外在和内在之分。外在吸引力是有形的，如仪表、相貌、服饰、言谈、举止等；内在吸引力是无形的，如品德、人格、文化素质、行政法规的掌握程度等。影响个人吸引力的主要因素如下：

1. 服饰

尽管说人不可貌相，但是，整齐、得体的服饰可以给你的形象增添不少迷人的风采。作为领导者，应该注重服装修饰。所谓服饰端庄宜人，就是说要依据不同的时间、场合，不同的交往对象而选择不同的服饰，这样不仅可以使你个人的外在形象更趋完美，也表示你对交往对象的尊重。

2. 举止

举止是指人的姿态和风度。一个人在交往过程中，待人谦虚有礼，言谈幽默得体，举手投足符合规范，这就能给人留下教养好的印象。领导者的言谈举止得体，下属和群众会认为你有涵养，水平高，这有助于自身形象的树立。

3. 品格

比如领导的道德、品行、人格和作风等。从广义上讲，品格因素包括大公无私、信用诚实、正直公道、言行一致、以身作则、严于律己、平易近人、勇于批评和自我批评等。高尚的品德容易让人产生一种敬重感，因而具有巨大的吸引力、感召力和说服力。一个领导者如果品行不端，即使职位再高、资历再深，也不会产生影响力。相反，在他行使职权的时候，其职务的权力还会受到一定程度的削弱。获得领导者个人影响力的关键是赢得人心，赢得人心必须靠品格，而不能靠职权。

4. 知识和智力

精通业务、知识广博能使人产生信赖感。领导者如果有丰富的知识，有合理的知识结构，就能相应提升个人的影响力。否则，会影响职务权力的发挥。丰富的知识有利于提高智力水平，而知识渊博、智力水平高，能够提升领导者的个人影响力。

5. 情感

俗话说，感人心者莫过于情。领导科学认为，领导者的成功，80% 的因素来自于情感方面，20% 的因素来自于智力方面。所以，赢得人心和追随，需要营造良好的组织氛围和人际关系。领导者要以平等的态度对待被领导者，与被领导者建立一种朋友关系，让对方感到可敬可亲，能够互相理解、互相支持、互相体谅。

6. 才能

比如洞察能力、分析判断能力、决策能力、组织能力、创新能力和预见能力等。有才能，能让下属产生敬佩感。把一项重要任务交给有才能的人去执行，能够增强下属完成任务的信心，也能提升领导者个人的影响力。

7. 资历

有丰富业绩，能让下属敬重。否则，容易让下属产生疑心和戒心。资历包括两个方面：一方面是从事某一业务的时间长短和经历，时间长容易让下属产生敬重；另一方面是业绩的大小，业绩大容易获得信任和支持。

8. 职位

职位越高，权力越大，人们对他们的敬畏感、神秘感也越强。但这种影响力只产生于领导行为之前，属于社会组织给予的影响力。以前担任的职务及其影响力的大小，对其后来的工作及其影响力会产生直接的影响。在实际工作中，有靠领导者自身能力发挥作用的，也有靠职务授予权力发挥作用的。推崇职权，追随职务权力，忽视职权之外的力量和培植是不可取的。

在日常生活中，领导者怎样才能发挥个人的吸引力呢？

首先，发现员工长处，多真诚赞美。每个人既有长处，也有短处。人们都喜欢赞美，不喜欢批评。要培植领导者个人影响力，必须学会真诚赞美。要扬言于公堂，归过于暗室。赞美和鼓励下属的每一个微小进步，让下属感受到被重视、被关心、被尊重，促使他们更好地发挥长处和优势。找出下属做得对的事情，用微笑和真诚的语言来表达由衷的赞美。注意：赞美要真诚，最好能配合关爱的眼神和肢体语言。一旦发现下属的优点，立即赞美，为他鼓劲。

其次，适度批评，把握分寸。批评要注意把握分寸，对事不对人，具体告诉下属错在哪里，切忌在第三者面前责备下属。批评下属不要冲动，要控制情绪，特别是对女性更要采取柔和方式。

再次，言行一致，表里如一。领导者的言行，要与整个组织目标一致；领导者的行为，要与自己的公开言论一致。领导者必须公私分明，严于律己，用人公正，处事公平。

最后，要深入基层，及时沟通。要多深入到下属之中，虚心听取大家意见，耐心解答疑难问题，及时排忧解难。这样，有助于信息流通，增加大家工作信心，及时发现和纠正错误。

龙湖地产董事长吴亚军是一位识才、爱才的人，当“中国女首富”的光环再一次光顾吴亚军之时，她的关注点并不在这儿，一向低调的她竟亲自撰文，回忆自己与龙湖前人力资源总监房晟陶共同奋斗的往事。房晟陶在龙湖曾主导了人员、组织、文化体系的变革，现在虽然离开了龙湖，但是吴亚军仍表示永不相忘。

吴亚军在文中亲切地称40岁的房晟陶为老房，说这个“老”不是因为年龄，而是因为他对龙湖和龙湖人的影响，这个影响不仅是对过去和今天，还有明天。文中写了“初识老房”“老房出手”（入职龙湖），“老房和我”以及“立体老房”“永不相忘”等几个片段，语言诚挚感人。例如作者在文中写道：他的到来，使我脑子里许多模糊的认识如铜版画的蚀刻更加清晰。因为有同道，我增加了前行的胆气；你作为一个老板，学习与职业经理人相处，这是你的功课（老房说）；员工对老房的欣赏和认同也令我感动；没有老房，龙湖团队的士气不会有如此的升华，没有这样的员工，老房的专业理想和社会理想也不能落地开花；独立人格，自由思想，书生本色，忠诚友谊，淡泊名利！这五句话，想来老房是当得的；去年当老房说，他是时候离开龙湖了，我既觉得老房是对的，但又感到无奈和伤痛，因为我们早已不是多年同事的关系了。他在龙湖一百多人时来到公司，如今龙湖已有七千人，他付出的太多。在困难和艰险中，他与我们心心相印，共进共退。尤其是对我个人来说，我的学习和成长离不开他的影响和支持。龙湖人，包括我，心理上、情感上、专业上对他都十分依赖。

由以上内容可以看到吴亚军作为老板的惜才、爱才之心，以及对人才由衷的赞美之情。同时，更反映出了房晟陶是一个非常有吸引力的领导人才，因为他的吸引力使得龙湖地产从上到下，从老板到员工都围着他，以至于离开了，老板还对他大加赞扬。

授权法则——有安全感的领导者才会授权于人

所谓授权，就是领导者把组织中的一定权力授予下属，使下属在其职责分工范围内拥有更大的自行决策权和自行处置权，从而更充分地发挥属下的潜力，为领导者的既定目标服务。

值得注意的是，授权不是领导者对下属的一种权力的施舍，而是充分调动下属的积极性，以更好地实现组织整体目标而必须采取的一种管理手段和艺术，因此，授权不是上司的一种个人行为，而是一种组织行为。

GE 公司前任董事长韦尔奇说："管理就是合理的授权。"在企业管理中，领导者的工作千头万绪，极为繁杂，如果每件事领导者都无巨细，必躬亲，即使有三头六臂，也会应接不暇，难免事与愿违。所以，领导者必须学会正确授权。尽管授权在管理实践中具有十分重要的意义，但在现实的领导活动中，很多领导者由于存在这样那样的顾虑，不能够完全授权于人。实际调查表明，大多数企业主管仅仅授权了 10% 左右的工作。

在中国这样一个有着深刻集权思想的环境中，领导者不能充分授权的原因是多样的，但在实际工作中，领导者缺乏安全感是其不愿授权的主要影响因素。

有的领导者由于过分自信和过分谨慎而不敢授权。他们过分地相信自己的能力、水平和经验，甚至年龄、资历都成为他们成事的重要依据。总认为自己什么事都能办得好。相反，不相信下属的才识、胆略、潜力，总担心把权力授给下属，下属会捅出娄子和滥用权力，特别是下属是新手的情况下更不敢授权。

还有的领导者凡事都想管，都要管，不愿授权。其中原因无外乎两个：一是怕授权损害自己的利益，影响自己的分量和价值。在他们看来，只有自己手中的权力多，说话才有人听，办事才方便；只有事事都由自己决定，才能显示出自己的权威和本事。事实上，主管即使在很多领域中都具有非凡的能力，也一定要避免事事亲为。因为那不代表你的成员不能做这些事，而且更严重的是会导致下属行为的惰性。二是畏惧下属的潜力。有的领导者不愿授权，尤其不愿把权力授给那些才华横溢或有潜力的下属，因为他们担心这样的下属一旦被授权后会有超过自己的表现，给自己树立一个职务上的竞争者。在这种强烈权力欲的心理支配下，他们把权力握得紧紧的，不愿轻易授给下属。只有那些必须由自己处理的事情才不属于授权的范围。

不愿授权，是因为他们没有树立起为人民群众掌权和用权的权力观；不敢授权的领导者不懂得“用人不疑，疑人不用”的用人原则。其实，领导者只要掌握授权的艺术，是完全可以充分发挥下属的才能，来为自己分忧解难的，并且，这也是企业发展的需要。

要做好授权工作，可以从以下几个方面入手。

1. 界定工作职责与权限

一般认为，在经过精心设计和组织的企业里，每个人都十分明确自己的职责和工作目标。事实上，这种状态是极为少见的，甚至只能是暂时的。首先，随着企业的不断发展，组织结构无时无刻不处于调整之中，原本清晰的工作范围和职责往往会因此而模糊起来；其次，由于市场竞争的激烈和环境的剧烈变动，出现了更多的突发和例外事件，员工在原有的职责范围下，无法对这些事件做出合理应对，这需要适时的重新界定，尤其是在人手不足的中小企业更有其必要性。因此，在授权之前重新审视各自的工作职责与权限是非常重要的。否则，在员工本来就不明确其职责的情况下再授权，只会增加员工的忙乱程度，而不能提高他们的工作效率。

2. 选好人才，视能授权

在选择人才时要坚持德才兼备的原则。一是考察授权对象的政治素质，二是考察授权对象的才能。具体来讲，就是根据下级的能力大小和其他个性特征等区别授权。同时，授权时应考虑被授权者的其他个性特征。对于性格外向性明显者授权让他解决人事关系及部门之间沟通协调的事容易成功：对于性格内向性明显者授权他分析和研究某些问题则容易成功；对于要求做出迅速和灵活反应的工作，授权多血质和胆汁质的人处理就能成功；对于要求持久、细致、严谨的工作，授权黏液质和抑郁质的人处理效果可能良好。

3. 分阶段实施授权，使被授权的员工逐渐适应职责范围的扩大

权力与责任的加大要采取渐进的方式，而不是突发性地“加宠”于一人，使其诚惶诚恐，不知所措，无形之中增加了授权的风险。起初让员工或下属参与到决策中来，鼓励下属去发现问题，寻找解决问题的办法；然后授予一部分权力，使下属在初步的实践中锻炼能力并积累经验，待条件成熟时，给予充分授权；最后，可以将这种授权以制度的形式固定下来，使被授权人以更高的责任感和自由度去行使权力。

4. 既要信任，又不放任

授权后，领导者应信任被授权者，放手让他们工作。领导者的职责在于明确下属的任务和目标。至于如何去实现目标，则正是要求下级充分发挥主观能动性的地方，不应由领导者代劳。但是信任又不等于放任，授权后，领导者有必要从旁加以指导；对于下级在改革中由于缺乏经验所造成的失误，领导者要勇于承担领导责任，帮助他找到失误的原因，鼓励他继续前进，为下级工作创造一个宽松的环境，以更好地调动其积极性。

5. 进行有效的控制

很多领导者吝于授权的原因，很大程度上是担心一旦授权给员工，会失去对员工的控制。其实这种担心并非多余。事实上，精明的领导者只有建立了有效的控制方法后，确保在下属拥有自主权而仍能控制自如的前提下，他才会对下属给予必要充分的权力。如建立正常的工作报告制度、绩效考核制度、预算审计制度等比较有效的控制措施。当下属的工作有严重失误时，有效的控制制度能及时发现和制止，领导者可重新收回权力，将公司所冒的风险损失降低到最低。

我国古代军事家孙武曾说过："将能而君不御者胜。"因此，成功的领导者必须敢于授权并善于授权。

在善于用人，敢于授权方面，万科的王石是一个典型人物。王石的用人策略是建立制度、培养团队，并坚持规范化和尊重人的理念。

万科在选拔人才时主要瞄准了重点高校，因为重点高校在招生时已经帮企业选拔了一次，学生优秀率高一些，选拔到合适人才的概率更高。万科把这一策略称为"新动力"。每年万科都会从中国最有名的十几所大学中选拔一些比较好的毕业生，把他们集中起来，成立一个"新动力"训练营，经过一段时间的训练之后，再把他们分派到各地的公司去。另外，选择跨区域人才和忠诚度高的女性员工也是万科重要的选才原则。

除了选才之外，王石还制定了"海盗行动"，从中海挖掘了大量的人才。中海的员工对于命令绝对服从，属于集中效率型的员工，而万科的员工往往会不拘泥于级别而提出自己的意见，属于民主能动型的员工。事实证明，中海这批来到万科的骨干，不仅在技术层面发挥了积极的作用，在公司管理中也弥补了万科扩张步伐中一线公司总经理缺乏的情况。

然而，王石从来不培养接班人，用他的话说就是："我给万科建立了一个制度，培养了一个团队，谁当一把手也差不到哪儿去。"王石的用人原则是不把信任寄托在某个人的品德上，而是假定人会犯错误。靠制度来约束人，来减少错误。他说："西方的管理制度绝对是用人必疑，但是它不是对一个人怀疑，它是制度性的，制度性是因为我觉得人是有缺陷的，人是要犯错误的，制度性的限制把错误减到最小，所以仅仅放权是不够的，还要建立有效的监督体系，这个就需要制度化的建立。”也就是说，王石在授权之前就已经假定了被授权人所犯的错误，所以他才会安心授权于他的人才团队。

时机法则——发现、判断、获取和运用时机

商场如战场，形势瞬息万变，善于捕捉市场时机是每个企业领导者必须会做的事情。企业随时要像千里眼那样查视时机，要像千手佛那样抓住时机。这就要求企业要注重研究市场定时策略，以便更好地捕捉市场时机，利用市场时机，力争在竞争中取得市场开拓的主动权。

什么是市场定时策略呢？市场定时策略是指企业选择最有利的市场销售时机，使其产品进入既定的目标市场。企业经营的目的是为了实现产品的价值。企业得不到产品的价值，就失去了经营的意义。在激烈的市场竞争下，衡量企业经营效果的好坏，不在于生产出多少产品，而在于销售出去了多少产品。因此，选择恰当的销售时机，是企业经营的一个重要环节。企业运用市场定时策略，准确地把握住产品进入市场的有利时机，就提高了市场占有率，使经营获得了成功。

然而，时机不是由企业单方面决定的，它是由供求双方决定，并由多种因素组合而成的一定格局。随着时间的推移，供求关系会受其他因素的影响而发生变化，导致这种格局的改变，从而使市场时机表现出可变性、多样性、短暂性、隐蔽性的特点。从可变性、短暂性两方面讲，时机的竞争就是速度的竞争、时间的竞争。要把握住市场时机，应立足于以快取胜。如新产品上线，到批量上市，要只争朝夕、捷足先登。尤其是对于中小企业来说，具有灵活机动的优势，应充分发挥这一优势，占据“快”的先机。

市场时机还具有隐蔽性、多样性特点。因而，企业要准确地把握市场时机，不仅要发挥企业身轻好动的优势，而且还要具有市场洞察力，善于识别

和捕捉那些潜在的多样的市场机会。

一是要善于捕捉市场信息，特别是那些先兆性的市场信息，因为任何市场机会总是通过市场信息反映出来的，特别是潜在性的机会在到来或形成之前，总是通过时间性很强的先兆性市场信息显露端倪。因此，企业如果能够捕捉到这样的先兆性市场信息，及时采取措施，在机会形成之前就做好准备，待时机一到，立即投放商品，就会获得丰厚的利润。

二是要善于了解市场的需求变动。及时调整生产和销售，以满足消费者的需求。随机应变，才能赢得产品的销售机会。

三是要善于把握产品的时令性，即该产品最适宜的销售季节。要知道“渴时一滴如甘露”，“醉后千杯不如无”的道理。

选择和把握产品市场时机，还必须善于运用产品寿命周期理论。因为任何一种产品在市场上的销售情况和获利能力都会随着时间的推移而发生变化。企业可以通过对产品寿命周期的精确研究，为确定产品进入市场、扩大市场、退出市场的时节提供科学的依据。

随着人们生活水平的不断提高，人们的健康意识越来越强，越来越关注自己的身体健康。特别是2003年以“非典”的爆发为标志，全社会对医疗预防工作日趋重视，人们关于健康体检的意识进一步增强，疾病的“早发现、早诊断、早治疗”已经逐渐成为人们的共识，人们对健康体检的需求呈现逐年递增的趋势，居民人均医疗保健支出从2000年起出现大幅增长，健康体检市场随之也在快速升温，健康体检行业步入快速增长期。再加上中国已进入老龄化社会，计划生育的独特国情，养老健康产业不仅仅是一个大市场，更是为社会、为国家解决问题的一个大事业，是一项利在千秋的大功德。韩小红女士正是看准了这个时机，于2004年9月成立了慈铭健康体检管理集团股份有限公司。

事实证明，韩小红女士的判断是正确的。慈铭体检经过近10年的发展已经在国内主要城市建立了较为完善的体检服务网络，发展为最具全国影响力的健康体检品牌，拥有良好的客户满意度、社会信誉度和较高的品牌知名度。

目前在北京、上海、深圳、广州、武汉、南京、大连、天津、成都、济南、金华等国内主要城市拥有33家体检中心，是目前国内规模较大、覆盖范围较广、年体检量及累计体检量最多的专业体检机构之一。

核心圈法则——精心挑选身边的人

当今时代是一个彰显个性、人才辈出的时代。资本追逐人才，人才选择资本。在现代企业当中，人的因素被置于前所未有的高度。事实证明，留住人才、用好人才已经成为这个时代人们共同关注的问题。尤其是领导者身边的人，更需要精心挑选。

一般来说人才就是指德才兼备的人，或具有某种特长的人。人才具有社会性、进取性、开拓性、独立性、求知性等特点。但人的才能大小不同，侧重点不同，这就要因人而异。领导者在选人时要不拘一格，用人时量才施用。给人才选一个最能适应其特长的岗位，扬其所长，避其所短，让其处于最佳发挥状态，创造最佳业绩。

领导者在选择身边的人才时，首先要杜绝的是唯学历之类的价值观。因为人才不等于静态的文凭。当然，文凭是一个人接受教育及掌握知识的标志，在一定程度上反映了一个人的知识水平和才能，但在现实生活中却因种种原因使静态的文凭与实际能力相差悬殊。现代企业需要复合型人才，而不是高分低能者。高学历固然重要，能够解决实际问题的素质和能力更重要。在知识爆炸的时代，比许许多多迅速过时的专门知识更重要的是适应性，是不断学习的能力和创造力。人才并不只等于口才。每个人都有自己的性格和气质，有的善于交际；有的沉静稳重，性格内向。所以，企业家在选才时应注意说与干的结合。在现实生活中能说的往往引人注目，早被发现，那些不善言辞只知埋头苦干的人，往往很难被人发现，作为领导者切不可凭嘴巴活动频率和声音是否悦耳动听来选才。

领导者挑选完人才之后，最重要的是要合理使用人才。要尽可能做到知人善用，真正实现人尽其才，才尽其用，充分调动他们的积极性、创造性，使每个人的潜能最大限度地发挥出来。实践经验告诉我们，在企业管理中激励的作用越来越显著。好的表现更好，差的奋起直追，要调动人们潜在的积极性，出色地去完成既定的目标。

留住人才也是不容忽视的问题。有关人士曾做过一个问卷调查，共发出问卷500份，回收有效样本437份。在被调查的公司中，国有企业占23.6%，合资企业占34.3%，私营企业占23.1%，外资企业占18.8%。在对待人才辞职的问题上，大多数的企业都表示很慎重，只有32%的企业表示“去留随便”。企业一般采取什么措施来留住人才呢？调查结果表明，有超过半数的企业是“提供公平竞争的条件”，只有1%的企业用加薪的办法使“已有去意”的人回心转意；而用“培养感情”的方式来留人的企业只有10.3%，至于许诺升级的则仅为3%。那么，企业究竟该怎样留住人才呢？

企业留人的关键是留心，理顺和理旺人的心气。领导者身边的人，一般都是受到领导者器重的人，他们对企业有强烈的责任感，有维护企业长远利益的内在动力。因此，领导者要留住身边的人，就必须确立以人为本，提高用人管理水平的人才管理模式。领导者还要提高处理各种利益和内部矛盾的能力，理顺和理旺身边人的心气。

联想的成功与柳传志的选人、用人标准分不开。柳传志选人要看“后脑勺”的原则被传为佳话。“所谓看后脑勺，就是看一个人的本质，这不是平时面对面笑嘻嘻的谈话就能发现的，需要生活中的多方面的观察才能了解他内心真实的东西，看出表面没有显现的东西，如果确实是有德之人，就可以给他各种机会锻炼他。”

在柳传志心目中，年轻的领导核心应该是有才有德，至少也要属于“才”和“德”边缘范围：年轻的领导者要无私，对自己严格要求，对合作伙伴要大度和宽容，具有卓越的领导能力，还能虚心看到别人的长处，不断反省自己的不足等——这些优良品质才能使人心服。从朱立南、杨元庆，再到赵令欢、陈国栋、陈绍鹏……时至今日，联想的选人原则依然是“德才兼备，德为先”。

从选人，到培养人，再到用人，联想一贯讲求的是在“赛马中识别好马”，光说不练假把式，光练不说是傻把式，要能说能练。这要经历一个很长的考核过程。在联想控股，这一考核时间超过10年，柳传志身边的年轻领导都是这样被选拔出来的。

镜像法则——榜样的力量是无穷的

在现代企业管理中，管理者要想督促员工高效率地完成工作，就要事事为先，严格要求自己，为员工树立一个良好的榜样。榜样的力量是无穷的，只有这样才能铸造一个风气正、思想觉悟高、严于律己的团队，从而提高整个团队的战斗力。

在企业当中，仅靠领导者的个人的榜样还不够，还要在员工当中抓典型、树榜样，以榜样的力量去带动所有职工。

抓好典型，以点带面，是企业长期以来形成的行之有效的工作方法，无论是思想政治工作还是其他工作都如此。典型是客观存在的，但需要领导者独具慧眼的发展。对于典型，领导者必须具备高度的敏感性和鉴别力，善于发现那些隐藏在普通员工当中的典型。一要深入实际调查，不能“软着陆”；二要多从积极方面看人看事，不要“斜眼窥视”；三要选准典型事例，不“求全责备”。只有这样，典型才能如清泉源头。比如，在开发市场的时候，一些员工不愿意到远离城市的基层处所工作，老职工实际困难多，青年职工怕艰苦。这时候就要找一些基层工作者当作例子，进行全面的宣传鼓动。利用已有基础工作者的先进事迹，激发全体职工的热情，使不怕苦、不怕累的精神得到发扬。

企业的先进典型和榜样，是树起的一面旗帜。他们从普通职工当中来，从实际工作当中来，具有实和真的特点。但他们不可能十全十美，更不能让他们昙花一现。这就要求企业领导者在日常工作中，不仅要注意发现典型，同时还要注重培养典型，为典型的成长“浇水”“施肥”。这样树起的典型才会不歪、不倒、不空，成为真正的榜样。另外，还要注意不要给榜样人员带来压力，以免造成“先进难当、榜样难树”，先进榜样身负内、外两重压力，“头难抬、步难迈”。对此应做到“热心扶植、分忧解愁”两结合，“浇水、施肥、剪枝”三兼顾。所谓“热心扶植”，就是一旦发现典型，就要热心扶植促其健康成长，要像培育幼苗一样适时、适度地浇水、施肥，修剪病枝，严防夭折，让它在充足的阳光下茁壮成长。所谓“分忧解愁”，就是对待先进典型不能单在其前面鼓掌、激励，也不能忽视在其后面观察、分忧。先进典型员工诚然要带头发扬奉献精神，但先进典型也是人，也有爱情、妻儿、生活等方面的问题，不要只注意他们的工作精神，却忘记了关心他们的实际困难，致使先进典型员工只好把个人的苦恼埋在心里，长期超负荷运转，造成不必要的负担。

典型示范是一种精神力量，其效应的发挥是一个潜移默化、润物细无声的过程。这一过程需要领导自上而下地积极倡导，广泛宣传，树立起向先进学习之风。在推广典型中，对外地区、外系统的典型当然要学，但本地区、本行业的典型同样不可忽视。领导不但要注意发现和培养自己的典型，而且更要重视推广他们的典型事迹。使广大员工感到榜样就在身边，典型就在眼前，让身边的闪光点发亮。在学习模范典型中，往往有些职工认为身边的典型“个儿不高、块儿不大、形象不佳”。产生这种现象的原因，主要是他们对身边的典型在平凡的岗位上做出的不平凡事迹了解得太少。对此，应采取多种方式加强宣传。使宣传感召力强、影响面大，能充分发挥典型引路作用，取得“点燃一盏灯，照亮一大片”的效果。

稻盛和夫作为日本商界四大“经营之圣”之一，不仅一手创立了两家世界500强企业，而且还不遗余力地在全球虔诚布道着他的“敬天爱人”的哲学理念。

敬天爱人——利己则生，利他则久。在稻盛和夫“敬天爱人”的哲学思想中“天”饱含着事业以及与事业相关的民众、顾客和社会等内容，而

“人”的概念则是包括员工、经营者甚至普天下之众的集合体。因此，稻盛和夫认为，作为企业经营者，首先必须考虑股东和员工的收益，必须考虑客户和供应商的需求，这其实就是一种“利己”。因为只有这样才能使企业赢利和不断发展。但是，为了使企业成为常青和百年企业，经营者就必须更长远地考虑社会和赢利之外的因素，即自己获利的同时，也要造福他人。只有具备利他之心，才能真正幸福。稻盛和夫把他的这种“敬天爱人”的思想充分运用到了企业管理当中，他在挑选企业骨干人才的时候，一定要确保这些核心骨干每个人都认同他“敬天爱人”的思想，即不仅要求他们有“利己”之心外，还必须有“利他”之心。因此，稻盛和夫在选择各小团体负责人的时候，特别注重三个方面：一是正直，强调做事正派和光明磊落；二是大度，强调要善于容忍他人；三是慎独，只有那些在复杂条件下仍能保持慎独的人，才能在与其他小组发生联系时做到办事公正，也只有这样的人才能授之以权力，委之以重任。

正是在稻盛和夫选拔出来的这些小团体领导的带动下，才使得整个企业中的员工都具有使命感和契约精神，这也是稻盛和夫企业经营之哲学的精髓所在。

舍得法则——先“舍”而后“得”

星云大师说：“懂舍得，有远见。”第八届华人企业领袖高峰会上，主办单位特别邀请佛光山开山星云大师以“宗教家论述企业家的舍与得、名与义”为题展开对谈。星云大师开宗明义地点出舍得的意涵，能舍的人才能得，想得的人必须先能舍。懂得舍得的人是有远见的，企业家要懂得善用财富、乐善好施的道理。

所谓“十方来，十方去，共成十方事；万人施，万人舍，同结万人缘”，星云大师认为，金钱来自十方，亦要回馈十方。佛教有个名词称为“无我”，意思就是不要把“我”过度放大，而是要懂得无私奉献。钱财要用掉才是自己的，会运用钱财的人才是懂得用财者，财富可分有形无形，一个笑容可让人欢喜，一句好话可让人开怀，钱不一定要留给子孙，贡献国家、社会也是很好的用财之道。舍，看起来是给人，实际上是给自己。给人一句好话，你才能得到别人回你一句赞美；给人一个笑容，别人才能对你回眸一笑。舍和得的关系，就如因和果，因果是相关的，舍与得也是互动的。能够舍的人，一定是拥有富者的心胸；如果他的内心没有感恩、结缘的性格，他怎么肯舍给人，怎么能让人有所得呢？他的内心充满欢喜，他才能把欢喜给你；他的内心蕴藏着无限的慈悲，他才能把慈悲给你。自己有财，才能舍财；自己有道，才能舍道。有的人心中只有贪嗔愚痴，他给人的当然也是贪嗔愚痴。所以我们劝人不要把烦恼、愁闷传染给别人，因为舍什么就会得什么，这是必然的因果。

1. “舍”意味着主动放弃弱项

把星云大师的“舍得观”运用到企业发展当中，“舍”就意味着主动放弃弱项。

如今旧的市场需求在不断扩大，新的需求也不断被开发，这仍是最好的时代，同时也是最坏的时代：“好”是因为各种商机如韭菜般割了一茬又一茬；“坏”就坏在面对诸多选择，似乎没有了选择，于是蜂拥而上。

“舍得”观运用于企业管理中，其本质与其说是选择做什么，倒不如说是选择不做什么！就如同《华为基本法》二十年掷地有声地宣布：“永不进入信息服务业。”

企业要善于舍弃那些不擅长的业务。一方面，企业资源有厚薄，实现发展目标固然是好事，但是能否实现又是另一回事。最佳选择不一定是看似完美无缺、最有价值的那个，而是与企业资源和实力相匹配、最可能实现的那个。因为不同业务需要不同的资源与能力，面对稍纵即逝的机会，资源的获得与能力的发育却仰仗于时间的积累，贸然进入极可能陷入新项目受阻、老业务失血的困境。

另一方面，企业人、财、物有限，业务种类越多意味着破绽越多，将在多个点位上同时遭遇专业级别选手的阻击，最终沦落到忙于招架的地步。因此，企业一定要把自己的人力、物力集中到优势业务上，避免出现全面开展，全面溃败的局面。

2. “得”意味着全力主攻强项

俗话说：“有舍必有得。”“舍”是战略撤退，企业在做出放弃弱项的选择后，就一定要在保留的强项上下功夫，集中全部精力做成一把制胜的利器。要不不做，要么做好，力争在细分市场上做到绝对优势，一举奠定自己的市场地位。这种战略的成功案例不在少数：零售企业步步高商业连锁公司能够闯过国际零售巨头的区域封锁，在于选择了三线城市并因更加熟悉消费者需求而获得推崇；Google 的兴起，在于发现了被微软忽视的网络搜索引擎。尤其是在那些细分市场、专业领域，优秀企业或企业群体更是数不胜数，如纽扣大王、梳子大王、螺栓大王，甚至指甲钳大王等，无不做成了所在领域的通天事业。

然而“舍”之后的“得”远远不止于此，因为一旦在某单项上获得突破，转身就可以利用自身优势，将原来所“舍”重新归入囊中。可见，“舍得”不是一味地舍，也不是盲目去得，而是收放自如，把握得失的辩证法。“舍得”意味着企业清醒地认识自我，意味着敢于否定自己，放弃短板，收敛战略视角，囤积重兵放大长板优势，最终实现点上的突破，进而利用细分市场地位，在更大的市场上获得成功，实现“大得”。

星河地产董事长黄楚龙有一句经典名言：“你好、我好、大家好，才是真的好。”接着还会有一句：“你不好，我好个鬼。”这句口头禅其实正是黄楚龙的生意经，他用一句大白话说出了伙伴价值的重要性。他的“哥俩好”的生意经朴实而真挚，无论在什么场合，他都以他自称的“农民”面目示人，不时还来两句无伤大雅的粗口，引来满堂开怀大笑。

其实，黄楚龙的经典名言就包含了佛家的“舍得”法则。他本人正是星云大师所说的“懂舍得，有远见”之人。经营企业和治国之道相通。远在唐代，李世民皇帝就喊出了“民能载舟，亦能覆舟”的口号，经营企业也是如此，得人心者得企业。

黄楚龙是这样践行他的名言的：为人讲义气、讲豪爽；礼贤下士，不区别待人；与供应商和合作方分享价值，合作共赢；从不在产品质量上掺一点假；慈善事业、捐资建校、十年来累计5个亿的捐赠额……当然，他的这些舍，也换来了得。以千万豪宅捐赠深圳红十字会，震动全城，地产与红十字会的首次联姻，无论在深圳还是在中国地产界，都引起了关注，其子的婚礼被网友们称为“史上最牛婚礼”……这恐怕要比那些花上千万去找明星代言的广告更具有广告效应吧！虽然黄楚龙“舍”的初衷，可能并不是为了“得”，但他的这种舍得为星河地产赢得了广泛良好的口碑！

参考文献

［1］蒋建科，李秋荣，杭慧喆.3D 打印：第三次工业革命的重大标志［N］．人民日报，2013－1－4.

［2］王保兴．恒波战略新规划移动互联新体验［N］．新民晚报，2010－11－18.

［3］谈佳隆．银行：被革命，或革自己的命［J］．中国经济周刊，2013（10）．

［4］蓝天鹏．马云成立“菜鸟”网络公司前期投入将达三千亿［EB/OL］．［2013－5－28］．http：//finance.cnr.cn/gs/201305/t20130528_512691854_1.shtml.

［5］华婷，余来文，张鲲．企业商业模式构成要素探讨［J］．商业时代，2011（33）．

［6］黄建平．巴菲特投资案例集［M］．北京：中国经济出版社，2013.

［7］陆海涛．新商道：引爆生意的七种武器［M］．天津：天津社会科学院出版社，2011.

［8］郭智芳．腾讯 QQ 的赢利模式分析与思考［J］．内江科技，2009（2）．

［9］佚名．经济转型：产业链升级挑战［EB/OL］．［2012－1－10］．http：//2013.ckgsb.com/Article/Detail.aspx？ColumnId＝399&ArticleId＝9166.

［10］陈军君．海尔海外扩张：先市场后工厂［N］．中国经济时报，

2011－12－8.

［11］张晓霞．企业价值管理［J］．合作经济与科学，2012（4）．

［12］王丽，董益彪．新形势下国有商贸企业内外部资源整合的研究［J］．现代商业，2011（5）．